# 从2G到5G

## 技术驱动下的中国传媒业变革

辛艳艳 著

FROM 2G TO 5G:
TECHNOLOGY-DRIVEN
TRANSFORMATION OF
CHINA'S
MEDIA INDUSTRY

中国社会科学出版社

图书在版编目(CIP)数据

从 2G 到 5G：技术驱动下的中国传媒业变革／辛艳艳著. -- 北京：中国社会科学出版社，2024.7.
ISBN 978-7-5203-2838-8

Ⅰ. G219.2

中国国家版本馆 CIP 数据核字第 2024GC2575 号

| | | |
|---|---|---|
| 出 版 人 | 赵剑英 | |
| 策划编辑 | 白天舒 | |
| 责任编辑 | 金　燕 | |
| 特约编辑 | 贾森茸 | |
| 责任校对 | 师敏革 | |
| 责任印制 | 王　超 | |

| | | |
|---|---|---|
| 出　　版 | 中国社会科学出版社 | |
| 社　　址 | 北京鼓楼西大街甲 158 号 | |
| 邮　　编 | 100720 | |
| 网　　址 | http://www.csspw.cn | |
| 发 行 部 | 010-84083685 | |
| 门 市 部 | 010-84029450 | |
| 经　　销 | 新华书店及其他书店 | |
| 印　　刷 | 北京君升印刷有限公司 | |
| 装　　订 | 廊坊市广阳区广增装订厂 | |
| 版　　次 | 2024 年 7 月第 1 版 | |
| 印　　次 | 2024 年 7 月第 1 次印刷 | |
| 开　　本 | 650×960　1/16 | |
| 印　　张 | 22.25 | |
| 字　　数 | 212 千字 | |
| 定　　价 | 79.00 元 | |

凡购买中国社会科学出版社图书，如有质量问题请与本社营销中心联系调换
电话：010-84083683
版权所有　侵权必究

# 序　言

　　数字技术是促进当今世界变革的先导力量，不仅深刻地改变着人们的生活方式、生产方式，还是影响社会治理的重要变量。2024年是中国全功能接入国际互联网30周年，也是"媒体融合"国家战略实施十周年。在此期间，数字技术的加速演进不仅提升了信息的传播效率，也形塑了全新的传播生态与社会形态。以主流媒体为代表的中国传媒业如何认识数字技术，如何适应全新的传播生态变迁、把握人民群众的需求变化，是考验主流媒体能否在新时期把握传播规律，不断提升传播力、引导力、影响力、公信力，扛起新时期党的宣传事业重任的重要标准。

　　一直以来，对中国传媒业变革路径的研究往往聚焦于时间线索，忽视了数字技术对于推动传媒业变革的基础性作用。辛艳艳博士所著《从2G到5G：技术驱动下的中国传媒业变革》一书敏锐地把握住了数字技术的更新迭代作为一种外力打破了中国传媒业在新闻改革中的持续性这一关键，在历史维度上将其与过去的传媒体制改革和党的新闻政策变化进行连接。本书的基本观点是，应对数字技术的更迭，中国传媒业的转型不仅是作为一个普通的信息产业予以应对，更重要的是主流媒体作为参与国家治理和社会治理的多元主体之一，衡量其自我革新效能的关键标尺在于他们能否在全新的传播生态下，在国家—社会—行业这一复杂的场域中平衡"双重属性"，有效承担起政治沟通的使命和社会沟通的职责。

因此本书在考察中国传媒业的变革过程中，始终将技术因素、公众因素、政策因素和新闻机构的创新实践紧密结合起来。其一，从技术因素来看，2G 到 5G 各个阶段的技术特征带来传播内容的形态变化和全新的新闻生产方式，并在不同时期引入了新的、具有竞争力的新新闻行动者，逐步推动网络空间乃至平台社会的形成。其二，技术门槛的变化影响了中国网络空间主体人群的构成，从中间阶层到"三低人群"到再到新生代青年群体，网民结构的变化代表着不同的社会需求。其三，"去中心化—再中心化"的过程重塑了传播格局中不同主体之间的权力关系，"媒体融合"国家战略的提出和实践既是党的新闻政策在互联网时代的延续，也是网络内容生态在同时面临技术"赋权"与"负权"双重效应下，以提供政策原动力的方式快速推进主流媒体系统性、整体性的创新实践。

本书是作者在其博士学位论文的基础上经过修改而完

| 序　　言 |

成的，在叙述和论证 2G 到 5G 时代中国传媒业的变革过程中，作者不断将其创新实践与新的新闻行动者进行比较，通过不同类型主流媒体的案例分析展现了主流媒体的创新实践与同时期最具代表性的新新闻行动者之间的竞合关系，生动形象地还原了当时的社会背景、主流媒体面临的挑战和新闻创新的历程，具有较高的可读性，对于读者更深刻地理解当下媒体融合因何发生、如何发生有着积极作用。

作为作者硕士和博士研究生阶段的导师，得知本书即将付梓，甚为喜悦。作为传媒业变革的亲历者和研究者，我深知技术的升级并未结束，这也意味着未来新闻业的发展方向和路径会不断变化，但不变的是在国家治理体系和治理能力现代化的目标下，主流媒体作为重要的社会治理主体，在坚持深化改革和新闻创新的过程中，实现国家意志与人民诉求之间的有效衔接和积极沟通，凝聚人心，增强共识，实现政治性和公共性的统一，以完成新闻业应承担的历史使命。

李良荣

2024 年 4 月

# 目　录

引　言　　　　　　　　　　　　　　　　　　　　　／1

## 第一章　数字新闻创新与中国新闻业　　　　　　　／5
第一节　数字技术发展与新闻创新　　　　　　　　／8
第二节　技术驱动下中国新闻业的创新语境　　　　／21
第三节　中国主流媒体新闻创新的分析框架与案例
　　　　选取　　　　　　　　　　　　　　　　／34
第四节　本书章节概览　　　　　　　　　　　　　／42

## 第二章　内容为王：中国数字新闻创新肇始（2G时代）
　　　　　　　　　　　　　　　　　　　　　　　／47
第一节　技术入场：主流媒体新闻刊载让渡与
　　　　社会化生产滥觞　　　　　　　　　　　　／50
第二节　报网互动：新闻编辑部的数字化调整　　　／63

1

    第三节　创新空间：市场化改革政策与新闻边界　　/ 84
    本章小结　　/ 88

第三章　走入"客场"：媒体融合初体验（3G时代）　　/ 91
    第一节　网络社会形成与"两个舆论场"　　/ 94
    第二节　"主客交融"的新闻创新实践　　/ 117
    第三节　深入群众的"走、转、改"基层报道　　/ 135
    本章小结　　/ 145

第四章　整体转型：媒体融合战略下的新闻创新突围
　　　　（4G时代）　　/ 149
    第一节　"移动优先"下传媒市场的新行动者　　/ 152
    第二节　技术座架：平台初建　　/ 174
    第三节　生产突破：采编转型　　/ 188
    第四节　用户参与：开放性互动调适　　/ 206
    本章小结　　/ 214

第五章　生态化：深度媒体融合的新闻创新（5G时代）
　　　　　　　　　　　　　　　　　　　　　　　/ 217
    第一节　智能化发展与圈层传播挑战　　/ 220
    第二节　深度融合：生态性平台建设　　/ 230
    本章小结　　/ 251

| 目　　录 |

### 第六章　制度性力量：中国数字新闻创新环境的再审视　/ 255

　　第一节　政策供给：新闻创新实践的动力　/ 259

　　第二节　资本变量：新闻创新实践背后的产业环境　/ 266

　　第三节　新权力场域：新闻创新实践与评价规范的张力　/ 279

### 余论　数字新闻创新实践如何锻造新型主流媒体　/ 295

　　第一节　观念创新：面向用户　/ 298

　　第二节　体制创新：增量转向存量　/ 301

　　第三节　评价标准：社会地位巩固政治地位　/ 303

### 附录一　访谈对象素描　/ 306

### 附录二　访谈提纲　/ 308

### 参考文献　/ 314

### 后　记　/ 345

# 引　言

明者因时而变，知者随事而制。在2013年8月的全国宣传思想工作会议上，习近平总书记对中国主流媒体的发展提出了"创新"的要求，指出主流媒体要解决好"本领恐慌"问题，真正成为运用现代传媒新手段新方法的行家里手。"本领恐慌"意味着中国主流媒体在数字技术的变革下，真正遇到了危机。

不仅是中国，面对互联网的诞生和数字技术的蓬勃发展，"新闻创新"（journalism innovation）成为新闻传播学研究的新议题。这个新议题的提出有两方面不容忽视的原因：其一，从建设性的角度来看，现代技术对于作为技术和物质进步手段之标志的传播具有"建设"作用，不仅能够实现"信息的传递和交流"，也能承担社会改良的使命，使它成为解决实际问题的工具[1]，这与主流媒体的公共性紧密

---

[1] 殷晓蓉：《杜威进步主义传播思想初探》，《杭州师范大学学报（社会科学版）》2009年第5期。

连接；其二，从主流媒体的现实发展来看，数字技术给新闻业带来了触及根本的威胁，一是作为专业（professionalism）的新闻业逐渐丧失信息传播格局的中心地位，这在中国语境中甚至可以称为垄断性地位，二是依靠二次售卖获取利润的传统商业模式濒临失效。

自 1994 年中国全面接入互联网以来，中国主流媒体就逐步走上"新闻创新"的转型之路，并在一波又一波浪潮中感受到技术所带来的巨大压力。与西方社会不同，中国主流媒体的发展并不能把"国家"这一宏观概念悬置，相反，作为党和人民的喉舌，无论是在何种情况下，主流媒体都要肩负社会整合和舆论引导的重要职责。作为政治体制的一部分，国家要求主流媒体在任何时刻都能承担社会权威的角色。事与愿违的是，当传统的"受众"触网成为"网民"并进而演变成为决定流量的"用户"时，主流媒体不仅要接受技术的"去中心化"作用，还要见证网络社会的"再中心化"。正如克莱·舍基（Clay Shirky）的经典论断，互联网并非在旧的生态系统里引入新的竞争者，而是创造了一个新的生态系统①。在这个全新的新闻生态中，最大的变化就是新闻行动者的多元，包括专业媒体（professional media，以主流媒体为代表）、机构媒体（institutional media，以政务机构媒体为代表）、自媒体（we media）和平

---

① ［美］克莱·舍基：《人人时代：无组织的组织力量》，胡泳等译，中国人民大学出版社 2015 年版，第 50 页。

## 引　言

台媒体（platform media）。①

正如罗马不是一天建成的，全新的新闻生态系统也并非一蹴而就。借用赫伯特·斯宾塞（Herbert Spencer）在分析社会进化结局时的话语，许多对抗的力量在经历最初摇摆剧烈的节奏后，会慢慢安定下来，形成有规律的动态平衡。② 中国主流媒体从过去新闻生态系统的一家独大到成为多元新闻行动者之一，从"中心"退向"中介"，这一步步背后，主流媒体如何应对数字技术发展？其新闻创新存在哪些不足，又有哪些制约因素？这是本书想要解决的核心问题。

本书认为，中国主流媒体在互联网诞生之初，就已经尝试拥抱新兴技术，进行新闻创新实践，但在不同技术阶段，主流媒体对数字技术的挑战认知和对新闻创新的理解、实践的维度以及国家赋予的政策空间不尽相同。同时作为兼具"双重属性"③的主流媒体，在新闻创新中受到较西方新闻业更明显的制度力量拉扯，这些都直接影响新闻创新的效果。因此，回顾中国全功能接入互联网的 25 周年历程，主流媒体的新闻创新经历了哪些阶段和特点？主流媒

---

① 张志安：《数字新闻业研究：生态、路径和范式》，《新闻与传播研究》2018 年第 S1 期。
② [英] 赫·斯宾塞：《斯宾塞教育论著选》，胡毅等译，人民教育出版社 1997 年版，第 200 页。
③ 李良荣、沈莉：《试论当前我国新闻事业的双重性》，《新闻大学》1995 年第 2 期。

体在新闻创新的过程中如何平衡"双重属性"？作为具有公共属性的主流媒体，其新闻创新受到哪些力量的牵制？凡此种种又为新闻体制的持续改革提供了哪些参考？这些都值得进行深入和系统的研究。

FROM 2G TO 5G:
TECHNOLOGY-DRIVEN
TRANSFORMATION OF
CHINA'S
MEDIA INDUSTRY

第一章

# 数字新闻创新与中国新闻业

中国主流媒体的新闻创新有两个场域，一是在新闻机构内部的场域，二是在中国社会这个大背景下的场域，两者始终紧密联系，这也是中国语境下的新闻创新较西方新闻业更加复杂、生动的根本原因。

| 第一章 |
数字新闻创新与中国新闻业

互联网技术的革命性意义在于数字化（digitization）。作为一种全新的技术载体，互联网突破了多种传播元素（文字、图片、图像、声音、视频）和不同传播介质（报纸、广播、电视台）的壁垒，实现多媒体传播。麦克卢汉的经典语录说，每一种新技术都产生一种新环境，这种新环境把以前的技术转换成为一种"艺术形式"，并使内容完全改变。①在互联网这个新技术面前，报纸、广播、电视原本作为单独的媒介形式变成了互联网的"内容"。更重要的是，在一个0和1的世界里，信息不再稀缺，不再难以生产，也不再难以重新定位和共享，这种数字技术和文化颠覆了新闻业对信息领域的控制，挑战了新闻领域的专业管辖权。②

---

① ［加］马歇尔·麦克卢汉著，理查德·卡维尔编：《指向未来的麦克卢汉：媒介论集》，何道宽译，机械工业出版社2016年版，第62、66页。
② Seth C. Lewis, "The Tension Between Professional Control and Open Participation: Journalism and Its Boundaries", *Information Communication & Society*, Vol. 15, No. 6, April 2012, pp. 836-866.

# 第一节　数字技术发展与新闻创新

## 一　数字技术引发的新闻业危机叙事

新闻业作为信息产业，技术创新一直是新闻业适应全新社会发展趋势和市场趋势的关键方面，然而在网络新闻出现之前，它很少成为研究的重点。① 没有一个学者会否认互联网的网络架构带来的变化不是"划时代的"。②帕夫利克（John V. Pavlik）指出，新闻业的历史在很多方面都是由技术变革定义的，互联网是改变新闻业最明显的技术案例，不断变化的技术至少在四个广泛的领域影响着新闻工作，分别是（1）记者如何工作；（2）新闻内容；（3）新闻编辑室的结构或者组织机构；（4）新闻机构、新闻工作者与公众之间的关系。③

这种变化不仅是一种技术现象，也是一种文化现象。对于新闻业来说，伴随互联网而生的"数字文化"（digital

---

① Simon Cottle and Mark Ashton, "From BBC Newsroom to BBC Newscentre: On Changing Technology and Journalist Practices", *Convergence*, Vol. 5, No. 3, 1999, pp. 22-43.

② Clay Shirky, *Here Comes Everybody: The Power of Organizing without Organizations*, New York: Penguin Press, 2008, p. 18.

③ John Pavlik, "The Impact of Technology on Journalism", *Journalism Studies*, Vol. 1, No. 2, 2000, pp. 229-237.

# 第一章
数字新闻创新与中国新闻业

culture)①或"融合文化"(convergence culture)②也不断改变着主流媒体,前者强调的是数字技术使用户在多大程度上感受到(技术)鼓励他们参与媒体的创造和传播,后者则是通过参与的力量重写、修改、修正、扩展新闻业原本的商业文化,并通过循环的方式将其反馈回主流媒体。在数字技术的挑战下,新闻业在大众传播时代依靠"专业逻辑"(professional logic)③控制新闻生产和分发的权威地位受到严重的挑战,并遭遇职业边界消解的专业性危机和商业模式崩塌的行业存续危机。

1. 职业边界消解下的专业性危机

"模糊的边界"(blurring boundaries)被研究者视为数字新闻业的重要特征之一,④因为数字化冲击的直接影响在于技术带来的赋权力量消解了专业化的新闻生产门槛。这种赋权带来了全新的传播主体和技术客体,侵蚀了新闻业

---

① Mark Deuze, "Participation, Remediation, Bricolage: Considering Principal Components of a Digital Culture", *The Information Society*, Vol. 22, No. 2, August 2006, p. 63-75.

② Henry Jenkins, *Convergence Culture: Where Old and New Media Collide*, New York: New York University Press, 2006.

③ Seth C. Lewis, "The Tension between Professional Control and Open Participation: Journalism and Its Boundaries", *Information Communication & Society*, Vol. 15, No. 6, April 2012, pp. 836-866.

④ Wiebke Loosen, "The Notion of The 'Blurring Boundaries' Journalism As a Differentiated Phenomenon", *Digital Journalism*, Vol. 3, No. 1, 2015, pp. 68-84.

存在的合法性根基。①对应数字时代,前数字时代(pre-digital era)的新闻业边界清晰,处于传播领域的中心位置;数字时代,迪耶兹(Mark Deuze)借用齐格蒙特·鲍曼(Zygmunt Bauman)的"液态现代性"(Liquid Modernity)②概念,认为一种复杂的媒体生态正在形成,人们可以将互联网(以及我们在网上所做的一切)视为其主要表现形式,通过越来越便宜且更容易使用的技术,人们得以积极参与自己的新闻制作。与此同时,媒介内容的价值越来越多地取决于用户与生产者之间的互动,而不是新闻产品本身。新闻语境遭遇"液态新闻"(liquid journalism)与监督的公民身份(monitorial citizenship)的变化。③ "液态新闻业"意味着新闻业不再是稳定的实体,需要面对越来越多新客体的出现。这些新客体以一种"闯入者"(interlopers)的身份影响新闻业边界的扩张或收缩。

在既有研究中,这种"闯入者"可以分为两类。一是借助用户、社群等非专业力量,通过技术赋权(empowerment)的形式,强势介入新闻业。具体表现形式包括博客(blog)、标签(tag)、社交媒体(SNS)、聚合内容(RSS)、

---

① 白红义、李拓:《"边界工作"再审视:一个新闻学中层理论的引入与使用》,《湖南师范大学社会科学学报》2020 年第 2 期。

② Zygmunt Bauman, *Liquid Modernity*, Cambridge: Polity Press, 2000.

③ Mark Deuze, "The Changing Context of News Work: Liquid Journalism and Monitorial Citizenship", *International Journal of Communication*, Vol. 2, No. 5, 2008, pp. 848-865.

# 第一章
数字新闻创新与中国新闻业

维基百科（Wiki）等允许用户自己生产内容（UGC）进行创造和交流的"新新媒体"[1]。在非专业力量消解新闻专业性的过程中，"个人主义"（individualism）成为社会发展的特定趋势，[2]"个人主义"下的开放式参与（open participation）和新闻业的专业控制（professional control）形成了张力。[3]二是新闻业在技术导向下的物质性（materiality）客体，[4]这种物质性特征在技能（skill）维度对媒体提出了全新的要求，尤其是在大数据（big data）的背景下，记者和新闻机构必须要借助算法、计算和量化，从大数据中获得意义、行动和价值。[5]原本新闻业所声称的社会专业知识不仅是信息生产，还体现在实际、实用的技能上[6]，新闻机

---

[1] 孙茜：《Web2.0 的含义、特征与应用研究》，《现代情报》2006 年第 2 期；Andreas M. Kaplan and Michael Haenlein, "Users Of The World, Unite! The Challenges and Opportunities of Social Media", *Business Horizons*, Vol. 53, No. 1, 2010, pp. 59-68；［美］保罗·莱文森：《新新媒介》，何道宽译，复旦大学出版社 2011 年版。

[2] ［美］曼纽尔·卡斯特尔：《移动网络社会》，载［加］戴维·克劳利等《传播的历史：技术、文化和社会（第六版）》，董璐等译，北京大学出版社 2018 年版，第 354 页。

[3] Seth C. Lewis, "The Tension Between Professional Control and Open Participation: Journalism and Its Boundaries", *Information Communication & Society*, Vol. 15, No. 6, April 2012, pp. 836-866.

[4] C.W. Anderson and Juliette De Maeyer, "Objects of Journalism and The News", *Journalism*, Vol. 16, No. 1, 2015, pp. 3-9.

[5] Seth C. Lewis and Oscar Westlund, "Big Data and Journalism: Epistemology, Expertise, Economics, and Ethics", *Digital Journalism*, Vol. 3, No. 3, 2015, pp. 447-466.

[6] Harry Collins and Robert Evans, *Rethinking Expertise*, Chicago: University of Chicago Press, 2007.

构必须培养记者熟练掌握数据和代码的专业技能。①

2. 商业模式崩塌下的行业存续危机

2009年,《哥伦比亚新闻评论》(Columbia Journalism Review) 刊发了迈克尔·安德森（Michael Anderson）等人的报告。这份名为《重构美国新闻业》(The Reconstruction of American Journalism) 的报告，列出了美国新闻业数字化转型危机的典型症候：其一，报纸受众的下降，同时报纸开辟新网站免费提供内容的方式只创造了短暂的广告热潮，其后收入趋于平稳，且远远无法弥补随着经济衰退而加速下滑的印刷广告收入；其二，报纸的经济状况迅速恶化，部分报纸出现亏损并破产的情况，部分都市日报甚至取消了部分时间的报纸印刷；其三，各大报纸的新闻编辑部正在裁员缩减，例如美国报纸编辑员工从1992年的超6万人回落到2009年的约4万人，重新回到1971年的从业人数水平。② 为了挽救处于危机的新闻业，这份方案将重构美国新闻业的希望寄托于行政干预和公共参与的多元力量，以保证美国新闻业能在市场失灵的情况下继续生存和发展。③

在数字化冲击下，新闻业的商业模式具有高度的"经

---

① Seth C. Lewis and Nikki Usher, "Code, Collaboration, and The Future of Journalism", *Digital Journalism*, Vol. 2, No. 3, 2014, pp. 383–393.

② Leonard Downie, Jr and Michael Schudson, *The Reconstruction of American Journalism*, Columbia Journalism Review, October 20, 2009.

③ 刘自雄等：《论美国报业面对数字化转型危机的拯救策略——解读〈重构美国新闻业〉报告》,《国际新闻界》2010年第5期。

# |第一章|
数字新闻创新与中国新闻业

济不确定性"(economic uncertainty)特征。①面对读者人群和广告收入的下降,虽然新闻业通过建立付费墙(Paywalls)和多种商业模式的方式,试图加强财务生存能力,但是从学界研究来看,这种努力不足以让危机中的新闻业缓一口气。相反,社交媒体的盈利增长让新闻业的前景更加暗淡。例如,一项针对美国、英国、斯洛伐克、澳大利亚等八国的付费墙及其对媒体公司收入影响分析的研究显示,付费墙只贡献了约10%的出版/发行收入,不仅如此,为了争夺数字用户,付费墙的价格正在下降,这意味着在线付费新闻内容生产尚不足以成为新闻业赖以生存的可持续商业模式。②部分媒体虽然在自己的新闻网站上设置了付费墙,但是用户可以在其他地方免费获取内容。③ 更致命的是,一些学者认为以聚合(aggregation)、内容农场(content farm)和"赫芬顿化"④(Huffinization)的尝试会助长"低报酬和无报酬的新闻"(low-pay and no-pay journalism),新闻业放弃内容的结果

---

① Bob Frankling, "The Future of Journalism: In An Age of Digital Media and Economic Uncertainty", *Journalism Studies*, Vol. 15, No. 5, September 2014, pp. 481-499.
② Merja Myllylahti, "Newspaper paywalls—the hype and the reality: A Study of How Paid News Content Impacts on Media Corporation Revenues", *Digital Journalism*, Vol. 2, No. 2, 2014, pp. 179-194.
③ Barbara Brandstetter and Jessica Schmalhofer, "Paid Content: A Successful Model for Publishing Houses in Germany?", *Journalism Practice*, Vol. 8, No. 5, 2014, pp. 499-507.
④ "赫芬顿化" 指的是借鉴美国《赫芬顿邮报》打造新闻聚合网站。

13

是非专业新闻爱好者的激增。①

从上述文献可以看到，西方新闻业对于数字化转型的切入视角是作为专业主义（professionalism）代表的垄断性地位被非专业的新竞争者挑战。在数字技术的挑战下，新闻业对自身专业地位和权威性的把控变得艰难，被认为是非专业性的多元力量进入新闻业，使原本固化的边界流动起来。不仅如此，在边界流动的过程中，新闻业面临着生存压力，传统商业模式的不可存续性更是从根本上驱使新闻业必须进行创新。

## 二 新闻创新：概念与实践

2013年，北欧媒体和传播信息研究中心（Nordicom）出版了《媒体创新：变革的多学科研究》（*Media Innovations: A Multidisciplinary Study of Change*），将创新理论（innovation theory）作为解释新闻业现状的工具，关注媒体创新的发展、促进创新的社会文化条件、技术在创新中的作用以及媒体新闻创新发展中的各种权力关系。创新理论运用于新闻业数字化转型的前提是将创新作为技术进步的动力，组织必须通过创新以应对这种技术进步。②

---

① Piet Bakker, "Aggregation, Content Farms and Huffinization", *Journalism Practice*, Vol. 6, No. 5-6, 2012, pp. 627-637.

② Lucy KÜNG, "Innovation, Technology and Organisational Change: Legacy Media's Big Challenges: An Introduction", in Tanja Storsul and Arne H. Krumsvik, eds., *Media Innovations: A Multidisciplinary Study of Change*, Nordicom: University of Gothenburg, 2013, pp. 9-12.

## 第一章
数字新闻创新与中国新闻业

1. 新闻创新的概念取向

在西方新闻研究中,"媒体创新"(media innovation)或"新闻创新"(journalism innovation)在媒体经济学和管理研究中有三种不同的概念:其一,是将"媒体创新"视为一种"外部"(external)影响因素(尤其是技术维度的),要求媒体组织产生变化,这背后带有一种隐晦的技术决定立场;其二,是将"媒体创新"等同于使用新的技术设备;其三,是聚焦"媒体创新"中的内容(如格式、标题等),通常与营销导向有关。然而这三种概念有着比较明显的缺陷,或遵循技术决定论,或过于聚焦产品或内容,对媒体创新的理解显得狭隘[1]。事实上,无论借鉴熊彼特(Joseph A. Schumpeter)在解释希望经济发展时将创新定义为生产要素的新组合,[2] 还是社会学将社会实践的重构视作社会创新理论的关键方面,[3]认为社会创新是"同时满足社会需求并创造新关系或合作的新想法(产品、服务和模型)",[4]"媒体创新"都应该被视为一个动态的、复杂的社

---

[1] Leyla Dogruel, "Opening the Black Box: The Conceptualising of Media Innovation", in Tanja Storsul and Arne H. Krumsvik, eds., *Media Innovations: A Multidisciplinary Study of Change*, Nordicom: University of Gothenburg, 2013, pp. 29–44.

[2] Joseph A. Schumpeter, *The Theory of Economic Development*, New Jersey: Transaction Publishers, 1934.

[3] Michael D. Mumford and Peter Moertl, "Cases of Social Innovation: Lessons From Two Innovations In the 20th Century", *Creativity Research Journal*, Vol. 15, No. 2-3, 2003, pp. 261–266.

[4] Robin Murray, Julia Caulier-Grice and Geoff Mulgan, *The Open Book of Social Innovation*, London: NESTA, The Young Foundation, 2010.

会过程，它超越了单个行动者的控制，并嵌入一个更广泛的社会行动者和机构的背景中，这些社会行动者和机构决定了创新的发展、传播和实施及其后果。①

在"媒体创新"中，有学者提出媒体创新要考量两个维度：其一，是什么在改变（changing），即媒体的哪一方面正在被创新；其二，是创新的新颖性（degree of novelty），即这种创新是有限的还是深远的，最终产生怎样的影响。在这种维度划分下，新媒体平台的发展、新商业模式的建立和新闻媒体文本的制作方式，都属于媒体创新的范畴。②对数字化转型危机的新闻业来说，其创新必须同时兼顾新闻业价值和商业模式的双重目标，③并在运作方式上以即时性（immediacy）、互动性（interactivity）、参与性（participation）的观念塑造新的新闻实践。④

2. 新闻创新的"实践社区"

在对"媒体创新"的概念解释中，有学者指出了影响媒体创新的十大关键因素，包括技术（technology）、市场机

---

① Leyla Dogruel, "Opening the Black Box: The Conceptualising of Media Innovation", in Tanja Storsul and Arne H. Krumsvik, eds., *Media Innovations: A Multidisciplinary Study of Change*, Nordicom: University of Gothenburg, 2013, pp. 29–44.

② Tanja Storsul and Arne H. Krumsvik, "What is Media Innovation?", in Tanja Storsul and Arne H. Krumsvik, eds., *Media Innovations: A Multidisciplinary Study of Change*, Nordicom: University of Gothenburg, 2013, pp. 13–28.

③ Stephen Quinn, "Convergence W's Fundamental Question", *Journalism Studies*, Vol. 6, No. 1, 2005, pp. 29–38.

④ Nikki Usher, *Making News at the New York Times*, Ann Arbor: The University of Michigan Press, 2014.

| 第一章 |
数字新闻创新与中国新闻业

会和用户行为（market opportunities and user behavior）、竞争者行为（behavior of competitors）、监管（regulation）、行业规范（industry norm）、公司战略（company strategy）、领导力和愿景（leadership and vision）、组织结构（organizational structure）、能力资源（capacity and resources）和文化与创造力（culture and creativity）。[1]这些影响因素最终汇集在新闻编辑室（newsroom）这一核心场域中。

在诸多研究中，新闻编辑室是透视新闻创新的核心场域，[2] 技术创新被视为一个历史性的嵌入过程，发生在新闻编辑室这个特定的地点，并因特定行为者（记者、管理人员、技术人员）的决策而演变。[3]大量新闻创新研究来自在线新闻编辑室的民族志研究（ethnographic research），[4]新闻编辑部内的新闻创新可以理解为一种边界工作（boundary

---

[1] Tanja Storsul and Arne H. Krumsvik, "What is Media Innovation?", in Tanja Storsul and Arne H. Krumsvik, eds., *Media Innovations: A Multidisciplinary Study of Change*, Nordicom: University of Gothenburg, 2013, pp. 13-28.

[2] Pablo J. Boczkowski, "Books to Think with", *New Media & Society*, Vol. 6, No. 1, 2004, pp. 144-50; Chris Paterson, "Why Ethnography?", in Chris Paterson and David Domingo, eds., *Making Online News: The Ethnography of New Media Production*, New York: Peter Lang, 2008, pp. 1-11; Amy Schmitz Weiss and David Domingo, "Innovation Processes in Online Newsrooms As Actor-networks and Communities of Practice", *New Media & Society*, Vol. 12, No. 7, 2010, pp. 1156-1171.

[3] Pablo J. Boczkowski, "Books to Think with", *New Media & Society*, Vol. 6, No. 1, 2004, pp. 144-50.

[4] Chris Paterson, "Why Ethnography?", in Chris Paterson and David Domingo, eds., *Making Online News: The Ethnography of New Media Production*, New York: Peter Lang, 2008, pp. 1-11.

work），在这个持续的过程中，不同的行动者、实践、文本、制度结构等在竞争中会获得或失去其合法地位。①

而"行动者网络"（Actor-Network Theory，ANT）是研究在线新闻编辑室中相关行动者开展新闻创新的主要分析资源之一。作为科学技术与社会（STS）研究的重要理论框架，行动者网络理论试图描述科学与技术如何成为一种社会嵌入现象，②假设技术与社会相互塑造，其行动者既可以是人类也可以是非人类（如技术工具或组织）。ANT的理论优势在于其方法的开放性，这也使ANT能够成为分析技术如何在新闻实践中发挥作用的优选方法。③在行动者网络中，每一种关系都是转译（translation）的结果，因为信息交换总是涉及两个行动者的解释，体现了一种动态的新闻生产和传播。米歇尔·卡隆（Michel Callon）将转译的过程分为四个阶段：提出问题（problematization）、利益集中（interessement）、组建队伍（enrollment）、行动动员（mobi-

---

① Matt Carlson, "Boundary Work", in Tim P. Vos and Folker Hanusch, eds., *The International Encyclopedia of Journalism Studies*, New York: Wiley, 2019, pp. 220-226; Matt Carlson and Seth C. Lewis, "Boundary Work", in Karin Wahl-Jorgensen and Thomas Hanitzsch, eds., *The Handbook of Journalism Studies*, New York: Routledge, 2019, pp. 123-135.

② Bruno Latour and Steve Woolgar, *Laboratory Life: The Construction of Scientific Facts*, Princeton: Princeton University Press, 1979.

③ Ursula Plesner, "An Actor-Network Perspective on Changing Work Practices: Communication Technologies As Actants in Newswork", *Journalism*, Vol. 10, No. 5, 2009, pp. 604-26.

## 第一章
数字新闻创新与中国新闻业

lization），① 相关行动者通过战略实践，改变自己在网络中的位置而对他人施加权威，②形成一个"权力的空间维度"。③

按照 ANT 的范式，新闻实践可以被归纳为如图 1-1 所示的复杂行动者网络，所有行动者都在协商、支持或反对彼此。④在新闻编辑室中，记者作为新闻创新的主体，既可以充当复杂网络的中介（intermediaries），也可以担任调解人（mediators），通过与其他人类行为者（如其他记者、编辑、技术人员、用户）以及技术、工具、知识、技能、结构、协议和规则等非人类行为者进行谈判，影响新闻实践和结果。ANT 在追踪新闻编辑室创新发展过程中涉及的不同行动者之间的权力关系、围绕技术产生的冲突和达到"和解"的过程时尤其有益。⑤斯普利多（Lia-Paschalia

---

① Michel Callon, "Some Elements of a Sociology of Translation: Domestication of The Scallops and the Fishermen of St. Brieuc Bay", *Sociological Review*, Vol. 32, No. 1 suppl, 1984, pp. 196-233.

② Victor Wiard, "Actor-Network Theory and Journalism", *Oxford Research Encyclopedia of Communication*, No. 5, 2019, pp. 1-14.

③ Nick Couldry, "Actor Network Theory and Media: Do They Connect and on What Terms?", in Andreas Hepp, Friedrich Krotz, et al., eds., *Connectivity, Networks and Flows: Conceptualizing Contemporary Communications*, Cresskill: Hampton Press, 2008, pp. 93-108.

④ Lia-Paschalia Spyridou, et al., "Journalism in a State of Flux Journalists As Agents of Technology Innovation and Emerging News Practices", *International Communication Gazette*, Vol. 75, No. 1, 2013, pp. 76-98.

⑤ Amy Schmitz Weiss and David Domingo, "Innovation Processes in Online Newsrooms As Actor-networks and Communities of Practice", *New Media & Society*, Vol. 12, No. 7, 2010, pp. 1156-1171.

Spyridou)等人的研究发现,专业文化削弱了技术对新闻创新的潜在影响,互联网和相关工具能够帮助新闻工作者更好地完成传统工作,而不是围绕加强对日益增长的社会技术潜力的利用而进入下一阶段。媒体环境的急剧变化和广泛存在的经济不确定性,迫使记者采取一种防御姿态,促进既定惯例的延续,而不是从事创新实践。① 另一项研究也表明,在线记者编辑和技术人员作为不同的行动者分别拥有不同的角色、责任,在新闻创新的冲突中形成了新的权力关系。记者和技术人员各自指责对方彼此牵制,前者认为技术人员决定了新闻工作的物质背景,这些决策明显影响记者的表现,后者则认为技术被简化为在线记者日常使用的硬件和软件工具。作为"实践社区"(communities of practice)的新闻编辑室,只有缓解个体行动者之间的冲突、促进彼此之间的学习合作,才能保障新闻创新得以顺利进行。② 这个结论再次印证了西方新闻业长期以来坚持的专业主义与数字化技术带来的公众参与之间的张力。③

---

① Lia-Paschalia Spyridou, et al. , "Journalism in a State of Flux Journalists As Agents of Technology Innovation and Emerging News Practices", *International Communication Gazette*, Vol. 75, No. 1, 2013, pp. 76-98.

② Amy Schmitz Weiss and David Domingo, "Innovation Processes in Online Newsrooms As Actor-networks and Communities of Practice", *New Media & Society*, Vol. 12, No. 7, 2010, pp. 1156-1171.

③ Seth C. Lewis, "The Tension Between Professional Control and Open Participation: Journalism and Its Boundaries", *Information Communication & Society*, Vol. 15, No. 6, April 2012, pp. 836-866.

# 第一章
数字新闻创新与中国新闻业

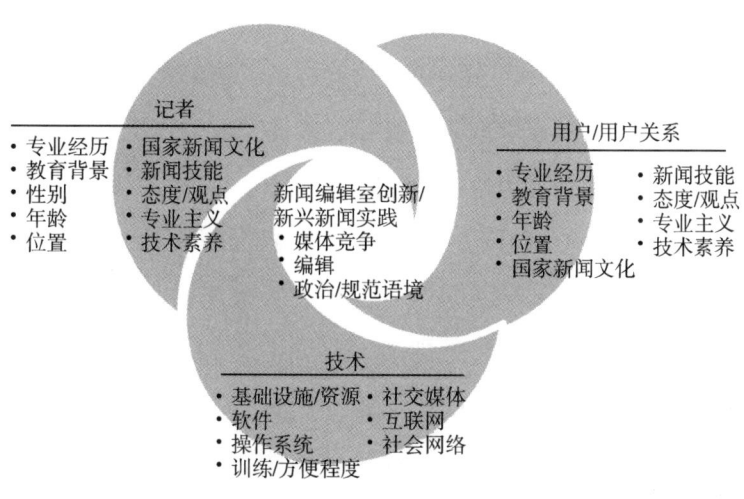

图 1-1 ANT 范式下新闻编辑室的复杂行动者网络

## 第二节 技术驱动下中国新闻业的创新语境

数字技术对新闻业的影响是全球范围的，中国也概莫能外。自 1994 年中国全面接入互联网以来，中国主流媒体在一波又一波浪潮中感受到技术所带来的巨大压力，使具有"双重属性"的主流媒体逐渐丧失信息传播格局的中心地位，甚至可以称之为垄断性地位。与西方国家的情形不同，数字技术对中国主流媒体的冲击不单单是挑战了作为专业（professionalism）的新闻职业边界和二次售卖下的传统商业模式，更重要的是，技术作为一种外力打破了主流媒体在新闻改革中的持续性，并以"赋权"（empowerment）的形式强化了公众的政治参与，将原本被动的"受众"（audience）激活为主动的"用户"（user），快速占领了转型社会下原本属于主流媒体向国家争取表达社会诉求的空间，让主流媒体纷纷陷入舆论监督和舆论引导的困境。

无须讳言，中国主流媒体的新闻创新较西方新闻业来说多元力量的角逐更加激烈，"双重属性"下的主流媒体适应数字化技术的挑战，要同时兼顾形而上的意识形态属性和形而下的产业属性。因此，与西方新闻业相比，无论是在新闻创新的理论认识上，还是对新闻编辑室的创新实践以及评价新闻创新的标准上，都存在很大的差异。

## 一 转型社会下的技术挑战

根据白红义的研究，中国的数字新闻研究集中在"转型"和"创新"两个关键议题，两者并非泾渭分明，只是为了区分行动者在面临技术冲击时的两种选择行为。[①]但本书认为，从概念提出的时间来看，"转型"在中国新闻研究中的历史更加悠长。和西方新闻业不同，中国新闻业"转型"的原初动力不是简单地应对技术的冲击，而是在社会转型这个背景下发生的。[②]

---

[①] 白红义等：《中国数字新闻研究的议题、理论与方法》，《新闻与写作》2021年第1期。

[②] 孔祥军：《试论社会转型时期的新闻转型——兼作对李良荣教授〈中国的新闻改革〉的回应》，《甘肃社会科学》2003年第5期。

# 第一章
### 数字新闻创新与中国新闻业

　　中国新闻业最早的转型可以追溯到经济体制下的所有制改革。李良荣、孙玮指出，社会主义市场经济条件下由所有制变革引起的社会结构变化，为党报向新的高度发展提供了社会条件，转型的焦点问题是在新闻与宣传之间找到一个平衡点，即在保持党报的思想性与指导性的同时又充分满足读者的要求，使代表各种不同利益集团的读者都成为党报诉求的主要对象。①周翼虎指出，从社会转型的视角看，新闻业在中国社会的功能超越了"导向性"和"舆论监督"范畴，承担了国家与社会之间迫切需要的有效的沟通与纠错机制，是改革权力运作的工具和社会进步必不可少的制度要素。②可以说，这种新闻转型反映了在"市场经济条件下的党的新闻事业"理论框架下，③主流媒体的公共属性得以加强。新闻改革也是在处理与政府、市场、社会关系中，让新闻业成长为参与社会治理和国家治理的多元主体之一。④因此"转型"对于中国新闻业来说，重要的是角色变化，而非新闻实践。正如周睿鸣所指出的，"转型"作为新闻变迁中形成的观念，对新闻从业者来说是有

---

① 李良荣、孙玮：《企业转型改制的新闻学意义》，《新闻大学》1999年第1期。

② 周翼虎：《媒体的转型动力学：新时期新闻媒介的社会责任》，《青年记者》2008年第16期。

③ 潘忠党：《新闻改革与新闻体制的改造——我国新闻改革实践的传播社会学之探讨》，《新闻与传播研究》1997年第3期。

④ 李良荣、张华：《参与社会治理：传媒公共性的实践逻辑》，《现代传播（中国传媒大学学报）》2014年第4期。

着鲜明的"路径依赖"规范,可被看作中国传媒市场化改革的延伸,不涉及技术引入新闻场域以后权力关系的变动。①

事实上,互联网技术也正是在社会转型和新闻改革的大背景下介入中国新闻业,并以技术赋权(empowerment)的形式快速占领了社会转型下原本属于主流媒体向国家争取表达社会诉求的空间。一直以来,大众传播模式存在明显的公共性不足,即媒介受社会强势群体和各类精英的支配,普通人与弱势群体的利益被折损与边缘化,② 此时网络技术的发展不断弥补大众传播的不足,也让转型社会中的各种利益受损者有机会越过主流媒体进行利益表达。

自 2003 年孙志刚案件以来,新媒体与赋权成为中国新闻传播学的热门议题,强调互联网技术成为弱势群体实现赋权和认同的有效途径,网民和网络社群的崛起挑战了主流媒体在新时代的传播权力。从既有研究来看,新媒体通过技术赋权对中国主流媒体的影响集中在三个方面:其一,"关系赋权"成为互联网时代的全新权力范式,个人和社群以自组织的方式越过主流媒体,成为推动社会改革的关键

---

① 周睿鸣:《"转型":观念的形成、元话语重构与新闻业变迁——对"澎湃新闻"的案例研究》,《国际新闻界》2019 年第 3 期。
② 朱清河:《论传媒公共性及其实现途径》,《现代传播(中国传媒大学学报)》2008 年第 4 期。

| 第一章 |
数字新闻创新与中国新闻业

力量;①其二,新闻生产从组织化走向社会化,"公民新闻"成为一种常态,新闻业的边界和新闻生产的主要环节发生了巨大变革;②其三,新闻生产主体的结构性变化形成了对主流媒体的一种权力对抗关系,多元的传媒生态格局下可能重置传统新闻业的制度化权力结构。③

与此同时,技术衍生的新来者日益加强了对中国新闻业的冲击,突破新闻边界。④部分学者甚至将以人工智能为

---

① 丁未:《新媒体与赋权:一种实践性的社会研究》,《国际新闻界》2009年第10期;隋岩、曹飞:《论群体传播时代的莅临》,《北京大学学报(哲学社会科学版)》2012年第5期;张波:《新媒介赋权及其关联效应》,《重庆社会科学》2014年第11期;黄月琴:《"弱者"与新媒介赋权研究——基于关系维度的述评》,《新闻记者》2015年第7期;喻国明、马慧:《互联网时代的新权力范式:"关系赋权"——"连接一切"场景下的社会关系的重组与权力格局的变迁》,《国际新闻界》2016年第10期;张华:《网络社群的崛起及其社会治理意义》,《编辑之友》2017年第5期。

② 罗新星:《公民新闻:人人都是记者——基于新闻从"报道"到"共享"的思考》,《社会科学评论》2009年第4期;张志安:《新闻生产的变革:从组织化向社会化——以微博如何影响调查性报道为视角的研究》,《新闻记者》2011年第3期;赵俊峰、张羽:《公民新闻的发展与传媒生态的再建构》,《国际新闻界》2012年第6期;白红义:《塑造新闻权威:互联网时代中国新闻职业再审视》,《新闻与传播研究》2013年第1期;张志安、吴涛:《互联网与中国新闻业的重构——以结构、生产、公共性为维度的研究》,《现代传播(中国传媒大学学报)》2016年第1期;李良荣:《新闻学概论(第六版)》,复旦大学出版社2018年版,第131页。

③ 陆晔、周睿鸣:《"液态"的新闻业:新传播形态与新闻专业主义再思考——以澎湃新闻"东方之星"长江沉船事故报道为个案》,《新闻与传播研究》2016年第7期;於红梅:《从"We Media"到"自媒体"——对一个概念的知识考古》,《新闻记者》2017年第12期;潘一凡:《众媒时代:多元的媒介新生态》,《新闻大学》2017年第3期。

④ 白红义、李拓:《"边界工作"再审视:一个新闻学中层理论的引入与使用》,《湖南师范大学社会科学学报》2020年第2期。

### 从2G到5G
**技术驱动下的中国传媒业变革**

代表的智能化媒体时代视为新闻边界的消失和版图的重构，①其中技术成为改变新闻业生态结构的重要力量，主流媒体在传媒市场的地位变得日益边缘。这种边缘性表现在两个方面：其一，从传媒产业链来看，以技术为核心竞争力的互联网公司不再是传媒产业链上的渠道延伸，而是变成了整个传媒市场发展的基础，并在混合所有制格局下介入多种类型所有制的新闻传媒类企业，客观上改变了中国新闻业的生态格局，甚至在一定程度上扮演着"局外"制度供给者角色；② 其二，以算法为核心技术优势崛起的平台媒体成为内容分发的权力实施者，不仅改变了分发形式，更从根本上改变了新闻价值的判断标准、把关标准，塑造了全新的新闻文化，并带来诸如信息茧房、内容消费等问题。③

可以看到，对于中国的主流媒体来说，技术带来的挑

---

① 彭兰：《未来传媒生态：消失的边界与重构的版图》，《现代传播（中国传媒大学学报）》2017年第1期。

② 长江证券等：《中国传媒业投资发展报告（2015）》，《资本市场》2015年第4期；彭逸林、霍凤：《互联网的产业逻辑与新媒体的赋权——从阿里巴巴入股第一财经谈起》，《中国广播》2016年第8期；郭雅静：《论中国新闻传媒业的混合所有制》，《新闻大学》2017年第3期；曾培伦：《技术、制度与效率：中国传媒改革背景下的"媒介融合"》，硕士学位论文，复旦大学，2011年。

③ 张志安：《数字新闻业研究：生态、路径和范式》，《新闻与传播研究》2018年第S1期；方师师：《算法机制背后的新闻价值观——围绕"Facebook偏见门"事件的研究》，《新闻记者》2016年第9期；王茜：《打开算法分发的"黑箱"——基于今日头条新闻推送的量化研究》，《新闻记者》2017年第9期；严三九：《融合生态、价值共创与深度赋能——未来媒体发展的核心逻辑》，《新闻与传播研究》2019年第6期；陈昌凤、王宇琦：《新闻聚合语境下新闻生产、分发渠道与内容消费的变革》，《中国出版》2017年第12期。

战冲击不仅是作为产业的新闻业,更是在中国社会转型期承担国家与公众之间桥梁、不断完善公共性的作为意识形态和改革推动力的新闻业。正是这种多维度的挑战,让主流媒体必须在角色变化的转型中进行新闻创新,才能维持自己的话语权。

## 二 中国新闻创新研究

与"转型"这个概念相比,对于中国新闻业的研究来说,"新闻创新"显得更为年轻。已有学者提出,应将与之相关的变迁、转型、改革以及媒介融合等现象都纳入"新闻创新"的研究范畴,有助于深化对相关问题的研究。[1] 从实践层面来看,新闻创新可以理解为新技术条件下的新闻业重构,既是从行业层面对新闻生产过程、新闻业作为市场主体的盈利模式等的调试,也是从新闻体裁、叙事风格/模式层面对新闻故事讲述技巧的调整;[2]作为一个理论化的概念,新闻创新可以被定义为多元新闻实践主体创造、采纳或扩散新闻工作新观念、新方式的行动过程。通过这一过程,新闻实践主体使自身获得可持续发展的条件,同时

---

[1] 白红义:《新闻创新研究的视角与路径》,《新闻与写作》2018年第1期。
[2] 周睿鸣:《"转型":观念的形成、元话语重构与新闻业变迁——对"澎湃新闻"的案例研究》,《国际新闻界》2019年第3期。

实现和维系新闻业的社会使命。①

　　与西方研究一样，针对中国新闻创新实践的研究也落脚在新闻编辑部这个特定的场所，研究不同新闻机构如何适应技术创新，并将其转化成新闻创新的过程。在早期的新闻转型、变迁、创新等实践研究中，国内学者把更多的研究视角放在技术应用与产品创新上，例如"融合新闻"的内容重整与报道创新、②数据新闻的可视化传播创新③、短视频新闻④等。其后随着"媒体融合"成为国家战略，越来越多的研究者将重点聚焦在新闻创新过程，展现新闻

---

　　① 王辰瑶：《新闻创新研究：概念、路径、使命》，《新闻与传播研究》2020年第3期。

　　② 蔡雯：《媒介融合趋势下如何实现内容重整与报道创新——再论"融合新闻"及其实施策略》，《新闻战线》2007年第8期；徐晓敏：《融合新闻：中国新闻传播业的新转型》，《新闻窗》2007年第3期；张文波：《报业数字化转型中的融合新闻理念》，《中国报业》2008年第5期。

　　③ 郎劲松、杨海：《数据新闻：大数据时代新闻可视化传播的创新路径》，《现代传播（中国传媒大学学报）》2014年第3期；王斌：《大数据与新闻理念创新——以全球首届"数据新闻奖"为例》，《编辑之友》2013年第6期；常江、杨奇光：《"我心澎湃如昨"：澎湃新闻与新闻客户端的崛起》，《新闻界》2014年第18期；张一弛：《以"创新扩散"理论分析报纸类APP发展》，《传媒观察》2014年第4期；郑青华：《澎湃新闻，能否成为新闻客户端的标杆？——对澎湃新闻的几点思考》，《编辑之友》2015年第1期；刘颂杰、张晨露：《从"技术跟随者"到"媒体创新者"的尝试——传统媒体"新闻客户端2.0"热潮分析》，《新闻记者》2016年第2期。

　　④ 殷俊、刘瑶：《我国新闻短视频的创新模式及对策研究》，《新闻界》2017年第12期；常江、王晓培：《短视频新闻生产：西方模式与本土经验》，《中国出版》2017年第16期；黄楚新、王芳：《"移动直播+短视频"创新新闻报道新模式》，《新闻论坛》2018年第6期；丰瑞、周蕴琦：《新闻类短视频对新闻生产机制的创新与变革》，《新闻与写作》2019年第12期。

# 第一章
数字新闻创新与中国新闻业

编辑部如何将传统新闻模式与新兴技术结合的复杂动态过程。其中，已有学者运用行动者网络为分析框架，反映新闻创新过程中编辑部作为一个充满可能性的复杂网络是如何变化的，以及编辑、记者、决策层、管理层和诸如编辑部空间、制度、编制等多种类型的行动者是如何发生和实现关系、影响创新的。例如王辰瑶等以三份日报的"微新闻生产"为考察对象，发现编辑部创新主要在技术、创新资源、生产者关系和原有规制这四个因素彼此造就的"强制性关系"中展开的，既存在路径依赖，也拥有多重可能性；[1] 谢静通过对"上观新闻"客户端的考察，从时间和空间的转译过程研究"上观新闻"如何形塑与客户端、行政系统和消费者的联结，同时技术人造物在其中较为强势地"转译"了消费者偏好的过程，体现了客户端的技术属性在协调新闻生产、"转译"时空的过程中，具有较强的统合能力和多种可能性；[2] 肖鳕桐、方洁将研究重点放在新闻生产背后内容与技术的合作问题上，指出在新闻创新作品的生产过程中，内容人员发挥着核心行动者的主动作用，技术团队处在生产的末端，团队内部的行动者之间和媒体与外部力量之间的关系并未发生剧烈松动。尤其是对于体量较大的传统媒体而言，新闻创新中的整体协调能力远超

---

[1] 王辰瑶、喻贤璐：《编辑部创新机制研究——以三份日报的"微新闻生产"为考察对象》，《新闻记者》2016年第3期。

[2] 谢静：《新闻时空的转型与"转译"——基于"上观新闻"的移动新闻客户端研究》，《新闻大学》2019年第8期。

小型机构，因此仍需培育良好的沟通机制，改善异质行动者之间的认知和关系。[1]

当然，行动者网络并非展现新闻创新过程的唯一理论框架，国内学者在对编辑部生产的微观研究中同样发现了新闻创新存在的一些问题。例如何瑛、胡翼青聚焦"中央厨房"的实践困局，指出新闻创新不仅要兼顾技术所强化的工业化属性，更要重视新闻的文化属性和作为社会公共产品的定位；[2] 李艳红对三家新闻组织采纳"数据新闻"的研究发现，中国新闻组织对创新采取了一种既开放又保守的矛盾策略，其采纳创新是基于对"不确定性"的感知和管理；[3] 钱进、周俊同样以 M 媒体的数据新闻生产为考察对象，发现在跨工种的协同和沟通中，各方先前的职业逻辑、工作概念和流程习惯实际上会对协同的展开形成障碍，需要新闻室中产生一个全新的中介式角色，才能破除不同空间之间的隔阂，使得团队工作可以顺利展开；[4] 王辰瑶对中外77个新闻业融合案例进行研究，根据行为主体、创新动机和开展方式区分了媒介拓展、组织联合、成员合作和参与

---

[1] 肖鳕桐、方洁：《内容与技术如何协作？——行动者网络理论视角下的新闻生产创新研究》，《国际新闻界》2020年第11期。

[2] 何瑛、胡翼青：《从"编辑部生产"到"中央厨房"：当代新闻生产的再思考》，《新闻记者》2017年第8期。

[3] 李艳红：《在开放与保守策略间游移："不确定性"逻辑下的新闻创新——对三家新闻组织采纳数据新闻的研究》，《新闻与传播研究》2017年第9期。

[4] 钱进、周俊：《论数据新闻对新闻职业文化的改造——以 M 媒体的数据新闻生产作为考察对象》，《新闻记者》2016年第5期。

式新闻这四种新闻融合类型，并且发现编辑部围绕新闻融合实践的结构关系影响了编辑部内部对新闻融合的文化氛围，作为实践的新闻融合之所以大规模出现，是新闻行动者努力适应"融合文化"的表现，但新闻业作为一个具体的社会实践领域，其职业边界、新闻常规、组织化形态、从业者观念、对新闻使用者群体看法、所受的政治经济伦理法规的规约等，必然构成"新闻融合"的复杂语境。①

因此从上述研究来看，新闻创新实践不应只着眼于结果，更重要的是新闻创新过程中的各类复杂行动者关系，以及内部是否形成有助于创新的体制机制和文化氛围。因为关系的建立、体制机制的保障决定了新闻编辑部中不同行动者在新闻创新中的实践边界、话语权力，更是新闻创新能否有效进行下去的重要决定因素。

## 三 中国数字新闻创新实践的政策力量

虽然诸多学者都借鉴 ANT 的理论框架对新闻编辑部的新闻创新进行研究，但正如王辰瑶等在相关研究中提到的，ANT 理论存在一个明显的缺陷就是没有清晰地阐明这个复杂网络的"动力机制"。② 西方新闻学界将这种"动力机制"视作对新闻业专业主义这一立身之本的挑战，而国内

---

① 王辰瑶：《新闻融合的创新困境——对中外 77 个新闻业融合案例研究的再考察》，《南京社会科学》 2018 年第 11 期。
② 王辰瑶、喻贤璐：《编辑部创新机制研究——以三份日报的"微新闻生产" 为考察对象》，《新闻记者》 2016 年第 3 期。

的学者则更多将其理解为一种制度的"不确定性",借用诸如制度创新理论、①话语制度主义②等解释新闻创新的动力和存在的缺陷。同时不应忽略的是,区别于西方新闻业以新闻专业主义为基础的社会控制机制,宣传管理因素作为中国媒介特殊的生态要素,是新闻实践中不可忽视的约束机制,其权力的行使是透过新闻生产主体的实践得以表达、实现的。③

同时,政策力量作为重要的制度因素对中国新闻业的创新具有指导意义,这是新闻创新实践无法忽视的宏观背景。从制度传播经济学视角切入,虽然国内研究并不多,但是相关研究指出中国传媒体制的改革和新闻业的变迁有明显的政府主导性特征,本质上是基于权力分割和剩余控制权配置的传媒制度安排。④当下中国主流媒体正在如火如荼开展的"媒体融合"也是在国家政策的指引下开展的。陈昌凤、杨依君的研究就指出,中国媒体融合政策的形成,是一个经过了政策议程创建、试点实践探索、施政纲领纳

---

① 王辰瑶、喻贤璐:《编辑部创新机制研究——以三份日报的"微新闻生产"为考察对象》,《新闻记者》2016年第3期。
② 周睿鸣:《"转型":观念的形成、元话语重构与新闻业变迁——对"澎湃新闻"的案例研究》,《国际新闻界》2019年第3期。
③ 陆晔:《新闻生产过程中的权力实践形态研究》,信息化进程中的传媒教育与研究——第二届中国传播学论坛文集,上海,2002年6月。
④ 柳旭波:《传媒体制改革的制度经济学分析》,《新闻界》2006年第2期;刘艳娥:《中国传媒体制改革新论——一种新制度经济学视角下的民主分权理论范式》,《中州学刊》2014年第5期。

# 第一章
数字新闻创新与中国新闻业

入、主管部门部署、调研意见综合以至核心文件出台的过程，本质上是中国共产党新闻政策在新时期的延续和发展，是作为政策主体的执政党在新的执政环境下对技术驱动的媒体融合趋势作出的政策回应，核心目标是使官方倡导的意识形态在新的媒体格局中拥有主流地位，发挥引领作用；① 刘珊、黄升民将中国式媒体融合的源头追溯到2001年《中共中央办公厅、国务院办公厅关于转发〈中央宣传部、国家广电总局、新闻出版总署关于深化新闻出版广播影视业改革的若干意见〉的通知》，强调媒体融合的发展进程始终受到政策管控力度的影响。② 陈刚的研究也强调，2014年以来的"媒体融合"是基于互联网背景下中国社会发展层面提出的，"媒体融合"是特定阶段特定环境下的特定表述，不能简单停留在媒体的层面思考。③ 置于政治沟通的视野下，媒介融合政策的推出，主要着力于重塑传统媒体话语权，强调媒体在国家治理过程中的沟通政府与多社会治理主体的新价值。④

在这个过程中，正如陆晔、周睿鸣强调的那样，中国新闻业的变迁镶嵌在中国社会转型之中，处在中国传媒改

---

① 陈昌凤、杨依军：《意识形态安全与党管媒体原则——中国媒体融合政策之形成与体系建构》，《现代传播（中国传媒大学学报）》2015年第11期。
② 刘珊、黄升民：《解读中国式媒体融合》，《现代传播（中国传媒大学学报）》2015年第7期。
③ 陈刚：《数字逻辑与媒体融合》，《新闻大学》2016年第2期。
④ 朱春阳：《政治沟通视野下的媒体融合——核心议题、价值取向与传播特征》，《新闻记者》2014年第11期。

革的延长线上，作为新闻创新的实践主体必须在多重社会力量之间往复游走。不同的是，技术与社会的互动使得不断重构的制度环境不再局限于权力、资本、职业统摄的封闭场域，而是被导入节点互联的网络之中。[1]

## 第三节 中国主流媒体新闻创新的分析框架与案例选取

### 一 研究视角

本书的研究视角是以数字技术挑战为切入点，将主流媒体放置于中国社会转型与传媒体制改革的背景下，研究新闻编辑部在不同技术时段的新闻创新实践，历时性地考察中国主流媒体新闻创新的过程、效果和困境。

从上述研究来看，中国主流媒体的新闻创新并不是简单地自发应对数字化技术的挑战，新闻编辑部以外的不同力量拉扯决定了其实际探索的空间。在这个过程中，技术作为一种外力，打破了主流媒体在新闻改革中的持续性，也借助技术特性强化了公众的政治参与，更让主流媒体陷

---

[1] 陆晔、周睿鸣：《"液态"的新闻业：新传播形态与新闻专业主义再思考——以澎湃新闻"东方之星"长江沉船事故报道为个案》，《新闻与传播研究》2016年第7期。

# 第一章
数字新闻创新与中国新闻业

入舆论监督和舆论引导的乏力,从根本上动摇了其在社会转型中力图强化的公共属性。因此,本书虽然是针对主流媒体作为新闻机构的中观创新研究,但是在这个过程中,编辑部以外的影响因素并未在研究中退场,这个影响因素包括技术变迁下网络社会中的主体人群变化和国家的政策引导,因为对于中国主流媒体来说,其存在的场域无法脱离政府与公众。

与此同时,本书将2G—5G作为考察中国数字新闻创新实践的技术时段,是综合考量了互联网诞生以来,移动通信技术对于社会发展的巨大影响。相比于传统互联网,移动互联网是网络社会最终形成的关键,也是数字技术从一种突然闯入的他者进化到影响现实社会方方面面的背景。从媒介使用来看,通信技术的不断演变让每个人成为手机这个通信设备的寄生生物,也是对主流媒体最显现的打击,即传统的报纸、广播、电视等载体已经无法凝聚广泛的公众,也正是手机和移动互联网,让原本的受众变成了用户,并逐渐成为能与主流媒体一较高下的互联网节点。更重要的是,从2G技术开始,每一代通信技术的升级不仅是传播速率的提升,同时也诞生了一种全新的可以与主流媒体竞争的新媒体,不仅丰富了传媒市场中的新闻行动者,更影响中国社会的发展。与此同时,技术的每一次升级在一定程度上具有"拉平"效应,未来新闻业的新范式也并未确立,一切还在摸索中,"结构"并未板结而"主体"的发挥空间仍在。①

　　本书想强调的是，中国的新闻创新实践并不是断裂的，而是有一定的反复过程，这个过程既有主流媒体自身的原因，也离不开其他诸如政治、社会、资本等外部因素的影响。从前述文献来看，大部分学者将研究的重点放置在新闻编辑部内部，研究这一复杂网络下不同行动者如何建立关系、如何影响创新，虽然也有研究在最后的总结和讨论中提到外部力量的干扰，但在研究主干中并未将外部技术因素、政策因素、公众因素和新闻编辑部内部的实践紧密结合起来。

　　实际上，中国主流媒体的新闻创新有两个场域，一是在新闻机构内部的场域，二是在中国社会这个大背景下的场域，两者始终紧密联系，这也是中国语境下的新闻创新较西方新闻业更加复杂、生动的根本原因。因此，本书希望能够将二者结合起来，并且通过历时性地回溯和基于当下的研究，将互联网诞生后的中国新闻创新做一个系统性的呈现，并将大小场域的联系尽可能地表达出来。

　　本书所界定的主流媒体，是指经国家正式批准的报社（报业集团）、通信社以及后续衍生的由新闻单位主办的拥有互联网一类新闻资质牌照的新闻网站（即拥有原创新闻采编权）。之所以以报社（报业集团）为主要研究对象，是

---

① 王辰瑶、喻贤璐：《编辑部创新机制研究——以三份日报的"微新闻生产"为考察对象》，《新闻记者》2016 年第 3 期。

# 第一章
数字新闻创新与中国新闻业

考虑到报业受互联网冲击最为深远，且最早迎接数字技术的挑战开展数字新闻实践。与此同时，2003年新闻出版总署明确规定党委机关报只限于中央、省（自治区、直辖市）、地（市）三级，结合受众/用户影响范围，本书选取的主流媒体范围主要集中在中央级别与省（自治区、直辖市）级别的报社（报业集团）及其衍生的新媒体形态。

## 二 分析框架与研究问题

如表1-1所示，本书对中国主流媒体新闻创新实践的分析按照"创新动力—创新实践—创新效果"的逻辑层层递进。其中，"创新动力"进一步区分为社会、国家和传媒市场三个维度，以考察网络主体人群的媒介使用变化及表达诉求、国家对新闻创新的政策引导变化和技术衍生下的新媒体形态对主流媒体发展空间的影响；"创新实践"则聚焦主流媒体新闻编辑部，从技术（新技术平台或由技术引发的新生产过程）、生产者关系（记者、编辑、管理人员、技术人员之间的合作程度和冲突焦点）、用户关系（编辑部与用户的互动程度）、内部资源（物质投入、顶层支持力度、考评制度等）四方面展开，研究多元行动者之间的关系；"创新效果"则是基于主流媒体的"双重属性"，考察新闻创新是否能够维持主流媒体的话语权（即是否能够凝聚网络主体人群以及获得国家对主流媒体的认可），并赢得市场发展空间（即主流媒体与新媒体的市场竞争关系）。

37

表 1-1　中国主流媒体新闻创新实践分析框架

| 研究维度 | 分析对象 | 分析维度 |
| --- | --- | --- |
| 创新动力 | 社会 | 网络主体人群的媒介使用变化及表达诉求 |
| | 国家 | 国家对新闻创新的政策引导变化 |
| | 传媒市场 | 技术衍生下的新媒体形态对主流媒体发展空间的影响 |
| 创新实践 | 主流媒体新闻编辑部 | 1. 技术：新技术平台或由技术引发的新生产过程<br>2. 生产者关系：记者、编辑、管理人员、技术人员之间的合作程度和冲突焦点<br>3. 用户关系：编辑部与用户的互动程度<br>4. 内部资源：物质投入、顶层支持力度、考评制度等 |
| 创新效果 | 主流媒体的双重属性 | 1. 话语权的维持：是否能够凝聚网络主体人群以及国家对主流媒体的认可<br>2. 市场发展空间：主流媒体与新媒体的市场竞争关系 |

基于以上分析框架，本书的核心研究问题可以表述为：中国主流媒体如何在技术变革和社会转型的双重语境下，开展新闻创新实践？在这个主要研究问题下，可以分解为四个具体的小问题。

第一，自 2G 时代以来，中国主流媒体的数字新闻创新是如何发生的？促使主流媒体实践创新的动力是什么？

第二，从 2G 时代到 5G 时代，中国主流媒体的数字新闻创新具体发生了怎样的变化？在不同创新阶段，技术、生产者关系、用户关系、内部资源发生了怎样的变化？

第三，透视新闻编辑部这个核心场景，各种与新闻有关的权力关系如何有效推动或阻碍了主流媒体的数字新闻创新实践？

第四，中国主流媒体的新闻创新实践，是否能够有效回应技术变革下中国社会转型带来的挑战？

## 三 研究方法与案例选取

本书采取的是"质的研究方法"。根据陈向明的定义，质的研究方法是以研究者本人作为研究工具，在自然情境下采用多种资料收集方法对社会现象进行整体性探究，使用归纳法分析资料和形成理论，通过与研究对象互动对其行为和意义建构获得解释性理解的一种活动。[1] 相关资料收集方法包括以下几点。

1. 文献收集

本书的研究范围跨越25年历程，其中2G到3G的新闻创新研究主要以文献研究的方式进行系统性梳理。所涉及的文献包括：(1) 历年《中国新闻年鉴》（中国社会科学院）；(2) 历年《中国社会形势分析与预测蓝皮书》（中国社会科学院社会学研究所），其中含人民网舆情监测室发布的中国互联网舆情分析报告；(3) 历年《中国传媒产业发展报告》（清华大学新闻与传播学院传媒经济与管理研究中心）；(4) 历年《中国新闻事业发展报告》（中华全国新闻工作者协

---

[1] 陈向明：《质的研究方法与社会科学研究》，教育科学出版社2000年版，第12页。

会）；（5）相关研究论文、所涉媒体档案资料及资深媒体人的回忆性材料（包括采访实录、公开演讲、经验总结等）。

2. 深度访谈与案例分析

本书针对 4G 到 5G 时代的新闻创新研究，主要以深度访谈和案例分析为主。就研究者对访谈类型的控制程度而言，访谈可以分为三种类型：封闭型、开放型、半开放型。这三种类型也分别被称为"结构型""无结构型""半结构型"。其中，"半结构型"访谈指的是研究者对访谈的结构具有一定的控制作用，但同时也允许受访者积极参与。访谈提纲主要作为一种提示，访谈者在提问的同时鼓励受访者提出自己的问题，并且根据访谈的具体情况对访谈的程序和内容进行灵活的调整。[①]本书采取的是"半结构型"访谈方式。

在研究对象的选取上，考虑到中国主流媒体作为分析对象是一种具有制度化的整体，应当留意分析对象内部的异同，例如不同层级和不同区域媒体之间的差别。结合当下主流媒体在行业内部的新闻创新实践成效和学界、业界口碑，如表 1-2 所示，本书选取人民日报、新华社（含新华智云）、上海报业集团的解放日报·上观新闻和澎湃新闻、四川日报报业集团的华西都市报·封面新闻作为研究对象，以保障本研究的差异性和互补性。

---

[①] 陈向明：《质的研究方法与社会科学研究》，教育科学出版社 2000 年版，第171页。

表 1-2　　　　　　研究对象的差异性和互补性

| 研究对象 | 层级 | 所在地 | 定位 |
|---|---|---|---|
| 人民日报 | 国家级 | 北京 | 中央权威媒体，生产多个现象级融媒体产品 |
| 新华社 | 国家级 | 北京 | 中央通讯社，致力于打造"四全媒体" |
| 上观新闻 | 地方级 | 上海 | 率先启动深度融合、整体转型的地方党报 |
| 澎湃新闻 | 地方级 | 上海 | 地方都市报转型下的现象级新媒体项目 |
| 封面新闻 | 地方级 | 成都 | 地方都市报转型下的中国第一智媒体项目 |
| 新华智云 | 非媒体 | 杭州 | 新华社控股的大数据人工智能科技公司，是主流媒体新闻创新实践的新生业态 |

在访谈对象的选取上，笔者在以上 6 家单位以面访与电话访谈的方式，访谈了 25 位从业者。25 位从业者的业务范围涵盖技术开发、新闻采编、内容运营、行政支撑等多个条线；从层级上来说，涉及首席技术官、副总编辑、部门或栏目总监等中高层管理者和一线工作人员。表 1-3 是 25 位从业者的基本特征描述。

表 1-3　　　　　25 位从业者的基本特征描述

| 特征 | 分布 |
|---|---|
| 性别 | 男性：14（56.0%）<br>女性：11（44.0%） |
| 职位分类 | 技术人员：5（20.0%）<br>采编人员：13（52.0%）<br>内容运营：5（20.0%）<br>行政支撑：2（8.0%） |
| 职位层级 | 中高层管理者：11（44.0%）<br>一线工作人员：14（56.0%） |

续表

| 特征 | 分布 |
|---|---|
| 从业时间 | 0—5年：12（48.0%）<br>5—10年：3（12.0%）<br>10—15年：3（12.0%）<br>15年及以上：7（28.0%） |

在"半结构化"访谈之前，本书对于访谈对象所在单位的研究进行了深度研读，并就文献中的相关问题在访谈中予以求证。在访谈过程中，访谈对象也提供了丰富的案例，用于展现不同主流媒体的新闻创新实践过程和效果。

## 第四节　本书章节概览

第一章聚焦"新闻创新"（journalism innovation）这一核心概念，梳理了西方学界围绕数字化转型这一背景所做的诸多理论与实践研究，指出技术创新是一种嵌入过程，而作为"实践社区"（communities of practice）的新闻编辑部在新闻创新过程中会反映不同行动者和制度的冲突、竞争，形成新的权力关系。同时回到中国语境，强调数字技术对中国主流媒体的挑战冲击不仅是作为产业的新闻业，更是在中国社会转型期承担国家与公众之间桥梁作用、不断完善公共性的作为意识形态和改革推动力的新闻业。与西方社会不同，中国主流媒体的新闻创新不能把"国家"

# 第一章
数字新闻创新与中国新闻业

这一宏观概念悬置，相反应该将新闻机构内部的场域与中国社会这个大背景下的场域紧密结合起来，才能准确地呈现数字技术诞生以来中国新闻创新的真实状态。

第二章聚焦2G时代网络技术发展的核心要义及对主流媒体的主要影响，突出主流媒体应对技术的创新动力源自对报业发展态势的危机感。在此过程中，主流媒体始终坚持"内容为王"的核心理念，这一观念影响了新闻编辑部"报网互动"的实践形式。与此同时，主流媒体在应对技术变革的同时，也置身于文化体制改革的浪潮中，以解放新闻媒体生产力为重点的改革方向在一定程度上影响了主流媒体和新媒体之间的竞争关系。

第三章围绕3G时代移动互联网背景下中国网络社会的特征，突出主流媒体应对技术的创新动力源自话语权的式微，这背后体现了转型中国的社会现实和社交媒体的媾和。此时，主流媒体的新闻创新动力不仅是报业发展危机这个纯粹市场衰退的征兆，更深层面是主流媒体的公共属性受到网民的质疑，社交媒体作为网民主要的发声渠道表达诉求，得以形成跨阶层的网络行动，直接影响主流媒体政治沟通的有效性。在这个过程中，主流媒体无法故步自封在自己的主场，相反必须要走进客场，适应新媒体的表达方式以挽回用户。在此之间，主客场之间的运作关系成为影响主流媒体新闻实践效果的重要因素。

第四章围绕4G时代视频化、算法推荐和人工智能等新技术,突出"移动优先"下,数字技术深层地激活了用户的信息消费诉求。算法推荐不仅改变了内容分发,其所形成的过滤泡(the filter bubble)更是具有社会离心力的作用,不利于社会整合。同时,中间阶层作为"净网行动"后新崛起的行动者,将3G时代无序的泛社会化生产转向趋于专业化的社会化生产。此时,"媒体融合"作为一种国家意志,促进了主流媒体第一次整体性的转型与创新,促使原本处于编辑部边缘的技术行动者走到中心,新闻编辑部也以专业化管理的方式激发一线采编人员在垂直领域的生产积极性与潜力,并借鉴互联网平台的做法,以PUGC的混合生产和社区运营的互动方式实现用户流量的加成,这些都是制度允许范围内的突破。

第五章围绕5G时代的智能化趋势,强调"万物皆媒"的技术背景下,技术与资本力量通过网络平台已经将传统的社会群体演化成以媒介为中心的圈层,加速了中国社会群体的结构性转向。在此基础上,主流媒体的新闻创新实践应该走出新闻编辑部这个传统场域,从适应业态变局到适应社会形态变局,借技术革新打破长期以来的封闭概念,处理好技术与内容、主流媒体与传媒产业、主流媒体与社会的关系。

第六章集中讨论当下中国主流媒体的新闻创新实践在平衡形而上的意识形态属性和形而下的产业属性过程中受到的结构性制约。自媒体融合上升为国家战略以来,制度

# 第一章
数字新闻创新与中国新闻业

供给作为当下主流媒体进行新闻创新的原始动力，较为浓重的政治化色彩造成了主流媒体的新闻创新迎来了一定程度的同质化、低效化。与此同时，国有资本的单一属性作为掣肘力量，不利于主流媒体在混合所有制下的传媒市场竞争。在两种结构性力量的拉扯之下，"新型主流媒体"的建设路径走向窄化，不仅在专业性、政治性和流量化的三种路径中犹豫不决，还造成了人才难题，不利于激发主流媒体潜在的活力。从这个意义上来说，中国主流媒体的新闻创新实践不能回避的是开放性的技术与权力、资本、职业统摄的封闭场域的关系。

第七章作为余论重新回顾了中国主流媒体的新闻创新实践所走过的历程，认为新闻创新实践的最终目的是要锻造新型主流媒体，将互联网的最大变量转化为最大增量。无论是制度供给者还是主流媒体自身，都要重视技术实践对人的主体性的激活。因此提出锻造新型主流媒体的三大取向：第一，面向"用户"的观念创新；第二，"增量"转向"存量"的体制创新；第三，以社会地位巩固政治地位。

FROM 2G TO 5G:
TECHNOLOGY-DRIVEN
TRANSFORMATION OF
CHINA'S
MEDIA INDUSTRY

第二章

# 内容为王：中国数字新闻创新肇始（2G时代）

2G时代的新闻创新聚焦于新闻生产与内容增值，虽然主流媒体感受到了技术革新对其影响力的微妙分化，但凭借深厚的专业底蕴和稀缺性内容的独特优势，坚定践行"内容为王"理念，在数字化浪潮中稳固了自身地位，不逊色于网站与手机报等新媒体。

| 第二章 |

内容为王：中国数字新闻创新肇始（2G 时代）

1994 年 4 月 20 日，通过一条 64K 的国际专线，中国全功能接入互联网，迎来了自己的互联网时代。在互联网诞生以前，机械传播技术（印刷媒介）和模拟传播技术（广播、电视）是主要的信息传播方式，前者解决了大规模的复制问题，超越了"时间"；后者通过声像展示，跨越了"空间"。网络诞生之前，我们仿佛觉得技术已经完全实现了世界的再现。谁也想不到，数字化时代进一步突破了我们的想象，这种基于 0 和 1 的二进制信息处理技术，能够消除不同介质的差异，以一种数据通信的方式突破了多种传播元素（文字、图片、图像、声音、视频）和不同传播介质（报纸、广播、电视台）的壁垒，首次实现多媒体传播。

2001 年底，中国移动关闭了模拟移动电话网，迎来了更加辉煌的数字时代，这也可以看作中国 2G 时代的开端。2G 时代，互联网站点和手机被誉为"第四媒体"和"第五媒体"，虽然两者都是以大众为传播目标，能够实现个性化信息的即时传播和多媒体覆盖，然而手机的定向性更强，在大众传播的既有维度里将定向的人际传播带入网络社会，成为主流媒体无法忽视的力量。

　　本章聚焦 2G 时代网络技术发展的核心要义及其对主流媒体的主要影响，突出主流媒体应对技术的创新动力源自对报业发展态势的危机感。在此过程中，主流媒体虽然在广告营收上遭遇冲击，但始终坚持"内容为王"的核心理念，这一观念影响了新闻编辑部"报网互动"的实践形式。与此同时，传媒业在应对技术变革的同时身处文化体制改革的浪潮，以解放新闻媒体生产力为重点的文化体制改革却在无形中限制了主流媒体的创新空间，也影响了主流媒体和新媒体之间的竞争关系。

## 第一节　技术入场：主流媒体新闻刊载让渡与社会化生产滥觞

　　互联网的出现是计算机通信——一种全新的人类信息传播方式——出现的结果。计算机通信，也称为数据通信，是指"按照通信协议，利用传输技术在两个功能单元之间传递数据信息，即利用通信介质（包括通信设施）将远方的数据终端设备与计算机联结起来进行信息处理和资源共享"。[①]吴俊廷指出，数据通信具有四个标志性意义：（1）数字化时代降临；（2）网络时代到来，即通信网络从单一

―――――――
[①] 储钟圻主编：《现代通信新技术》，机械工业出版社 1998 年版，第 32 页。

## 第二章

内容为王：中国数字新闻创新肇始（2G 时代）

媒体网络向多媒体网络转变的趋势；（3）远程信息传输、处理时代的到来，计算机通信网的形成，使人类感觉器官、神经系统和思维器官的功能得到空前扩展，从而大大改善了人们认识和改造自然的能力；（4）人类进入信息社会。①

## 一 开放网络与门户网站

与尼葛洛庞帝经典的"数字化生存"言论类似，迈克尔·海姆（Michael R. Heim）认为，互联网的出现让人们开始适应一种计算机生成的维度，在这里我们把信息移来移去，围绕数据寻找出路。② 在这个全新的维度里面，作为互联网技术基础的网络通信协议和超文本链接方式，打破了大众传播时代的信息垄断，以"互联"为要义的网络展现了其天生的内容丰富性。此后，随着搜索引擎的发展，门户网站可以满足个性化的信息搜索需求，因此也成为主流媒体的合作者。在政策支持下，门户网站有权刊载时政类新闻信息，这也是第一次出现新闻内容生产与刊载的分离。从一定意义上说，门户网站的出现已经开始分解主流媒体在新闻传播环节上的权力。

### （一）开放性的网络

美国国家研究委员会（National Research Council,

---

① 吴廷俊：《科技发展与传播革命》，华中科技大学出版社 2001 年版，第 184—193 页。

② [美] 迈克尔·海姆：《从界面到网络空间——虚拟实在的形而上学》，金吾伦等译，上海科技教育出版社 2000 年版，第 79 页。

**|从2G到5G|**
技术驱动下的中国传媒业变革

NRC）在其1994年编辑出版的《理解信息的未来——互联网及其他》(*Realizing the Information Future*：*The Internet and Beyond*) 一书中对"开放的网络"做了详尽的定义，认为"开放的网络"是指"可以进行各种类型的信息服务，（这些信息）可以来自各种类型的提供者，可以给各种类型的用户使用，可以经过各种类型的网络服务机构，而且，这种连接应该是没有障碍的"。①这种没有障碍的连接，决定了信息权力的分散。不仅如此，网络的开放直接对接每一个用户，只要拥有技术设备，就拥有了传播的权力。

这种传播权力建立在20世纪70年代由文顿·瑟夫（Vint Cerf）和鲍勃·卡恩（Bob Kahn）研发的TCP/IP协议之上。直到今天，TCP/IP依然是多数计算机共同遵守的标准，TCP（Transmission Control Protocol）作为"传输控制协议"，通过连接不同网络系统的网关（Gateway）在网络之间传输数据，如果发现问题，会要求重新传输信号，直到数据安全传输到目标地址位置；IP（Internet Protocol）则负责保障网络传输中的定位地址。在TCP/IP协议中传输信息，除了前述两者在数据运输和网络定位提供保障之外，还需要FTP（File Transfer Protocol，文件传输协议）和Telnet（远程登录）的应用层协议实现。前者可以让用户在非直接使用远程计算机的基础上实现文件共享，后者能够

---

① 郭良：《网络创世纪——从阿帕网到互联网》，中国人民大学出版社1998年版，第170页。

## 第二章

### 内容为王：中国数字新闻创新肇始（2G 时代）

实现任何时间、任何地点的电脑使用，做到"敲自己的键盘，用别人的电脑"。① 这两种协议扩展了网络的职能，不仅可以简单地传输文件，还能够对数据进行建立和检索。

不过对于主流媒体来说，网络的颠覆性并非可以点对点的传输，因为 FTP 和 Telnet 依靠的是计算机主机的位置，这意味着信息传输还是一种定向传播，这不影响主流媒体一对多的传播方式。真正具有革命性的是蒂姆·伯纳斯-李（Timothy Berners - Lee）所建立的万维网（World Wide Web），因为万维网解决了信息的获取障碍，也让互联网真正成为一种媒介。

1989 年，伯纳斯-李发明了 3 项至今仍对互联网有着基础性作用的关键性技术：超文本标记语言（HTML）、超文本传输协议（HTTP）和统一资源定位符（URL）。超文本标记语言为网络数据定义了一套合理和信息系统和结构；超文本传输协议提供了发布和访问超文本信息的功能；统一资源定位符可以通过"代码"的形式对一切资源进行定位和锁定。万维网的新颖之处，就是用字符串这样的"代码"来代替需要的信息，全世界所有互联网上的电脑都可以用同样的方式来给文件命名和定义地址，每一个环球网的网站也都可以有一个唯一的网络"地址"。②

---

① 郭良：《网络创世纪——从阿帕网到互联网》，中国人民大学出版社 1998 年版，第 105 页。
② 郭良：《网络创世纪——从阿帕网到互联网》，中国人民大学出版社 1998 年版，第 122 页。

也正是有了万维网，才有了后来的网络浏览器。互联网作为一种元技术通过大量的网站连接，改变了原来以定向传播为主的私人通信，将其扩展到更为公开的领域。同时随着技术的逐渐普及，网站所能触达的受众慢慢与大众传媒主要覆盖的受众开始重合，尤其是对于具有经济能力和技术条件的中间阶层来说，网站成为获取信息的潮流新入口。1998年，时任联合国秘书长科菲·安南（Kofi Atta Annan）将互联网定义为除报纸、广播、电视外的"第四媒体"。

### （二）作为新闻"门户"的互联网站点

对于万维网来说，其运营不仅靠技术创新，更依赖技术创新背后能否带动信息量的大幅提升，以迎合多样化的信息需求。在Web 2.0技术诞生之前，互联网的功能体现在"浏览"二字，表现为一种静态的网页读取模式，与此同时，决定互联网信息内容的是少数电脑极客。电脑极客借助互联网已有的技术手段，将分散的信息进行分门别类的整合，才是对网络的有效利用。1994年，雅虎创始人杨致远（Jerry Yang）和大卫·费罗（David Filo）将为论文写作而编制的全球资讯网指南（Jerry's Guide to the World Wide Web）更名为"Yahoo"（雅虎），开启了门户网站建设的浪潮。对于雅虎来说，它的优势是有效利用分类将分散的网络信息进行系统化的整理，网络用户可以自己搜索信息，或者按照设定的目录寻找信息。

| 第二章 |
内容为王：中国数字新闻创新肇始（2G 时代）

虽然没有介入信息生产，但是作为门户网站雏形的雅虎改变了信息的丰富程度，第一次从个体的需求角度对信息进行整合，而非来自信息生产者的挑选和把关。无独有偶，这一模式也在中国接入互联网后生根发芽。20 世纪 90 年代后期，网易（1997 年）、新浪（1998 年）、搜狐（1998 年）、腾讯（1998 年）以及百度（2000 年）等中国门户网站破土而出。根据中国互联网络信息中心（CNNIC）在 1997—2001 年发布的八次中国互联网网络发展状况调查统计报告，四年间中国的上网用户数从最初的 62 万人增长到 2650 万人，其中处于 21—35 岁或 18—40 岁的中青年人始终是互联网的主要用户。同时需要注意的是，自 1999 年 7 月以来，"新闻"开始取代"科技信息"成为用户想要获取的主要信息类型。

表 2-1 中国互联网发展规模及用户信息需求（1997—2001 年）

| 时间 | 上网计算机数及用户数 | 主要上网用户的年龄 | 用户想要获取的主要信息类型 |
|---|---|---|---|
| 1997.12 | 计算机：29.9 万台<br>用户：62 万人 | 21—35 岁：78.5% | 1. 科技信息（80.4%）<br>2. 社会新闻（42.0%） |
| 1998.07 | 计算机：54.2 万台<br>用户：117.5 万人 | 21—35 岁：79.2% | 1. 科技信息（67.2%）<br>2. 休闲娱乐体育信息（63.3%）<br>3. 经济政治新闻信息（45.1%） |
| 1999.01 | 计算机：74.7 万台<br>用户：210 万人 | 21—35 岁：79.7% | 1. 科技信息（76.0%）<br>2. 经济政治新闻信息（66.0%） |

续表

| 时间 | 上网计算机数及用户数 | 主要上网用户的年龄 | 用户想要获取的主要信息类型 |
| --- | --- | --- | --- |
| 1999.07 | 计算机：146万台<br>用户：400万人 | 21—35岁：78.4% | 1. 各类新闻（84.0%）<br>2. 计算机软硬件信息（68.0%） |
| 2000.01 | 计算机：350万台<br>用户：890万人 | 18—35岁：85.8% | 1. 新闻（65.5%）<br>2. 计算机软硬件信息（51.7%） |
| 2000.07 | 计算机：650万台<br>用户：1690万人 | 18—35岁：86.0% | 1. 新闻（82.0%）<br>2. 计算机软硬件信息（59.1%） |
| 2001.01 | 计算机：892万台<br>用户：2250万人 | 18—40岁：76.0% | 1. 新闻（84.4%）<br>2. 计算机软硬件信息（58.0%） |
| 2001.07 | 计算机：1002万台<br>用户：2650万人 | 18—40岁：73.0% | 1. 新闻（63.5%）<br>2. 计算机软硬件信息（44.2%） |

注：数据来自中国互联网信息中心"第1—8次中国互联网络发展状况统计报告"。

2000年，新浪网正式获得国务院新闻办公室批准的刊载新闻业务资格，成为第一家获此许可的中国民营商业网站。在中国网络媒体的最初定义里，也严格区分了"具有一定资质的利用网络这一种媒介从事新闻与信息传播的机构"，包含"有传统媒体背景的网站和有新闻登载资格的商业网站"。[1]

---

[1] 彭兰：《中国网络媒体的第一个十年》，清华大学出版社2005年版，第3—4页。

### （三）作为移动媒介的手机："私人情境"并入"公共情境"

保罗·莱文森（Paul Levinson）对于媒介进化有两个经典理论，即"人性化趋势"（anthropotropic）和"补偿性理论"（remedial medium）。根据莱文森的观点，手机这一全新媒介的出现，一方面是符合人类走路说话、移动交流的需要，同时弥补互联网在当时只能在特定场合上网的局限。手机媒介的发展经过了从作为通话设备的"大哥大"，到逐渐变为拥有短信、彩信功能的通信设备，从移动的媒介向交流的媒介进一步完善。

手机的进化历程与整个媒介进化的历程具有高度的相似性。先满足口头传播的交流需求，进一步落实到文字呈现的短信形式、图片乃至视频的彩信模式，其后针对移动终端的特性对传统互联网技术进行改良，使手机能够突破体积、蓄电能力和计算能力的限制，建立了一套新的移动网络技术，保障移动互联网的流畅使用。

如图 2-1 所示，2003 年以来，中国手机有效卡数始终呈稳步增长趋势。中国互联网络信息中心 2008 年 1 月公布的调查结果显示，平均每个手机用户拥有 1.33 个手机卡，即目前中国共有 4 亿手机用户，约有 30% 的居民拥有手机，其中网民中近 1/4（24%）、手机用户中 12.6% 是手机网民。[①] 其中

---

① 中国互联网络信息中心：《第 21 次中国互联网络发展状况调查统计报告》，2008 年 1 月 24 日，http：//www.cnnic.net.cn/hlwfzyj/hlwxzbg/200906/P020120709345342042236.rar，2020 年 11 月 3 日。

**|从2G到5G|**
技术驱动下的中国传媒业变革

影响手机上网的一大阻碍是速度慢与费用贵,可见 2G 时代虽然无线宽带技术已经开始在全球普及,但中国尚未应用,手机的功能主要仍以电话、通信为主。

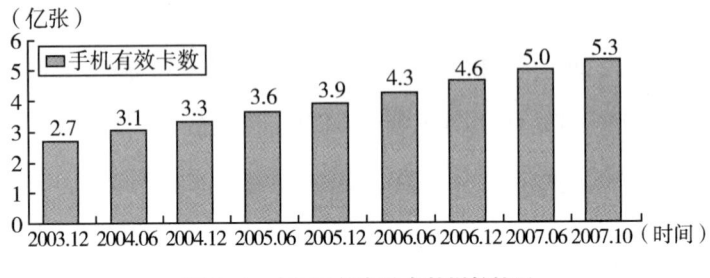

图 2-1　中国手机有效卡数增长情况

资料来源:CNNIC,《第 21 次中国互联网络发展状况调查统计报告》。

虽然 2G 时代手机上网并未形成大众化的趋势,但是作为一种移动的媒介,个人一方面可以沉浸在手机包裹的个人世界中,不理会周围环境,即使在公共场所也能保持私人空间的完整;而在公共空间中,当手机发出声响,那么所交流的私人信息就成为公共场所弥漫的公共信息,与环境中的其他人发生关系。正如梅罗维茨(Joshua Meyrowitz)在分析电子媒介时的论断,信息系统已经成为一种全新的"情境",信息不仅在自然(物质)环境(场所)中流通,也通过媒介流通,应把媒介环境(媒介的运用所造成的信息环境)放在重要位置上考虑。① 手机同时作为信息的移动

---

① 张咏华:《媒介分析:传播技术神话的解读(第二版)》,北京大学出版社 2017 年版,第 115 页。

载体和重要人际关系的存储载体，削弱了人们接触新闻与进入新闻现场发生地的一致性，并能以短信的形式实现超时空的瞬间流通。2004年，厦门PX事件就是以手机短信为主要传播手段，将PX项目的网络热帖转移到现实社会，并在厦门市民中广泛流传，并形成有组织的"散步"行为。

## 二　社会化生产的滥觞

虽然互联网被誉为"第四媒体"，但它又与传统的大众媒体不同，互联网作为一种可以跨越媒介形态的新载体，电脑屏幕与过去任何一种大众传播媒介有着明显的区别，根本在于全球文本的相互连接产生了一种崭新的能力、可能和含义。网站作为一种全新的信息渠道，它的关键价值不仅在于传输，更是一种信息交互。这种交互就体现在每个人不仅是接收者，也可以是生产者。当大量信息在网络上被检索到之后，它可以形成一种与现实社会相关的虚拟实在（或称为赛博空间），技术、文字、人际关系、数据都可以在网站上显现，这是以往任何一种技术都无法达到的。以"互联"和"开放"为特性的网络，对信息的丰富程度有着超出其他媒介更高的要求，如果不能解放信息生产力，万维网的生命力也将受到影响。

从内容生产技术来看，2G时代经历了Web 1.0到Web 2.0的重要转变，解决了互联网信息来源问题。事实上，对于Web 1.0一直以来没有严格的定义，所谓的1.0是相对于 2.0 来说的。那么 2.0 为何如此重要？因为有了 Web 2.0，才有了用户生产内容（User Generated Content，UGC）的滥觞。如表 2-2 所示，从 Web 1.0 与 Web 2.0 技术的比较来看，最大的差别就是普通用户成为内容主导者，这种生产主体的变化意味凸显了"社会趋于技术化，软件趋于社会化"的趋势，① 开始融入网民的日常社会生活中。网络不再是少数人的网络，网络上的知识也不再只是少数人的知识。

这种思路实践了所有"自由软件"（Free Software）的思想，即用户可以自由地运行、拷贝、分发、学习、修改并改进软件。每一个软件必须提供四项基本自由：其一，无论用户出于何种目的，必须可以按照用户意愿，自由地运行该软件；其二，用户可以自由地学习并修改该软件，以此来帮助用户完成用户自己的计算。作为前提，用户必须可以访问到该软件的源代码；其三，用户可以自由地分发该软件的拷贝；其四，用户可以自由地分发该软件修改后的拷贝。借此，用户可以把改进后的软件分享给整个社区令他人也从中受益。作为前提，用户必须可以访问到该软件的源代码。②

---

① 邓建国：《Web 2.0 时代的互联网使用行为与网民社会资本之关系考察》，复旦大学博士学位论文，2007 年。

② GNU，"What Is Free Software"，Free Software Foundation（GUN 2023），https://www.gnu.org/philosophy/free-sw.html.

# 第二章
## 内容为王：中国数字新闻创新肇始（2G时代）

表 2-2　　　　　Web 1.0 与 Web 2.0 的比较

|  | Web 1.0（1993—2003 年）通过浏览器浏览大量网页 | Web 2.0（2003 年以后）更像一个应用程序而非一个网页 |
| --- | --- | --- |
| 模式 | 读取 | 写入和用户贡献内容 |
| 主要内容单元 | 网页 | 发布/记录的信息 |
| 形态 | 静态 | 动态 |
| 浏览方式 | Web 浏览器 | 浏览器、RSS 阅读器等 |
| 体系架构 | 客户服务器 | 网络服务器群 |
| 内容创建者 | 程序员 | 网民 |
| 主导者 | 电脑极客 | 普通用户 |

资料来源：孙茜：《Web 2.0 的含义、特征与应用研究》，《现代情报》2006 年第 2 期。

在 Web2.0 的技术支持下，博客成为潮流，网民不仅可以浏览综合门户的信息，同时还可以建立属于自己的个人门户，并与博客下的评论进行互动。2005 年，中国博客出现规模性增长。如图 2-2 所示，《2006 年中国博客调查报告》数据显示，中国博客的规模庞大，互联网上已有 1748.5 万博客作者（活跃作者 769.4 万），博客空间有 3374.7 万（有效空间 984.8 万），博客读者已有 7556.5 万（活跃读者 5470.9 万）。结合当年 7 月发布的网民数据来看，博客作者占全体网民总数的 14.2%，博客读者占全体网民总数的 61.4%。[1]

---

[1] 中国互联网络信息中心：《2006 年中国博客调查报告》，2006 年 9 月 25 日，http://www.cnnic.net.cn/hlwfzyj/hlwxzbg/200906/P020120709345351625610.pdf。

图 2-2 中国博客规模

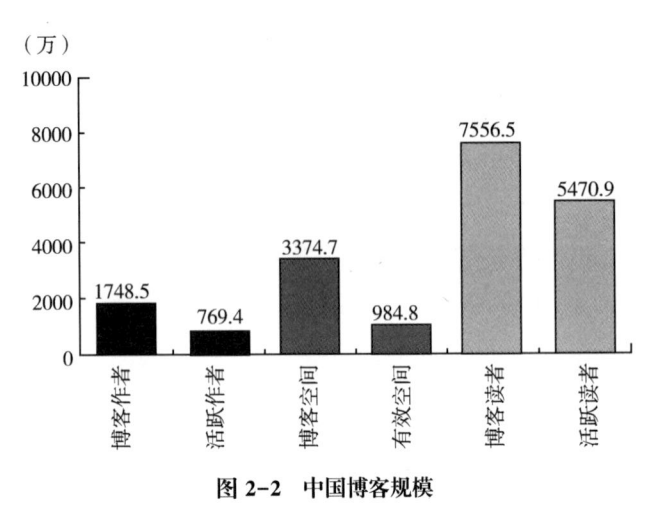

资料来源：CNNIC，《2006年中国博客调查报告》。

博客的快速增长反映了以个人为身份所撰写的公开内容已经赢得了市场，并受到主流媒体新闻从业者的注意与重视。从2003年孙志刚事件以来，BBS、网络论坛、博客等公共平台开始成为主流媒体了解社会动向的一扇窗口，以此丰富信息来源。不过对于此时的主流媒体来说，博客等公共平台虽然有良好的市场基础，但并未形成威胁，因此零散在相关平台上的信息无法在记者不介入的情况下成为社会关注。事实上，无论是"孙志刚案"还是"厦门PX事件"，都必须借助传统媒体的议程设置能力才能形成强大的舆论压力。在2G时代，主流媒体正处于深度报道的黄金期，传统媒体依然在社会转型期间肩负着重要使命并受到公众的广泛认可，但这并不意味着传统媒体可以岿然不动。门户网站和博客等新形态的出现，转移了受众，使得黄金时代的报业开始走向盈利滑坡，这促成了 2G 时代新闻编辑部的首次创新尝试，即初次数字化转型下的报网互动。

## 第二节　报网互动：新闻编辑部的数字化调整

在门户网站诞生之前，中国主流媒体已经开始了报纸电子化的尝试。1993 年 12 月 6 日，刚创刊月余的《杭州日报·下午版》首次创办电子报，① 拉开了国内报纸电子化的序幕；1995 年 10 月 20 日，《中国贸易报·电子版》在人民大会堂举行开播演示，成为中国第一家正式在互联网上发行的电子报纸，在传媒业开创先河；1995 年底，《中国日报》开通相关网站；1997 年元旦，《人民日报》也推出电子版，随后以新华社等为代表的一批主流媒体开通网站，带来中国媒体上网的热潮，当年底全国上网报刊就达到 60 家。②千禧年基本形成了以人民网（1997 年）、新华网（1997 年）、央视网（1996 年）为代表的国家级网媒，和以千龙网（北京，2000 年）、东方网（上海，2000 年）、浙江

---

① 杭州日报：《杭州日报六十年大事记选登》，2015 年 11 月 6 日，https://hzdaily.hangzhou.com.cn/hzrb/html/2015-11/06/content_ 2113445.htm。
② 王君超：《"全媒体"时代，报网融合大发展》，《人民日报》2010 年 11 月 29 日第 22 版。

在线（浙江，1999 年）、大洋网（广东，1995 年）为代表的地方网媒①两种网络传播格局。

这种报纸和网络并存的方式是中国主流媒体数字化转型的初次尝试，拥有了更加广泛而稳定的读者群体，尤其是专攻社会化新闻的都市报在报网并存的初期实现了零售份额、覆盖率、实销率和广告收入的大幅度增长。然而这种增长的背后，掩盖了主流媒体尤其是报业整体萎缩、衰退的信号，并在 2005 年开始出现广告业绩的明显下滑，以报业为代表的主流媒体迎来了发展的"拐点"。在这个背景下，对于新闻编辑部来说，报纸和网络不仅要简单并存，还要实现两者之间的初步融合，以适应网络新闻的即时性和受众阅读节奏的加快。

## 一 缘何数字化？ 基于报业发展态势的不同论断

《京华时报》原社长吴海民是第一个提出"报业寒冬论"的人，该论断一经提出，引发业界和学界的广泛讨论。2005 年，中国报业的广告收入出现下滑，吴海民将其称为"进入一个抛物线般的下滑轨道"，并伴随着年轻读者的流失和发行市场的微弱。同时，以网络为代表的新兴媒体却

---

① 李良荣、辛艳艳：《从 2G 到 5G：技术驱动下的中国传媒业变革》，《新闻大学》2020 年第 7 期。

## 第二章
内容为王：中国数字新闻创新肇始（2G时代）

迎来指数性增长。① 从第三方数据来看，也呈现报业发展的下滑态势。2004年全国广告投放数据显示，报纸广告减少12.2亿元，市场份额从22.5%下降到了18.2%，与此同时，电视广告和广播广告的增幅分别在14.3%和28.0%；更值得关注的是，中国网络广告市场规模较2003年增长75.9%。②

面对这个显性的数字衰退，业界和学界产生了不同的解读方向，也对2G时代主流媒体的数字化转型方向有着深刻的影响。与吴海民强调"报业寒冬"和"拐点"不同，时任新闻出版总署副署长石峰将其称为"波动"，喻国明则将其称为"节点"。"波动论"意味着报业下降的是增幅而非总量，发展过程中出现波动是符合事物规律的，而产生波动的原因是对广告依赖度过大这一表现背后更深层次的粗放经营；"节点论"则认为报业正处于震荡末期和成熟初期的交叉点，还有相当长的生命历程和极大的发展空间，而导致这种"节点"发生的原因是多维度的，包括内容与运营模式的同质化、盈利模式单一、新兴媒体的用户分流和报纸在网络传播链条的位置。③ 此外，诸如南方报业传媒

---

① 吴海民：《媒体变局：报纸的蛋糕缩小了——谈报业的未来走势及发展》，《广告大观（媒介版）》2006年第1期。
② 广宣：《2004年中国广告业统计数据分析》，新浪网，2005年7月12日，http://finance.sina.com.cn/g/20050712/12151787793.shtml。
③ 罗建华：《中国报业发展态势"三家论剑"——石峰"波动论"、吴海民"拐点论"、喻国明"节点论" 比较综述》，《中国报业》2006年第4期。

65

集团社长范以锦和《经济观察报》总编辑何力等认为"寒冬"的说法有些言过其实，广告收入的下滑不会对报业产生爆炸性的冲击，但是不积极应对这一趋势，强者可能会变成弱者，① 因为天平已经向互联网倾斜，所有从事内容和信息服务业的人们必须要在互联网这个新的技术平台上找到结合点和突破点。②

由此可见，虽然 2G 时代对于报业发展态势和数字化技术的挑战究竟是触及根本还是削弱优势有不同程度的认知，但是主流媒体必须迎接并应对技术挑战成为共识。2005 年 8 月，时任新闻出版总署报刊司副司长王国庆发布并解读《中国报业年度发展报告（2005）》，呼吁报纸出版单位要顺应发展潮流，树立"数字报业"战略，加快向数字内容提供商转型，发挥新闻和原创内容优势，占据新兴的内容产业的制高点，通过综合性新闻网站的建设，改变新闻内容的生产模式。③ 这也从政策上明确了报业的数字化转型方向。

## 二 "报网互动" 的三种模式

在"数字报业"的政策指引下，各报社（报业集团）

---

① 范以锦:《范以锦：我不赞成"报业寒冬论"》，《青年记者》 2006 年第 3 期。
② 何力:《报纸的艰难时刻？》，《青年记者》 2006 年第 3 期。
③ 《王国庆解读 2005〈中国报业年度发展报告〉》，人民网，2005 年 8 月 5 日，http://media.people.com.cn/GB/40710/40715/3595542.html。

| 第二章 |

内容为王：中国数字新闻创新肇始（2G 时代）

实际是进入数字调整阶段，这一调整对新闻编辑部的影响集中在三个维度：第一，要转向适应技术特性的复合性内容生产；第二，进行报网资源整合；第三，要重视信息增值服务。

**（一）适应技术特性的复合性新闻生产**

主流媒体适应数字技术的第一步就是要将原本刊发于单一介质下的内容进行多媒体的复合性传播，并兼顾网络传播的时效性，改变新闻从生产到发布的环节，实现滚动报道和网络直播报道的创新。

1. 网络编辑：网络渠道的媒体品牌维护者

网络编辑是主流媒体为适应网络媒体传播需要所设立的新职位，其主要功能是将报纸的新闻信息进行再加工，例如报纸的标题制作、多媒体内容的有机呈现。作为新闻编辑部内新设的工种，究竟是单纯在技术上实现报纸内容在网站上的"复制粘贴"，还是研究网站特性进行内容"再生产"，决定着复合性新闻生产的效果。在这个过程中，报网互动的高级阶段对网络编辑的要求是通过特色栏目的设置和新闻信息的二次加工，在网站这个信息载体上强化主流媒体的品牌效应和传播效果。

例如南方报业网的网络编辑负责将集团报纸的优势延伸到综合性网站上，在新闻频道的命名上与传统媒体品牌相呼应，例如"周末重稿"对应《南方周末》，"世纪经济"对应《21世纪经济报道》，"都市娱乐"对应《南方都市报》。不同的是，这种品牌延伸并不意味着对原稿的直接引用，还是有一个去粗取精的过程。

针对同一题材的海量信息，南方报业网采取去粗取精的办法，对相关新闻信息、特别是原创新闻作品进行综合加工和深度加工，迅速编辑出多角度、多侧面、多色彩的新闻专题。①

2. 传统记者：从静态报道转向动态报道

网络诞生之前，新闻生产虽然注重时效性，但是在生产流程上设有严格的截稿时间，在这种时间差下新闻生产呈现一种静态特征。网络媒体的出现打破了这种静态特征，24*7的更新频率形成了动态性的报道机制，在这种报道机制下，针对新闻事件的网络专题报道取代了传统的报纸版面，成为记者重要的发稿平台，尤其是突发性报道和重大时政报道。2004年全国"两会"报道中，新华网在第一时间发布新闻。以3月2日16：30举行的全国政协十届二次会议为例，在会议正式开始前的半小时内，新华网分别于16：00、16：01发布了新闻发言人张国祥的简历（一）、（二），16：28刊登主持人的开场白后，新闻发布会的实时播报以分钟为单位进行，直至17：34分结束。②

---

① 陈士军：《因势利导 打造强势媒体——从南方报业网改版看电子报纸的改进与创新》，《新闻战线》2005年第4期。
② 彭红丹：《报网互动：如何互利双赢》，《新闻战线》2006年第4期。

| 第二章 |

内容为王：中国数字新闻创新肇始（2G时代）

与此同时，传统报纸的版面也在精简，以新闻策划和专题报道为主，并以评论的形式体现记者和编辑的深度洞察。例如《京华时报》：

> 在内容创新方面，《京华时报》进行了力度最大的一次改变。改版的指导思想就是"探索和确立网络时代都市报的内容优势"。根据这个理念，《京华时报》科学地规划了报纸版面，调整了报纸结构，优化了报道方式。新推出"时事聚焦""社会热点""人物对话"和"现场目击"等拳头版面，带动了一系列具有很大反响的新闻策划和专题报道。建立了思想锐利、容量很大的原创评论体系，对社会热点、焦点表明自己的立场观点，积极引导社会舆论，其中的"京华时评"被誉为中国媒体的一个评论高地。①

**（二）新业务与新部门：报网互动下的增量**

同时，Web 2.0也给主流媒体拓宽了思路，既扩展了新闻的信息源，同时也扩展了诸如网络留言、话题讨论等新闻周边形式，实现了报纸和网站二者之间的资源整合和初步互动。

---

① 吴海民：《"报业寒冬论"的提出及〈京华时报〉的命运》，《中国报业》2018年第15期。

**从2G到5G**
技术驱动下的中国传媒业变革

1. 技术应用：实现新闻拓展与网民互动

2G时代，除了博客等较为公开的用户内容生产之外，以MSN、QQ为代表的即时通信技术形塑了网民的聊天方式。根据《中国即时通信市场调查报告（2006）》对北京、上海、广州、成都、武汉、西安六大城市的调查，活跃即时通信用户（一个月内使用过）的比例接近6成。同时由于即时通信以匿名方式为主，信息流通的自由性大大增加，因此成为主流媒体用来获取新闻线索的一种创新方式。例如《杭州日报》利用MSN聊天软件设立"杭州日报热线新闻"。①

即时通信以外，诸如博客、手机短信等其他可以与受众建立关系的渠道也被主流媒体应用起来。例如《解放日报》创办的解放牛网专门开辟了记者博客专页，记者可以补充采访花絮，上传独家图片视频，也可以在博客下的留言中寻找新闻线索②；《南方周末》于2006年上线"读者短信评报系统"，全国各地的读者可以通过手机短信的方式收集读者反馈。自2006年3月2日起，《南方周末》各版面的主打文章后都附加了短信编号，读者可以通过编号+评论内容的方式对任何一篇文章或话题发表建议，最终这些评论会通过短信服务平台集合到数据库，供《南方周末》

---

① 蔡雯、陈卓：《试论报网互动的基本模式》，《现代传播（中国传媒大学学报）》2007年第5期。
② 王高翔、李林蔚：《从"牛油"、"签约牛仔"等——解读解放牛网的web 2.0》，《新闻与写作》2010年第5期。

| 第二章 |

内容为王：中国数字新闻创新肇始（2G 时代）

的采编人员查询。

在评报系统专用的网络查询平台上，可以按照新闻、评论、经济和文化四大版块进行查询，也可以按照版面、栏目的分类查询读者评论。同时分别设置了栏目排行榜，研究编辑选题是否受到社会的普遍关注；文章排行榜，研究哪一期、哪一篇文章得到读者的关注和好评最多；城市排行榜，可以帮助研究不同城市的读者最关注的是哪些专题和版面……这些自动生成的排行榜，为报社节约了大量统计所需的人工成本和时间成本。相比传统的编读互动方式，这种方式显然更加快捷、高效。①

《南方都市报》2006 年将"深圳热线"改版为"奥一网"，通过建立新闻互动的城市门户网站，将网络新闻素材转化为报纸的核心生产来源。据统计，2006 年共有 200 多件发端于"奥一网"的事件（人物或策划）成为《南方都市报》的报道对象，见报总面积接近 100 个版面。②

2. 采编合一：网络与报纸的资源互换

为了更加生动地体现主流媒体与受众之间的双向互动，

---

① 柳剑能、明四新：《"触电" 手机南方周末首开短信评报系统》，2006 年 4 月 13 日，https://www.topys.cn/article/1619。

② 张铭：《报网互动：纸媒向数字时代的平滑过渡》，《新闻窗》2007 年第 4 期。

部分主流媒体将网络互动信息精选至报纸版面。例如《都市快报》2006年2月27日开辟"热线网上聊"专版，通过MSN和QQ的方式，将原有的热线电话转为网络聊天室，与网友进行聊天对话，并精选内容刊登在第二天的报纸版面上。同时记者也会跟进网络线索，对符合要求的新闻线索进行后续报道。

> 尤以问题求助和新闻报料的数量最多。……对来自各个方面的信息，快报采编人员都作了筛选和甄别。事后发现，网友提供的新闻线索，其可信度出乎他们意外的高。①

除了报纸可以借助网络资源，具有传统媒体背景的商业网站也借助母报的优势，开创特色原创新栏目，并邀请相关条线的专业资深记者互动。例如1999年由《广州日报》报业集团成立的大洋网，与母报合作推出了"大洋帮帮你""名记专家在线""都市拍客"等栏目。在这些新栏目中，《广州日报》和大洋网有相对较为明确的分工：大洋网更多是面向网民，起到策划、宣传、信息收集和提供版面的作用，《广州日报》则代表专业人士，两者之间存在大众化和专业化的区隔。例如在"都市拍客"栏目里，大洋

---

① 鲍璐茜、颜宗文：《新理念 新手段 新平台——对〈都市快报〉"热线网上聊"的调查》，《新闻实践》2006年第5期。

| 第二章 |

内容为王：中国数字新闻创新肇始（2G 时代）

网提供页面，网民利用相机、拍照手机等设备抓拍身边的精彩瞬间，并通过邮件发送、彩信发送和大洋论坛发帖的形式参与，《广州日报》摄影部记者则对上传作品进行点评，并挑选每周人气榜前十刊登在报纸版面；"名记专家在线"栏目则是设定相关主题，由资深条线记者和主题相关的业界人士与网民共同探讨诸如"人际交往"等现实问题。

图 2-3 《都市快报》"热线网上聊"专版（2007 年 1 月 3 日）

资料来源：《杭州日报》报业集团官网。

### 3. 成立新式编辑部：固定模式或流动模式

随着网络新闻传播对时效性和复合性的要求不断加强，为了适应滚动性的报道，编辑部内部也形成了一个跨部门的组织，既有《广州日报》"滚动新闻部"这类常设的新编辑部，负责为集团内部各媒体提供实时内容，也有基于特定的新闻事件临时组成的流动编辑部。

2007年成立的《广州日报》滚动新闻部作为设在编辑部的跨媒体平台，负责报纸、网站和手机的联动发稿，领导层由《广州日报》和大洋网两家单位的管理人员组成，其定位既是集团内部的传统媒体与新媒体的沟通部门，也是众多一线采编部门的一个。

> 作为《广州日报》的十几个专业采编部门之一，滚动新闻部有10个人左右，他们每天要和全社的400多名编辑记者进行各种各样的沟通。……在重要的热点新闻上，滚动新闻部不只是一个网站式的整合内容、编编写写的角色，而是有自己第一线的采访记录，要在现场收集动态，实现滚动发稿。……滚动新闻部的采访对象既要有新闻事件的当事人，也要有采访事件的记者和编辑。……当记者从采访人转变为被采访人后，滚动新闻部就可以对新闻资源进行第二次开发，丰富报道。[1]

---

[1] 吴国华、徐佳丽：《滚动新闻意识的传播机——广州日报建立滚动新闻部尝试新旧媒体联姻》，《新闻实践》2007年第9期。

| 第二章 |

内容为王：中国数字新闻创新肇始（2G时代）

相比《广州日报》滚动新闻部的固定模式，更多的报纸媒体选择设立流动新闻部的形式，针对重大突发性报道或主题报道进行内部的资源整合。这个流动新闻部里容纳了记者、编辑、网站编辑、摄影记者等，但这种流动新闻部往往是高层牵头，以起到整合资源、指挥报道的角色。例如南方报业传媒集团2007年的"两会"报道在特派报道指挥部设立"报网互动"工作室。

> 由一名资深记者统筹多家合作媒体记者协同配合采编……在后台，集团编辑室相应安排落实版面、栏目、版式、选题等事项，形成了内外连横、资源互补的新闻生产机制。①

（三）手机报：借助外力实现信息增值的创新实践

在报业迎来2005年历史性的拐点之前，移动通信增加了彩信、WAP上网方式，手机信息的呈现方式逐渐多样化，主流媒体也尝试与电信行业共同开发手机报的形式，吸引以城市中产为代表的精英受众基本盘。这是报网互动以外，2G时代主流媒体应对数字化的又一个重要创新。

1. 手机报运营中的利益共同体

2004年7月，《中国妇女报·彩信版》正式开通，《中

---

① 陈子文：《报网互动下的编辑观念更新及资源整合》，《中国报业》2007年第9期。

**| 从2G到5G |**
技术驱动下的中国传媒业变革

国妇女报》通过中国移动彩信业务将报纸内容图文并茂地传递到手机上；其后，《中国青年报》《京华时报》等为了应对经营疲软、弥补报纸的不足，纷纷创办手机报业务；2005年，《浙江日报》报业集团和浙江移动通信公司和浙江在线网站联手打造了第一份省级手机报《浙江手机报》，通过8个手机子报融合了浙报集团新闻资讯的精华以及浙江在线网站原创新闻集群；到了2006年，几乎所有具有影响力的报业集团和主要报社都开设了手机报纸业务；2007年，《人民日报》面向全国正式发行手机报，并将手机报和"十七大"专题报道有机结合，成为当时"十七大"专题报道的一大亮点。

移动运营商的数据显示，手机报在刚开始的三年里，用户增长速度十分迅猛。2005年底，全国手机报用户已经超过100万；2007年底，超过2000万；2008年2月，中国移动的手机合作伙伴已经增至100多家，用户逼近3000万大关。订阅用户的快速增长让主流媒体兴奋不已，因为手机报既可以借鉴二次售卖的方式开拓新的广告渠道，同时彩信订阅的包月订阅费和WAP网站浏览计时费都能够对主流媒体的营收进行一定的补足，被认为是传统报业向数字报业战略转型的重要经济增长点。[1]

虽然同为创新，但是手机报和前述的报网互动存在明

---

[1] 文远竹：《手机报盈利模式分析——以广州日报手机报为例》，《新闻战线》2009年第2期。

| 第二章 |

内容为王：中国数字新闻创新肇始（2G 时代）

显的不同，就是主流媒体在这种创新中并非决定性的主导者，并且与一线新闻生产人员有所脱离。按照时任《华西都市报》副总编辑的总结，做手机报本质是做公共关系，内容（媒体）、渠道（移动）、技术支持（电信服务商）的1+1+1模式决定了手机报的运营是一个以手机为载体整合资源、谋求收益的利益共同体，在这个共同体中，媒体的优势并不明显。

> 媒体（尤其是报媒）希望通过手机报寻找到一个新的突破口，在广电和网络的竞争压力下另辟蹊径，通过另一种媒体形式来扩大报纸的影响力，延伸报纸产品的价值链……但是不能不看到，在手机报三方（或两方）的利益共同体中，拥有垄断性渠道资源优势的电信运营商是居于主导地位的。[①]

### 2. 手机报新闻生产创新的程度不一

在这种创新模式下，主流媒体的新闻采编人员不像前述报网互动一样，加强用户互动、适应数字化调整下的媒体报道模式，而是根据用户订阅的需求，对新闻进行精编，这也是手机彩信报普遍的运作方式（而 WAP 版更多是在将彩信与报纸网站建立链接，基本与采编人员无涉）。2006 年

---

① 刘骞:《手机报：传统报业的数字化介入辨析与猜想——以〈华西手机报〉为例》,《新闻界》2007 年第 2 期。

77

**| 从2G到5G |**
技术驱动下的中国传媒业变革

3月20日,《文汇报》和上海移动通信推出的"News365-上海手机传媒",推出"新闻365""财经365""体育365""娱乐365"四款手机彩信报,文新传媒网站资深编辑根据彩信用户的订阅需求,挑选超过10条以上的新闻推送至用户端口,内容包含时事资讯、实用信息、精彩图片等。①

《解放日报》同年对 i-news 手机报进行升级,提出"手机记者"新闻现场即时播报的概念,打造手机报动态、即时、非线性的新媒体品质。比一般手机报而言,《解放日报》的突破在于可以为定制《早点新闻》的联通手机用户即时播报突发新闻、重大新闻。为此,解放日报报业集团还专门抽调20多名记者,以软性的方式编入即时播报队伍,以每天30余条的供稿量,保证"即时新闻播报"内容来源的稳定性。

在 i-news 刚刚诞生之时,社长就创新性地提出"手机记者"和即时播报概念,即要以小时为时间单位,向手机报读者推送最新的新闻信息。正是在这一概念的指导下,2006年3月,我们将"即时新闻播报"业务加载到 i-news 联通版短信报中,这些读者除了固定地接收早点新闻以外,还可以在上午10点至下午3点之间,收到3—5条即时新闻。②

---

① 东方网-文汇报:《"News365-上海手机传媒"将发刊》,搜狐网,2006年3月18日,http://news.sohu.com/20060318/n242351304.shtml。

② 李志琴:《革新与涅槃——i-news 的成长之路》,《传媒》2007年第5期。

## 三 "内容为王": 数字化调整的核心信念

在上述新闻创新实践中,可以发现一条主线,即以新闻生产为核心、以内容增值为策略来应对数字化的挑战。在这种创新模式下,主流媒体虽然意识到技术作为一种渠道在一定程度上分化了其社会影响力,但这并不意味着自己弱势于网站和手机报这两个新媒体,相反主流媒体反而拥有专业且稀缺的新闻内容,这也使得 2G 时代的新闻创新实践具有浓重的"内容为王"色彩。在这个过程中,技术的作用并不凸显。

### (一)对内容的再理解:寻找社会需求变化

主流媒体之所以坚持"内容为王",一方面是源自对自身专业性的坚持,另一方面也是出于对主流媒体无法介入技术研发的认识。虽然"专业主义"(professionalism)并非中国主流媒体的理想化模式,但在日常实践中已兼具话语实践、意识形态和社会控制模式三重功能,并在中国语境得以重构,① 形塑着主流媒体的角色定位和实践规范。而在 2G 时代 Web 2.0 技术带动的社会化生产趋势下,主流媒体对于新闻生产的专业性反而得到了加强。

根据本章前述的各类新闻创新实践,主流媒体在 2G 时代的数字化调整的焦点是将内容生产优势与新兴技术有机

---

① 陆晔、潘忠党:《成名的想象:中国社会转型过程中新闻从业者的专业主义话语建构》,《新闻学研究》2002 年第 4 期。

结合，让传统媒体的品牌能够在新渠道大放异彩。因此，新闻编辑部提升新闻时效，将网民互动纳入新闻报道，无一不是在扩大自己的内容生产力。与此同时，2G时代互联网的新闻内容本身也是匮乏的，因为社会化生产尚不成熟，且在政策规制下未经主流媒体介入的新闻线索难以成为真正的新闻，这强化了主流媒体对"内容为王"理念的信奉。

值得一提的是，信奉"内容为王"并不意味着内容本身并未因技术产生变化。网络技术对内容产生的挑战在于更直接地将新闻生产与社会需求紧密结合在了一起。已有研究显示，互联网使用以及因使用引起的互联网依赖，在一定程度上诱发了中国记者的媒介角色认知观念，由传统的宣传教化转向对信息发布、信息解释和舆论监督角色的认同度更高。[①] 这种认同度也得益于网民借助网络渠道提供的显性线索（指直接给媒体留言）或隐性线索（网民发布后由记者追查到并进行核实报道，而非网民直接提供给媒体）给了主流媒体在中国社会转型期发挥公共性价值的空间，进一步强化主流媒体的内容品牌。

2003年3月，《南方都市报》记者陈峰在"西祠胡同"论坛发现"孙志刚事件"线索并进行调查报道，最终刊登《被收容者孙志刚之死》，引发社会广泛热议，最终国务院第十二次常务会议通过《城市生活无着的流浪乞讨人员救

---

[①] 周裕琼：《互联网使用对中国记者媒介角色认知的影响》，《新闻大学》2008年第1期。

| 第二章 |

内容为王：中国数字新闻创新肇始（2G 时代）

助管理办法》，废止了《城市流浪乞讨人员收容遣送办法》，成为中国法治进程的标志性事件。在这一阶段，传统媒体通过网络及时抓取隐藏在网民深处的社会诉求，和新兴的 BBS、论坛、博客及自建的网络站点形成议程互动，并依然是舆论风向的指引者。

（二）牵制力：单一标准下的内容衡量

与内容反映社会需求变化相伴随的是内容的呈现形式。虽然 2G 时代网络在内容质量上无法与主流媒体相抗衡，但从广告经营收入表现来看，渠道作为一种内容的有效牵制力正在发生作用。技术进步下利润在信息链条中出现了向下位移的趋势，内容的生产力（即生产环节）价值下降，渠道的整合力（即获取环节）和内容的呈现力（即有针对性的组织和呈现环节）价值飙升，成为媒体的核心竞争力。[1]

另外，Web 2.0 时代的社会化生产背后潜藏的是个性化阅读需求，主流媒体必须要在"全民生产"的基础上叠加"个性推送"，才能实现信息增值的可能。从一定程度上而言，这在很大程度上改变了主流媒体对受众的信息强势关系。门户网站广告市场的强劲从侧面反映了用户需要的不再是主流媒体在信息稀缺下提供的被动选择，而是在门户网站每天 1 万—2 万条信息过剩下的主动选择。在这种反差

---

[1] 喻国明、李彪：《渠道整合力和内容呈现力：未来媒体竞争的聚焦点》，《新闻界》2007 年第 1 期。

下，主流媒体无法在保持既有新闻内容的生产成本下考虑更多的呈现形式，设立的技术团队部门也不是支撑内容信息化的核心队伍，因为当时的工作大部分以外包形式展开。

> 我一工作就到报社电脑中心（后来变成信息技术中心、技术运营中心），从事信息化工作，后来成为报业集团技术处的处长，到现在虽然名称变了很多，但还是这个领域。以前我们的工作大量就是报纸内容的信息化，做内部应用。后来是外包为主，主要是做运营管理、项目维护、项目推进，也包括一些基础架构的东西。虽然从1999年开始做网站（当时网站的要求变化不大），那个时候我们相对投入的力量没有这么多，而且是以外包为主，我们作为甲方的需求变化也不是很大。①

因此，在主流媒体的技术团队无法对内容呈现提供有效支撑的前提下，内容呈现的获利点停留在新闻主页和少数具有特色的新闻频道上。与之相比门户网站则可以依靠娱乐、商业、科技等多元信息占据市场。同时，这也在一定程度上限制了主流媒体与门户网站合作的底气，尤其是在版权费用的利益分成上。《财经》杂志2006年5月报道指出，纸媒本身的激烈竞争和版权意识的单薄促成了新浪

---

① 见本书附录一访谈对象素描 D2。

| 第二章 |

内容为王：中国数字新闻创新肇始（2G 时代）

这一门户网站独特的"新闻超市"地位。

> 以南方报业集团为例。其下辖多家子报子刊，其中包括著名的《南方周末》和《南方都市报》，每年投入采编运营方面的费用在 2 亿元人民币以上。但知情人士透露，新浪每年只需支付 20 万元，就可以转载南方报业集团所有报纸的原创信息。这些信息经过改头换面之后铺到网上，除非点进内页，很难看出是南方报业集团的产品……相比之下，其他地区的新闻成本要高得多。以中国台湾《联合报》为例，供新闻给小网站，一年的收费高达 200 万新台币（约折合 50 万元人民币）；如果供给雅虎这样的大网站，可达 500 万新台币（约折合 125 万元人民币）。①

相形之下，新浪的崛起映衬了在报网互动阶段主流媒体对于内容的产业化存在着较为明显的不足。虽然各主流媒体发起了针对门户网站的自律性联盟，倡导知识产权保护，但是效果微弱。在这个阶段，主流媒体对"内容为王"的理解除了前述提到的要反映社会需求的变化增加公共性，更重要的是认为门户网站等新媒体对纸媒内容有着极大的依赖度。而造成这种依赖关系以及主流媒体在报网互动阶段形成的单一内容评价标准是由政策指引以及门户网站在

---

① 王晓冰等：《新浪：向左走，向右走》，《财经》2006 年第 10 期。

新闻领域的实际操作空间所决定的。

## 第三节　创新空间：市场化改革政策与新闻边界

在数字化转型肇始过程中，还有一个不容忽视的政策大背景就是与文化体制改革并行的新闻传播领域的市场化改革。这场改革与互联网的到来和报网互动的数字化调整同时期发生，市场化改革的方向指引在很大程度上影响了以主流媒体为代表的传媒业的发展方向，即以产业化为方向探索新闻出版行业的改革。

### 一　解放生产力：从单元向多元的结构性改革

2001年，中央宣传部、国家广电总局、新闻出版总署制定了《关于深化新闻出版广播影视业改革的若干意见》，第一次以行政方式鼓励传媒业"组建一批主业突出、品牌名优、综合能力强大的大型集团"，"促进跨地区发展和多媒体经营"。2002年，新闻出版总署（国家版权局）印发了《关于贯彻落实〈关于深化新闻出版广播影视业改革的若干意见〉的实施细则》，对"多媒体兼营""跨地区经营""拓宽融资渠道"做了进一步要求。同年，党的十六大正式提出深化文化体制改革、发展文化事业文化产业，区分公益性文化产业和经营性文化产业，党报和党刊虽然作

## 第二章
内容为王：中国数字新闻创新肇始（2G时代）

为党和国家的重要媒体实行事业管理，但其经营部分可与编辑业务分开，报业集团内其他满足人民群众文化消费需求的则可以转制为企业，在全国范围内实现报业的关停并转。

根据时任新闻出版总署副署长柳斌杰的说法，这场改革是着眼于解放和发展新闻出版生产力，[①] 从部分媒体的创新路径来看，也正是沿着这个方向深入推进，集中体现在优势品牌的集合和跨媒体形态的合作。2003年7月，上海文广新闻传媒集团（SMG）整合电视台的财经频道资源，推出"第一财经"这个不以地方命名的传媒品牌，并与广州日报报业集团和北京青年报社联合创办了《第一财经日报》，将具有分众意义的数字化财经媒体和信息服务集团作为主攻目标。跨地区和多媒体融合对于当时的主流媒体来说是一个探索式的创新，通过建立多层次、立体化的运作品牌实现内容产业链的延伸。时任第一财经有限公司董事长、总经理高韵斐在接受采访时表示，跨行业的发展让第一财经同时拥有财经资讯发布者、财经资讯供应商、财经服务提供商的三重身份，改变了作为单一媒体行业依赖广告收入的现状。产业链的延伸不仅凸显了第一财经的品牌影响力，反过来又放大了品牌的无形资产效应，最终达到

---

① 柳斌杰：《解放和发展文化生产力——兼谈深化新闻出版改革的几个问题》，《中国出版》2006年第3期。

**|从2G到5G|**
技术驱动下的中国传媒业变革

产业价值链整体利润的最大化。①

在这个过程中,主流媒体以结构调整的方式,不断适应市场经济的发展需要,在市场集中、集约化生产、差异化竞争和分层分类管理方面从单一结构转向多元结构,② 实现主流媒体的扩张。在这个过程中,政策的认可和行政配置方式起到了关键性的作用,报业整顿、行业报取消或重新划归地方党报以及县级报纸的停办,直接促进了报业的资源重组。

## 二 泾渭分明: 都市报的灵活与党报的审慎

主流媒体产业化的另一个突破就是业外资本的进入。2002年5月,新闻出版总署印发了《关于贯彻落实〈关于深化新闻出版广播影视业改革的若干意见〉的实施细则》,提出"在不得介入编辑业务的前提下允许试点报业集团可以项目合作的方式吸纳国有企事业单位资本"。这给以腾讯、阿里巴巴为代表的互联网公司也参与传媒业的市场化改革进程,寻找地方媒体合作提供了制度空间。腾讯公司于2006年与《重庆商报》合作建立腾讯·大渝网,并于之后三年积极推进腾讯·大成网、腾讯·大楚网、腾讯·大

---

① 冷梅:《做专业媒体,走可持续发展之路——访第一财经有限公司董事长、总经理高韵斐》,《新闻战线》2008年第2期。
② 李良荣:《从单元走向多元——中国传媒业的结构调整和结构转型》,《新闻大学》2006年第2期。

| 第二章 |
内容为王：中国数字新闻创新肇始（2G 时代）

秦网的建设，大力发展直属的地方综合门户型网络媒体；阿里巴巴与湖南卫视合作，开启了自己向传媒产业迈进的步伐。在这个过程中，主要以都市报、晚报、财经、娱乐等非党报媒体为改革创新的主力。

随着业外资本的进入，商业媒体开始形成了多元化结构支撑的媒介经营，在这个基础上其抵御网络竞争的能力也在日渐增强。然而作为主流媒体的党报，没有实现经营上的突破，因此它的可持续发展仍然依赖传统的订阅摊派、财政补贴和集团内部其他媒体的贴补。虽然党报依旧审慎，但这丝毫不影响其主流媒体地位。根据国家政策，若新闻单位与非新闻单位合作设立互联网新闻信息服务单位，新闻单位必须拥有 51% 及以上股权方可拥有新闻采编权，且当时限制的主要类目是"时政类新闻报道"。从这个意义上来说，虽然在市场化改革浪潮下，跨越媒体行业政策的壁垒实现传媒资源集团化配置和跨地区的传媒市场竞争已经成为突出的风景线，但是这并未撼动党报作为主流媒体在国家体制内的重要地位，体制与市场之间存在着牢不可破的边界。这体现了市场化改革中的一个显而易见的张力，即作为具有宣传职能的党报本应走在改革最前沿以面向更广范围的受众，但由于体制限制因素，无法深入市场，这在一定程度上导致了党报日后应对技术变革的薄弱基础。

## 本章小结

在初步迎战互联网的过程中,以报网融合和"内容为王"为核心特征的新闻创新具有明显的资源内部性特征,虽然"报网互动"作为主流媒体应对数字化技术挑战下新闻编辑室的新形态,并将网站和手机的技术特性与传统媒体的新闻生产有机结合,挖掘更多的网民需求、社会需求,扩展新闻报道的来源,是主流媒体与新媒体携手并进的时代。但从政策引导的主要方向和主流媒体的创新观念来看,这种创新是内部性的,即反映在传统媒体之间的内部竞争,并没有把新媒体尤其是门户网站视作业态内的新竞争者,相反只是将其视作传媒市场中的边缘角色或产业链中的一环,二者之间有着清晰的楚河汉界。

虽然主流媒体在报网互动的过程中依然是议程设置的关键环节,但是内部竞争的新闻创新也给主流媒体日后在网络社会中的尴尬地位埋下了三个隐患:其一,社会化生产激发了网民的表达欲望,随着技术成本的不断降低,转型中国下各类的社会矛盾会利用技术表达涌现网络,对于主流媒体发挥公共性功能提出更高要求;其二,现实社会与虚拟社会的区隔限制了互联网站和手机的组织力度,但是诸如网络社区等新形态已经初露端倪;其三,"内容为王"信念加固了传统媒体对其话语权的自信,这在一定程

| 第二章 |
内容为王：中国数字新闻创新肇始（2G 时代）

度上轻视了技术新载体对传统媒体可能产生影响的维度。而这些隐患在 3G 时代逐一暴露出来，影响下一阶段的新闻创新实践。

FROM 2G TO 5G:
TECHNOLOGY-DRIVEN
TRANSFORMATION OF
CHINA'S
MEDIA INDUSTRY

# 第三章

## 走入"客场"：媒体融合初体验（3G时代）

3G时代主流媒体面对"人人都有麦克风"的全新传播格局挑战，不再局限于"内容为王"的单一追求。全媒体战略的实施与入驻微博平台的行动，展现了其适应技术变革的努力。然而值得注意的是，思想解放的局限性与缺乏系统性的整体行动制约了新闻创新的实际成效。

# 第三章
## 走入"客场":媒体融合初体验(3G时代)

2009年,工业和信息化部为中国移动、中国电信和中国联通发放3G牌照。3G牌照的意义不仅在于网络传播速率的迅速加快(从64Kbit/s一跃升级到2Mbit/s),更在于中国移动、中国电信、中国联通在领取3G牌照的同时,大幅降低无线网络流量资费争夺手机用户,以此刺激手机网民数量的大规模暴增。至此,手机改变了原本简单的"移动通信终端"角色,借助移动互联网技术的发展一跃成为与传统互联网并肩的全新"媒介"角色,移动传播也成为媒介实践的主旋律。

3G时代的移动传播形塑了一个真正的网络空间,过去被称为"虚拟空间"的线上社区随着技术升级迎来了大众化。同时以Web 2.0为代表的社会化生产和以微博、微信为代表的社交媒体新形态紧密连接,改变了主流媒体主导信息生产的格局。新媒体真正成长为一个可以与主流媒体在内容产量、传播能力、用户黏合度多个维度一较高下的竞争对手。

本章聚焦3G时代移动互联网背景下中国网络社会的特征,突出社交媒体作为当时技术衍生下的新媒体形态对主流媒体的影响，指出主流媒体应对技术的创新动力源自话语权的式微，这背后体现了转型中国的社会现实和社交媒体的媾和。在3G时代，主流媒体所遭遇的真正危机不仅是报业发展危机这个纯粹市场衰退的征兆，更深层面是主流媒体的公共属性受到网民的质疑。社交媒体作为网民主要的发声渠道表达诉求，使过去不具备传播权力的网民得以形成跨阶层的网络行动，削弱主流媒体政治沟通的有效性。在这个过程中，主流媒体无法故步自封在自己的主场，相反必须要走进客场，适应新媒体的表达方式以挽回用户。在此期间，主客场之间的运作关系成为影响主流媒体新闻实践效果的重要因素。

## 第一节 网络社会形成与"两个舆论场"

2G时代，"虚拟空间"或"赛博空间"是流行语，到了3G时代，"网络空间"成为共识，两个字的变化却有着天壤之别。所谓"虚拟"或是"赛博"，核心含义就是区别于现实社会的空间，例如迈克尔·海姆（Michael Heim）所言，"网络（赛博）空间表示一种再现的或人工的世界，一个由我们的系统所产生的信息和我们反馈到系统中的信息所构成的世界"。[1] 而"网络空

---

[1] ［美］迈克尔·海姆：《从界面到网络空间——虚拟实在的形而上学》，金吾伦等译，上海科技教育出版社2000年版，第79页。

## |第三章|
### 走入"客场"：媒体融合初体验（3G 时代）

间"强调的是现实空间已经被网络改变，甚至毫不夸张地说，现实空间被一种网络化的逻辑支配。

## 一 移动互联网下的网络社会特征

根据《中国移动互联网白皮书（2011）》的定义，移动互联网是指以移动网络作为接入网络的互联网及服务，包括三个要素：移动终端、移动网络和应用服务。① 定位于"革命性的移动电脑"的智能手机在 3G 时代开始普及，同时网络连接技术也进行了研发提升，WAP 2.0 增加了对 TCP 和 HTTP 协议的支持，允许无线设备应用现有的 Internet 技术环境。② 和传统有线网络相比，WAP 技术简化了传输协议，并将因特网上的 HTML 语言转化为 WML（Wireless Markup Language）信息，显示在移动设备的显示屏上。

应用服务方面，2G 时代，网民的需求以获取信息、即时通信为主，但移动应用服务根据手机这一移动媒介的特性，进一步在通信、娱乐、资讯的基础上拓展出来交易和生活服务这一全新的应用，不仅奠定了移动互联网的

---

① 工业和信息化部电信研究院：《中国移动互联网白皮书（2011）》，2012 年 12 月，http://www.caict.ac.cn/kxyj/qwfb/bps/201804/P020151211378871645978.pdf。
② 吴超、苏丽娜：《WAP 协议概述》，中国通信学会无线及移动通信委员会、IP 应用与增强电信技术委员会 2007 年度联合学术年会，2007 年 9 月。

95

### 从2G到5G
#### 技术驱动下的中国传媒业变革

"SoLoMo"特性①（即 Social 社交性；Local 本地性；Mobile 移动性），同时也通过这一个个应用，将每个用户原本的非触网时间转化为触网时间。

**（一）移动网络社会：寄生于手机媒介的"关系之网"**

卡斯特（Manuel Castells）在《网络社会的崛起》（The Rise of the Network Society）中指出，我们个人与集体存在的所有过程都直接受到新技术媒介的"塑造"……新技术范式构造的独特之处便在于其重新构造的能力，这在以不断变化与组织流动为特征的社会里是一种决定性的特性。② 与此同时，技术的演化升级遵循着一定的逻辑，即大众化与补偿性，大众化指的是门槛的逐渐降低，补偿性则是不断完善上一代技术特点。对于移动互联网来说，无线上网的突破就是线上与线下的隔阂渐渐消弭，让网络空间真正形成，个人开始成为网络社会的关键逻辑。

3G 网络的出现让传统互联网与移动互联网得以融合，并加速了网民手机上网频率和深度的提升。2009 年 3G 牌照发放后，为了拓展市场，三大运营商采取降低无线网络流量资费的方式刺激手机网民的爆发性增长，之后智能手机的普及和降费也让移动互联网的用户市场更为稳健。根据

---

① 吴吉义等：《移动互联网研究综述》，《中国科学：信息科学》2015 年第 1 期。

② ［美］曼纽尔·卡斯特：《网络社会的崛起》，夏铸九等译，社会科学文献出版社 2001 年版，第 83—84 页。

| 第三章 |

走入"客场":媒体融合初体验(3G时代)

《第29次中国互联网络发展状况统计报告》数据,截至2011年12月底,中国手机网民规模已经达到3.56亿人,占总体网民比例的69.4%,传统互联网开始大范围向手机网络融合。①与传统互联网相比,手机承载了个人的独特信息或属性,与固定网络连接的"匿名性所代表的'集中的某个不确定性个体'"具有明显的心理差异。②同时,手机用户作为移动互联网的使用者,其个体属性和社交属性通过手机这个媒介映射到移动互联网与其他相关信息网络中,成为网络关键的节点。

决定用户对手机媒介寄生性的是应用服务。3G时代从应用的分类来看,包括即时通信类(如腾讯QQ、中国移动飞信、网易公司网信、阿里巴巴旺信等)、资讯类(如UC浏览器、百度浏览器等搜索引擎,新闻客户端等)、娱乐类(如手机游戏、音视频客户端等)、生活服务类(诸如大众点评、携程旅行、滴滴出行、百度地图等消费资讯应用和支付宝等移动支付软件)。尤其需要注意的是,具有定位功能的GPRS系统在应用软件运用已经成熟,只要处于联网状态,就能定位到用户的地理位置,使物理空间和信息活动合二为一。这种结合让移动互联网不再是一个以信息传播为主的虚拟空间,而是融合了空间坐标和时间坐标的"场

---

① 中国互联网络信息中心:《第29次中国互联网络发展状况统计报告》,2012年1月16日, http://www.cnnic.net.cn/hlwfzyj/hlwxzbg/201201/P020120709345264469680.pdf。

② 王通杰:《移动互联网创新研究》,《互联网天地》2014年第1期。

景"时代。①

不过受限于网速，如图 3-1 所示，在各类应用中，以手机即时通信、手机微博为代表的沟通类应用与信息获取类应用的渗透率最高、涨幅最快，也在根本上改变了社会信息的流动方式，个人成为一种节点带来了介于人际传播与大众传播之间的一种全新的传播模式，不仅衔接了人际传播与大众传播，还在其中扮演着核心作用。当个体能够自如发送跨越时间和空间的信息流时，有助于扩大并维持个人的社会网络。

社交媒体的风靡奠定了移动互联网作为"关系之网"的重要属性。2009 年 8 月，新浪微博正式上线，140 字的内容，文字、图片、视频多媒体形式的即时分享，@和私信，评论、转发和表情符号等，一下子引爆了中国网民社会化生产的热情。与作为个人门户的新浪博客不同，新浪微博是在社交网站（Social Network Sites）的基础上做了创新，借鉴美国脸书（Facebook）形态和功能，基于用户真实社交关系而提供的沟通、交流平台。这个平台的内容不再单纯是生产的，而是生成的。

西方学者对于社交媒体引用最多的定义是"一组基于互联网的应用程序，建立在 Web 2.0 的思想和技术基础上，

---

① ［美］罗伯特·斯考伯等：《即将到来的场景时代》，赵乾坤等译，北京联合出版公司 2014 年版。

| **第三章** |

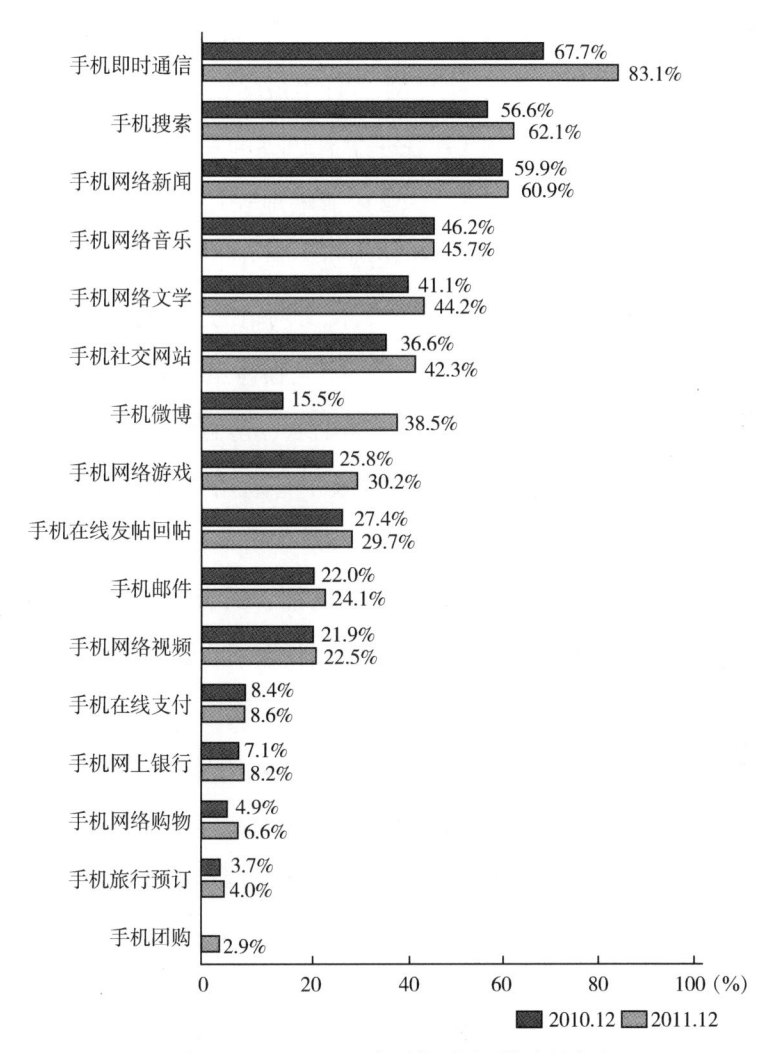

走入"客场"：媒体融合初体验（3G时代）

| 应用 | 2010.12 | 2011.12 |
|---|---|---|
| 手机即时通信 | 67.7% | 83.1% |
| 手机搜索 | 56.6% | 62.1% |
| 手机网络新闻 | 59.9% | 60.9% |
| 手机网络音乐 | 46.2% | 45.7% |
| 手机网络文学 | 41.1% | 44.2% |
| 手机社交网站 | 36.6% | 42.3% |
| 手机微博 | 15.5% | 38.5% |
| 手机网络游戏 | 25.8% | 30.2% |
| 手机在线发帖回帖 | 27.4% | 29.7% |
| 手机邮件 | 22.0% | 24.1% |
| 手机网络视频 | 21.9% | 22.5% |
| 手机在线支付 | 8.4% | 8.6% |
| 手机网上银行 | 7.1% | 8.2% |
| 手机网络购物 | 4.9% | 6.6% |
| 手机旅行预订 | 3.7% | 4.0% |
| 手机团购 |  | 2.9% |

**图3-1　2010—2011年手机网民网络应用占比**

资料来源：中国互联网络信息中心：《中国移动互联网发展状况调查报告》，2012年3月29日，http：//www.cnnic.net.cn/hlwfzyj/hlwxzbg/201203/ P020120709345263447718.pdf。

99

允许创建和交换用户生成的内容",[①] 强调的是用户生产内容的创建和交换；对于社交网站引用最多的定义是"基于Web 服务，允许个人（1）在一个有边界的系统中构建一个公开或半公开的概要文件；（2）清晰地表达与其共享连接的用户列表；（3）能够查看和浏览系统中自己和他人的连接列表和内容",[②] 强调的是个人社交网络的公开性。因此，从这两个定义的价值取向来看，社交媒体虽然建立在 Web 2.0 的基础上，但是它突破了早期论坛、博客作为社会知名人士"一对多"的传播模式，放大了普通用户的社会需求。2009 年的微博和 2012 年的微信，前者弥合了作为媒体的"公共传播"和"社交"的两方面功能，后者嫁接在 QQ 和手机联系人的强关系上，具有"强社交"功能，成为中国最流行的"Online Social Networks"。[③] 社交行为的凸显在具体的用户行为上也能得到印证，如图 3-2 所示，中国网民虽然在社交网站的访问活跃度较高，但在内容发布和互动活跃度上，以每月至少一次的使用频率来看，排在前三位的分别是"给好友评论或留言"（56.9%）、"分享或转发内容"

---

[①] Andreas M. Kaplan and Michael Haenlein, "Users of the World, Unite! The Challenges and Opportunities of Social Media", *Business Horizons*, Vol. 53, No. 1, 2010, pp. 59–68.

[②] Danah M. Boyd and Nicole B. Ellison, "Social Network Sites: Definition, History, and Scholarship", *Journal of Computer-Mediated Communication*, Vol. 13, No. 1, December 2007, pp. 210–230.

[③] 赵云泽等：《"社会化媒体" 还是"社交媒体"？——一组至关重要的概念的翻译和辨析》，《新闻记者》2015 年第 6 期。

（47.7%）和"更新状态或签名"（40.1%），原创性内容发表如"发表日志或日记"（29.0%）、"上传照片"（19.5%）、"上传视频"（3.3%）等明显活跃度较低。

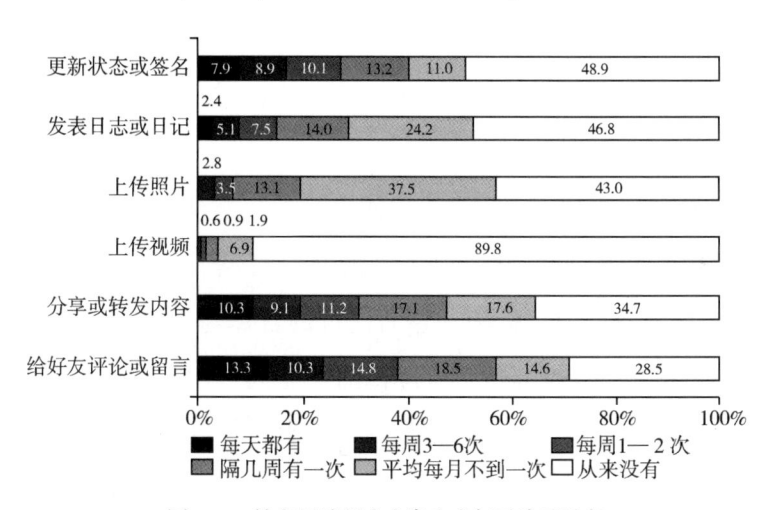

| 项目 | 每天都有 | 每周3—6次 | 每周1—2次 | 隔几周有一次 | 平均每月不到一次 | 从来没有 |
|---|---|---|---|---|---|---|
| 更新状态或签名 | 7.9 | 8.9 | 10.1 | 13.2 | 11.0 | 48.9 |
| 发表日志或日记 | 2.4 | 5.1 | 7.5 | 14.0 | 24.2 | 46.8 |
| 上传照片 | 2.8 | 3.5 | 13.1 | — | 37.5 | 43.0 |
| 上传视频 | 0.6 | 0.9 | 1.9 | 6.9 | — | 89.8 |
| 分享或转发内容 | 10.3 | 9.1 | 11.2 | 17.1 | 17.6 | 34.7 |
| 给好友评论或留言 | 13.3 | 10.3 | 14.8 | 18.5 | 14.6 | 28.5 |

**图3-2 社交网站用户内容生成与互动活跃度**

资料来源：中国互联网络信息中心：《2012年中国网民社交网站应用研究报告》，2013年2月19日，http://www.cnnic.net.cn/hlwfzyj/hlwxzbg/sqbg/201302/P020130219611651054576.pdf。

## （二）网众传播：网络社会的社会资本与权力场域

随着社交媒体上社会关系的逐渐公开化，3G时代社会形态中的个人走出边界明确、结构严谨的组织，形成以个人为中心的社区网络，并从过去的先组织再传播变为经由传播而组织。① 这种经传播而组织的过程，强调了"个人

---

① 谢静：《经由传播而组织——一种动态的组织传播观》，《新闻大学》2011年第4期。

## 从2G到5G
### 技术驱动下的中国传媒业变革

主义"色彩，在技术维度消解了原有社会结构的束缚，并且将它重新构建为围绕个体展开的互动网络，[1] 而这个网络是围绕每个个体的兴趣、价值观和优先次序来构建活动，因此移动互联网所建立的社会关系也不是单纯的人际交往，而是以人际交往为模式，但以话语表达和价值认同为联系纽带的全新的主体网络。

中国学者何威将这种新模式命名为"网众"（networked public），强调"网众"是不同的社会行动及行动者网络，为了达成各自的目标和利益而进行的合作与对抗。与传统意义上的"大众传播""人际传播"不同，"网众传播"行为的信息流动受到各种权力关系的影响、制约或者促进，同时也在不断塑造权力关系的细枝末节。网众传播作为一种社会场域，其中的信息流动与信息控制过程，成为不同社会群体和社会力量之间权力博弈的体现。[2]

如表 3-1 所示，从传受双方的权力来看，虽然网众传播克服了大众传播时代技术不平等和传者中心的权力架构，使所有信息接收者都处于技术平等地位，但社会结构上的不平等依然在传播效果上发挥重要作用。与此同时，信息经由社会化媒体传播，背后的驱动逻辑也发生了改变，分

---

[1] ［美］曼纽尔·卡斯特尔:《移动网络社会》，载 ［加］ 戴维·克劳利等《传播的历史：技术、文化和社会（第六版）》，董璐等译，北京大学出版社 2018 年版，第 354 页。

[2] 何威:《网众传播：一种关于数字媒体、网络化用户和中国社会的新范式》，清华大学出版社 2011 年版，第 251 页。

# 第三章
走入"客场":媒体融合初体验(3G时代)

享逻辑、利益逻辑取代了大众传播时代的政治逻辑、市场逻辑。

表 3-1 "网众""大众""受众社群"概念的对比

| 三种信息传播模式 | 网众传播 | 大众传播 | 人际传播 |
| --- | --- | --- | --- |
| 信息传播者（生产和发布） | 网众 | 专业化、固定化、制度化的传播机构 | 个人 |
| 信息接收者 | 网众/大众媒体/政府/企业/社团 | 大众 | 个人 |
| 传受双方数量 | 一对一、一对少、一对多、少对少、少对多、多对多 | 一对多、少对多 | 一对一、少对少 |
| 传受双方权力 | 技术上平等；结构上不平等；去中心 | 技术、结构均极不平等；传者中心，受者末梢 | 技术上平等 |
| 传受双方身份信息 | 化名或实名，身份趋向真实固定 | 传者实名，受者匿名 | 均以实名为主 |
| 信息传播渠道 | 社会性媒体 | 大众媒体 | 面对面、人际媒介 |
| 信息经流网络 | 信息网络+社会网络的新型网络 | 信息网络 | 社会网络 |
| 信息过滤情况 | 先发布后过滤 | 先过滤后发布 | 不过滤 |
| 驱动传播的逻辑 | 分享逻辑 利益逻辑 专业逻辑 | 政治逻辑 市场逻辑 专业逻辑 | 关系逻辑 行动逻辑 |

资料来源：何威：《网众传播：一种关于数字媒体、网络化用户和中国社会的新范式》，清华大学出版社 2011 年版，第 21 页。

103

因此网众传播模式代表着一种新型的权力场域。正如美国经济学家托马斯·弗里德曼（Thomas L. Friedman）的著作《世界是平的》（The World is Flat）所述，"世界正被抹平"是由于科技进步与社会协定的交合，手机、网络、源代码虽然让传播权力的主体被抹平了，但也形成了全新的权力主体。以新浪微博为例，其传播能量不仅在于140字的原创篇幅让公共传播呈现碎片化的特征，更重要的是其附属的评论、转发、@功能，让线下动员的机制得以在微博这个社交媒体平台上再现。这些附加功能对于转型时期的中国来说，使得网络动员的方式更为便捷高效，因为信息传播的扁平化让集体行动者的反抗意识愈加增强，① 同时也让心态、态度、关注点相同或相似的人群利用新信息技术联合起来，构建全新的社会关系，达到"创造社群"的效果，并打破了以往社会分层的对话机制和模式。② 而这也恰恰是3G时代中国主流媒体所遇到的最大挑战。

## 二 网络抗争性表达与新意见领袖

早在20世纪，拉扎斯菲尔德（Paul Lazarsfeld）等人就在研究中发现，媒介信息可能经过了非正式的"意见领袖"（opinion leader）的中转，并提出了"两级传播"（two-step

---

① 桂勇、王正芬：《互联网对中国集体行动的影响》，《新闻记者》2014年第4期。
② 刘左元、李林英：《新媒体打破了以往社会分层的对话机制和模式》，《新闻记者》2012年第4期。

## 第三章
### 走入"客场":媒体融合初体验(3G时代)

flow of communication)① 的论断,认为所有的人际关系均是传播的潜在网络,而意见领袖被理解为在传播中扮演着关键角色的成员。② 这说明,即使在大众传播时代,人际关系对传播效果的影响也有着关键作用。3G时代,网众传播模式下,人际关系出现了"强关系"与"弱关系"混合的新现象,也让传统的意见领袖在技术转场的过程中发生了质变。以微博为代表的社交媒体放大了社会资本的力量,同时也在这一新媒体形式上推出了可以积累社会资本的评论、转发、点赞、@等设置,把网络表达和网络行动有机结合,促成了一种新型的符合网络主体人群利益诉求的意见领袖,即以"权利代言"为特征的公共知识分子与底层群体的跨阶层联动,并以抗争性表达发起了对地方政府的挑战。主流媒体虽然不是他们的主要抗争对象,但在其中却暴露了同时作为党和人民的喉舌在涉及官民冲突议题上的失语症候。

2004年,《南方人物周刊》做了一期特别策划,选出了"影响中国公共知识分子50人"。虽然"公共知识分子"(The Public Intellectual)这个术语在美国学界早已出现,但在中国是由媒体所定义的,意指"具有学术背景和专业素

---

① [美] 保罗·F. 拉扎斯菲尔德等:《人民的选择:选民如何在总统选战中做决定(第三版)》,唐茜译,中国人民大学出版社2012年版,第三版序言。

② [美] 伊莱休·卡茨等:《人际影响:个人在大众传播中的作用》,张宁译,中国人民大学出版社2016年版,第32页。

质的知识者；是进言社会并参与公共事务的行动者；是具有批判精神和道义担当的理想者"。① 在这份名单里，主要为人文社科领域中具有学术成就和公共影响力的知识分子，包括李敖、唐德刚、余世存、许倬云、杜维明、金庸、钱理群、秦晖、汪晖、北岛、吴敬琏、茅于轼、胡舒立、梁从诫、崔健、贾樟柯、章诒和、何清涟、毕淑敏、龙应台等。

八年后，根据复旦大学"舆情与传播研究实验室" 2012 年发布的国内首份《中国微博意见领袖研究报告》显示，微博意见领袖（当时也被称为"公共知识分子"）中媒体人、学者、作家和商人占主导，60 后与 70 后中青年群体成为主力。典型的微博意见领袖形象是"一位四十不惑的男性学者或商人"，而从社会身份来看，前百位意见领袖主要包括媒体人（33 人）、学者（26 人）、作家（20 人）和商界人士（17 人）。② 两相对比，"公共知识分子"发生了结构性的嬗变，这与技术带来的话语表达变化是分不开的。

---

① 曹宗国：《"公知"与"士节"》，凤凰网，2012 年 6 月 19 日，http：//culture.ifeng.com/jieri/special/2012duanwu/detail_2012_06/19/15419853_0.shtml。
② 吴苡婷：《〈中国微博意见领袖研究报告〉发布》，2012 年 3 月 14 日，http：//www.duob.cn/cont/812/154701.html。

表 3-2　中国最具观点影响力微博意见领袖排行榜前十（2012 年）

| 指标<br>排名 | 网名 | 年龄<br>（岁） | 职业 | 平均转发<br>数（条） | 粉丝数<br>（万人） | 意见领袖<br>总名次 |
|---|---|---|---|---|---|---|
| 1 | 马云 | 48 | 商界人士 | 6794 | 366 | 2 |
| 2 | 李承鹏 | 44 | 媒体人 | 4802 | 398 | 6 |
| 3 | 于建嵘 | 50 | 学者 | 3006 | 120 | 8 |
| 4 | 郎咸平 | 56 | 学者 | 2830 | 514 | 5 |
| 5 | 李开复 | 51 | 商界人士 | 2488 | 964 | 4 |
| 6 | 芮成钢 | 35 | 媒体人 | 1927 | 285 | 12 |
| 7 | 慕容雪村 | 38 | 作家 | 1119 | 118 | 7 |
| 8 | 许小年 | 59 | 学者 | 1072 | 245 | 27 |
| 9 | 潘石屹 | 49 | 商界人士 | 1026 | 767 | 1 |
| 10 | 贾平凸 | 60 | 作家 | 939 | 22 | 11 |

资料来源：吴苡婷：《〈中国微博意见领袖研究报告〉发布》，2012 年 3 月 14 日，http://www.duob.cn/cont/812/154701.html。

　　长期以来，公共知识分子是凭借"知识"这一核心资本对公共事务进行启迪、批判，但是互联网出现之后，开放的特性使其天然具有破除信息障碍、降低知识门槛的原生力量，随着网络连接人群数量的不断增多和泛社会化内容生产的出现，原本强调专业性的话语表达在不断地被稀释。尤其是微博时代，140 字的言论改变了话语的叙述逻辑，越是简短，越要求直白，而这恰恰是传统知识分子所不擅长的。在这种错位下，崛起了一批商业化、职业化、群体化的新意见领袖，他们充分利用了技术发展下信息流动的便利性为自己赢得话语权。正如李良荣等人研究所指出的,信息是权力的"氧气",一旦这个"氧气"注入社会,立即产生了一个新的权力层,这就是意见领袖的崛起。[①]

与新意见领袖崛起同样不可忽视的是网民的大众化倾向。如图3-3所示,智能手机的普及使"低年龄(29岁以下)、低收入(月收入3000元以下)、低教育水平(初中及以下学历)"的"三低人群"大量涌入网络——达到50%左右,构成了网民中的最大群体。他们占据各类社交平台,为自己的切身利益发声或寻找权利代理人。

| | 2012年 | 2011年 |
|---|---|---|
| 月收入3000元以下 | 76.4% | 82.8% |
| 初中及以下学历 | 41.9% | 40.2% |
| 29岁以下 | 66.7% | 69.3% |

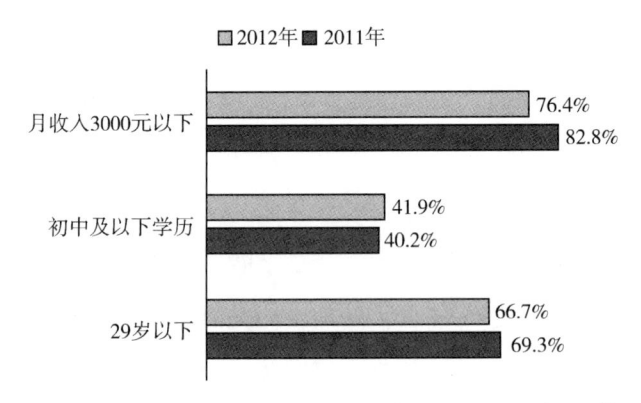

**图3-3 中国手机网民结构特征(2011年12月—2012年12月)**

资料来源:中国互联网络信息中心:《中国移动互联网发展状况调查报告》,2012年3月29日,http://www.cnnic.net.cn/hlwfzyj/hlwxzbg/201203/P020120709345263447718.pdf。图表由作者自制。

也正是这个时候,"舆情"逐渐取代"舆论"被认为是

---

[①] 李良荣、张盛:《互联网与大众政治的勃兴——"新传播革命"研究之一》,《现代传播(中国传媒大学学报)》2012年第3期。

| 第三章 |

走入"客场":媒体融合初体验(3G时代)

民意的一种反映,虽然仅一字之差,但"舆情"相较"舆论"体现出更多的情绪性。与公共舆论代表一种特殊的社会产物①不同,舆情复杂性更甚,是积极因素与消极因素并存的客观状态,内涵既可以是公众的意见,也可以是公众的情绪。② 根据唐巧盈对2003—2014年发生的672起重大网络舆论事件的传播态势分析可以发现,2003—2006年网络舆情增长缓慢,2008年达到小高峰,2009—2014年稳步上涨。③ 其中一个关键影响在于2009年之前,网络舆情的源头仍然借助传统媒体报道,2009年之后,传统媒体对于舆情的主导权逐渐减弱,相反微博、微信成为舆情主要发酵场。

人民网舆情监测室数据、上海交通大学舆情研究实验室的研究也证实了这点。祝华新等人对2009年77件影响力较大的社会热点事件的分析表明,由网络爆料而引发公众关注的约占全部事件的30%,互联网成为新闻舆论独立源头④;谢耘耕等人的研究指出,在2003—2012年影响较大的舆情事件首曝媒介分布中,新媒体首次曝光的公共事件

---

① [美]文森特·普赖斯:《传播概念·Public Opinion》,邵志择译,复旦大学出版社2009年版,第29页。

② 丁柏铨:《略论舆情——兼及它与舆论、新闻的关系》,《新闻记者》2007年第6期。

③ 唐巧盈:《2003—2014年网络舆论事件梳理及传播态势分析》,《新媒体与社会》2015年第3期。

④ 祝华新等:《2009年中国互联网舆情分析报告》,载汝信等主编《2010年中国社会形势分析与预测》,社会科学文献出版社2009年版,第246—262页。

占全部事件的比例均在60%左右,传统媒体"第一落点"的优势被彻底撼动。其中,微博对公共事件的首曝率从2010年的7.1%剧增到2012年的19.4%。[1] 在这个过程中,公共知识分子作为底层群体的权利代言人,围绕贫富冲突、劳资矛盾、城市拆迁、环境污染、道德失范等问题,对地方政府、法院的不当处置予以指责,通过抗争性的网络表达和网络集群行动形成舆论压力,倒逼地方政府重新处置。

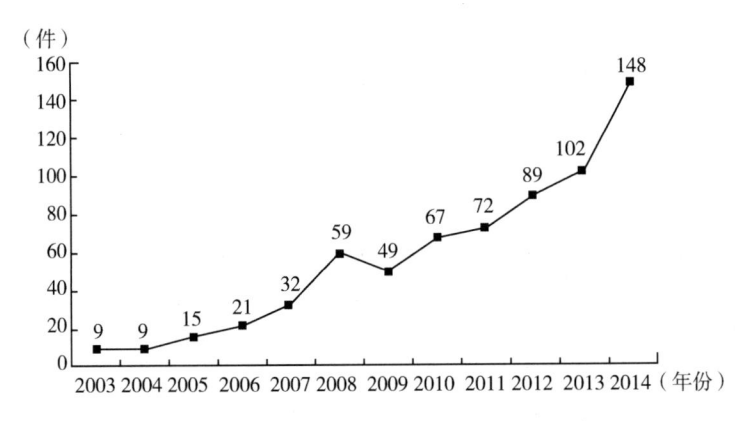

**图 3-4  2003—2014 年网络舆论事件时间分布**

资料来源:唐巧盈:《2003—2014年网络舆论事件梳理及传播态势分析》,《新媒体与社会》2015年第3期。

在权利代言的模式下,公共知识分子和底层群体具有相同的情感来源,即认为在转型中国社会背景下,底层群

---

[1] 上海交通大学舆情研究实验室:《中国网络舆情十年:从热点到趋势分析》,载谢耘耕《中国社会舆情与危机管理报告(2013)》,社会科学文献出版社2013年版,第276—315页。

## 第三章

走入"客场":媒体融合初体验(3G 时代)

体是利益受损者,因此通过网络的抗争性表达来回应社会结构转型下的不满、不公和焦虑。这种情感的出发点就如同卡斯特所言,"认同"是行动者意义的来源,具体可以分为合法性认同(legitimizing identity)、抵抗性认同(resistance identity)和计划性认同(project identity)。其中"抵抗性认同"指的是"由那些在支配的逻辑下被贬抑或污名化(stigmatized)的位置/处境的行动者所产生的。他们建立抵抗的战壕,并以不同或相反于既有社会体制的原则为基础而生存"。① 从认同的角度来看,网络事件的发生,还是一个情感动员的过程。② 微博时代,新意见领袖深度介入"富士康网友观察团""钱云会事件""微博打拐""大连 PX 事件"等热点事件和后续政治议程,以自组织的"网民调查团"等形式试图还原真相。虽然最终对于事件真相依然存在争议,但新意见领袖的崛起已经证明了网络舆情所反映的网民对公权力的信任危机,借助意见领袖的社会资本成为能够切实推进各级政府改革的巨大压力。同时,新意见领袖的崛起和影响力也打破了一直以来中国主流媒体所构建的民意形成机制和舆论监督效果,网民可以绕过

---

① [美]曼纽尔·卡斯特:《认同的力量》,夏铸九译,社会科学文献出版社 2001 年版,第 4 页。
② 杨国斌:《悲情与戏谑:网络事件中的情感动员》,《传播与社会学刊》2009 年第 9 期。

主流媒体，实现与政府的非直接较量。①

## 三 转型社会下的"两个舆论场"

1998年，新华社原总编辑南振中在新华社工作会议中首次提出了"两个舆论场"的概念，认为在现实生活中，存在一个老百姓的"口头舆论场"和一个新闻媒体着力营造的舆论场，即主流媒体舆论场。在2G向3G发展的时代，老百姓的"口头舆论场"有了网络表达的新渠道，演变为"网络舆论场"。"网络舆论场"坚持"草根性"，其新闻发布主要基于个人或社群的利益；而主流媒体舆论场坚持做"党的喉舌""人民的喉舌"，以传递主流文化和核心价值观为原则，强调的是社会的有效整合。这两者的差异是"两个舆论场"分裂的根本原因。

### （一）网络舆论场的"群体极化"倾向

胡泳将网络时代的个人表达与公共讨论定义为"众声喧哗"，认为在共有媒体的背景下，将会存在两个互联网，即寡头主义和无政府主义的奇妙混合。一方面，大众媒介（即传统媒体）在网上占据数个要地，集结大量受众；另一方面，还存在一个开放的互联网，积极的公民、草根组织和博客利用他们自己的阵地发起监督既有体制的运动。互

---

① 李永刚：《我们的防火墙：网络时代的表达与监管》，广西师范大学出版社2013年版，第48页。

| 第三章 |

走入"客场":媒体融合初体验(3G 时代)

联网为两者同时提供空间。① 这两种空间则分别对应着两种话语权,即传统主流媒体的网络话语权,与以普通网民为代表的网络话语权。在 3G 时代,普通网民的维权意识在"权利代理人"的全新网络表达下受到激励,并且掌握了如何利用微博进行网络表达与既有权力抗衡的方式,这里的既有权力不仅仅是指向"政府/官员"的公权力,也包括与网民利益相左的传统媒体话语权。

不可否认的是,"权利代理"模式下的跨阶层联动给个体的利益表达、情绪表达和参政议政提供了新的空间,但在 3G 时代伴随技术而生的非理性表达乃至网络暴力等现象也逐渐蔓延。因为网络舆论场的威力在于情绪性,这种情绪性与转型社会下复杂的社会矛盾媾和,制造出权威舆论与底层舆论相互分割的舆论现象。② 基于"抵抗性认同",网民借助社交媒体将公众利益分解成小团体,并通过网络行动等组织方式形成不同利益诉求团体的信息壁垒,放大作为团体成员最初存在的某些偏见(并因其偏向性而组成团体)。人民网舆情监测室的系列中国互联网舆情分析报告显示,自 2011 年以来随着网络媒体的舆论影响力越来越大,制造舆论影响力的成本越来越低,网络论争的非理性

---

① 胡泳:《众声喧哗:网络时代的个人表达与公共讨论》,广西师范大学出版社 2013 年版,第 122 页。
② 谢金林:《网络舆论社会管理新课题——培育良好的网络社会心态》,《中国青年研究》2012 年第 3 期。

化表达也越来越明显。

归根结底，网络论争的非理性表达来源于无法统合的价值认同。在2G到3G时代，对"政府/官员"的立场态度直接决定网民的立场判断。这种简单粗暴的情绪化站队方式使民粹主义思潮在网络公共平台勃兴，尤其是盛行不衰的网络反腐，表现得尤为直接。李良荣等人曾对2010—2011年的195个案例进行量化分析，发现指向"政府/官员"的事件是网络群体性事件暴发的关键因子，且舆情的烈度极大，相关发帖点击率常达百万级。权力、金钱、女色、血与泪是这些帖子的四大元素，为争夺眼球，往往言辞激烈，充斥着攻击性甚至侮辱性语言，或添枝加叶，或移花接木，甚至无中生有、完全捏造。事后检查，有30%—40%的故事不符合基本事实。[1] 在民粹主义的话语中，只存在好与坏两种极端，没有中间项。社会底层（草根）是任何权威的合法性来源。[2]

**（二）社会整合与舆论监督：主流媒体的两难**

3G时代与网络舆论形成鲜明对比的是主流媒体在舆情事件中的失语，不仅没有占据重大公共事件报道的"第一落点"，并且逐渐失去了议程设置权。2008年以后，随着网络舆情事件频发，主流媒体更多被赋予社会整合的职能，

---

[1] 李良荣等：《网络群体性事件爆发机理："传播属性"与"事件属性"双重建模研究——基于195个案例的定性比较分析（QCA）》，《现代传播（中国传媒大学学报）》2013年第2期。

[2] 谢静：《民粹主义——中国新闻场域的一种话语策略》，《国际新闻界》2008年第3期。

| 第三章 |

走入"客场":媒体融合初体验(3G 时代)

希望能够以传统舆论引导的方式扭转网络舆情的言论方向。在这种背景下,主流媒体受制于组织纪律难以践行舆论监督的职能,身处媒体组织机构中的记者若要想发挥舆论监督职能,甚至要以普通网民或意见领袖的身份转战博客和微博,才能真正实现预期效果。

2008 年 9 月 15 日,《瞭望东方周刊》记者孙春龙在其个人博客上发表《致山西省代省长王君的一封举报信》,揭露山西娄烦山体滑坡事故瞒报真相。一个月前,《瞭望东方周刊》曾刊出孙春龙与特约记者王晓的深度报道《娄烦:被拖延的真相》,揭露"8·1"事故中当地媒体报道称 11 人被埋系瞒报谎报行为,真实死者人数为 41 人。这篇报道刊发后被网易、腾讯、凤凰等门户网站转载,并将标题修改为"山西山体滑坡至少 41 人死亡只报 11 人",然而原本被预计为重磅性的调查报道却反响平平。得知地方政府做了相应公关之后,孙春龙在自己的博客里面贴出了举报信,但传播几天后举报信也被删除。

> 稿子在网上之后,待了没有一天时间我们就打不开这个网页,好多人都打不开这个网页,但是好多人都知道被删掉了,包括论坛上、包括我的博客上文章被删掉之后,好多人给我留言发短信,说这个东西被删掉了。①

---

① 金羊网-羊城晚报:《山西娄烦垮塌事件真相调查》,凤凰网,2008 年 11 月 1 日。

| 从2G到5G |
技术驱动下的中国传媒业变革

　　幸运的是，举报信没有被淹没，而是引起了有关方面的注意，并上报中央。时任国务院总理温家宝和国务委员马凯对娄烦事件做出批示，派出事故调查指导组，赴山西指导调查，并邀请孙春龙同往，最终45名遇难者的遗体全部被找到，事故相关责任人得到法律制裁。当年，《南方周末》对孙春龙及这封举报信致敬，并写道：

　　　　在这个事件中网络再次显示了它难以被制服的自然力量，纸媒无法伸张的正义在这里得以释然。兼具公器价值的记者博客正在成为传统记者的第二个职场。孙春龙的幸运在于他的博文得以进入舆情监测者眼中，并将其上陈中央。这本质上是一个信访事件。孙春龙与那些进京上访偶然间得到清官一纸批示的访民无异。①

　　娄烦事件作为一个典型案例，充分体现了2G—3G时代传统媒体在舆论监督上的两难。过去，互联网和传统媒体需要通过相互借力才能放大舆论，而随着微博的出现、新意见领袖的崛起和网络行动的兴起，网络舆情层出不穷，且矛头直指地方政府和相关官员。而囿于一级政府一级媒体的职责同构，主流媒体不得不在组织纪律的要求下噤声，

---

　　① 南方周末编辑部：《致敬之年度新闻边界突破：〈致山西省代省长王君的一封举报信〉》，南方周末网，2008年12月31日，http://www.infzm.com/content/22073。

## 第三章

走入"客场":媒体融合初体验(3G时代)

其政治沟通能力被大大限制。

舆论监督难以践行加上微博这一全新"公共舆论中心"①的夹击,主流媒体与网民的区隔越来越明显,话语权的式微在报纸发行量和广告营业额的变化上有直接体现。国家统计局和2003—2013年中国新闻年鉴数据显示,以传统报纸为代表的主流媒体的广告增长率从高位跌落,年轻读者开始流失,发行市场出现萎缩,这些都从根本上动摇了传统媒体的强势地位。2011年,网络媒体超越报纸成为中国第二大广告媒体;2013年,互联网成为网民获取新闻资讯的第一来源。凝聚网络主体人群成为主流媒体重新掌握话语权必须要迈过的坎,并且这个坎不仅在于主流媒体自身,更要迈向新媒体形态,到客场中寻求主动。

## 第二节 "主客交融"的新闻创新实践

与2G时代主流媒体主导话语权不同,3G时代社交媒体作为技术驱动下全新的媒介形态,不仅继承了博客、BBS的社会化传统,同时将过去隐匿在后台的网络动员放诸网络前台。在这个过程中,主流媒体遇到的不仅是受众的流失和广告的流逝,更致命的是舆论引导能力的抛物线下降。从这个角度来说,社交媒体不再是主流媒体的合作者,反

---

① 李良荣、郑雯:《论新传播革命——"新传播革命"研究之二》,《现代传播(中国传媒大学学报)》2012年第4期。

而成为真正意义上的竞争者，新媒体的社会影响力在一定程度上倒逼着主流媒体进行深度创新。从新闻编辑部的运作来看，从2G时代的跨媒体生产转型为全媒体生产，背后包括了技术作用、资源配置、角色定位和组织氛围的变化。与此同时，3G时代新闻创新的最大变化是主流媒体不再只局限于自己主场，而是进入"微博""微信"等客场，适应社交媒体的生产规则和碎片化信息下的舆论引导，在凝聚最大规模用户的互联网平台上争取用户。

## 一 "主场"创新：全媒体战略下的新闻编辑部

2007年，"媒介融合"的概念成为学界、业界的共识。大家都意识到，数字化的发展终结了传统的媒介发展模式，以介质为中心的市场划分被媒介融合的大媒介市场取代。[①]中国主流媒体的新闻创新以新闻生产流程再造为主体，强调"一次生产、多次发布"[②]的"全媒体"战略，推动新闻编辑部生产的内容能够覆盖报纸、广播、电视、网络、手机、户外视屏、电子纸等复合形态，并产生相应的内容运营模式和盈利模式。在这个过程中，新闻编辑部中的技术作用、资源配置、个体角色定位和组织氛围都发生了明

---

[①] 郭平等：《新媒体与新闻业发展的机遇与挑战——"新闻传媒与社会发展论坛·2007"综述》，《新闻界》2007年第5期。

[②] 郜书锴：《全媒体时代我国报业的数字化转型》，浙江大学博士学位论文，2010年。

| 第三章 |

走入"客场":媒体融合初体验(3G 时代)

显的改变。

**(一)技术作用:报网一体的数字技术平台**

2007 年 6 月,新闻出版总署公布了第一批数字报业创新项目,当时这些创新项目都是根据终端进行划分,分为报业数字化平台、报纸网站、多媒体数字报刊、电子商务、电子阅读器、户外数字媒体、手机报、手机二维码和移动采编系统九类。这种分类方式在一定程度上还停留在渠道分解的思路上,而不是真正的报网一体。

从技术人员的反思来看,数字化的 1.0 阶段和全媒体的 2.0 阶段有着本质的差别。

第一,1.0 是面向纸媒的,2.0 应该是面向全媒体的。第二,1.0 是解决单个业务的,采编就是采编,广告系统就只做广告,报社每个业务都有独立的系统、数据管理和流程管理方式,2.0 应该能够在一个整体规划下,设计能够覆盖报社所有业务的平台。因为 1.0 的几个问题已经暴露出来了,例如数据不完整、数据不畅通、数据不共享、数据管理分散。数字报业的特点应该是以内容生产为中心,以市场需求为导向,以决策分析为依托,以数字技术为手段。①

---

① 《宁波日报报业集团数字报业技术平台项目发布会(文字实录)》,中国宁波网,2009 年 6 月 12 日,http://zt.cnnb.com.cn/system/2009/06/12/006133586.shtml。

**|从2G到5G|**
技术驱动下的中国传媒业变革

因此，3G 时代的全媒体战略从跨媒体向复合媒体发展，关键是要保证所有资源能够实现不同渠道的输出和分配，改变简单地将数字化理解为传统主流媒体的补充，利用技术手段实现组织结构和新闻生产流程的一体化。在这个过程中，打造能够支持多媒体内容生产、共享的全媒体技术平台成为主流媒体新闻创新的重要抓手，以支持主流媒体从单一的报纸生产商转向内容供应商。

2007 年 10 月，烟台日报传媒集团启动"全媒体数字采编发布系统"的研发工作，该系统包括个人平台、资料中心等九个功能模块，待编稿库、历史资料库和成品库三个数据库，可以实现用户管理、内容管理、线索管理、选题管理、任务管理和数据库管理的统一。[①] 2009 年 6 月，宁波日报报业集团的全媒体数字技术平台通过新闻出版总署的评审和验收，这个数字技术平台以内容生产平台为核心部分，将集团下属各个报纸的内容集合在一起，实现在一个编辑界面下可同时完成音视频、Flash 等内容的编辑加工，并在各种不同形式的内容间创建关联。除了核心平台之外，这个全媒体平台还覆盖业务处理、决策管理、客户服务和网络支撑四大支撑平台[②]。之后，人民日报社和新华社的技术部门也分别推进了全媒体信息播报系统建设和支持同一

---

[①] 郑强：《从传统报业到全媒体的探索之路》，《传媒》2008 年第 10 期。
[②] 田勇：《全媒体运营：报业转型的选择——宁波日报报业集团的全媒体实践》，《新闻与写作》2009 年第 7 期。

| 第三章 |

走入"客场": 媒体融合初体验（3G 时代）

界面编发文字、图片、视频、音频、网络稿件的发稿系统。

在这个过程中，全媒体技术平台在新闻编辑部更多承担的是内容资源整合的作用，打通了过去主流媒体集团内部子报内容之间彼此分割、互不打通的现状，变子报个体生产为集团集体生产，所有全媒体里面的待编稿库都是开放的。根据时任宁波日报报业集团副总编辑、全媒体数字技术平台负责人赵晓亮的说法，全媒体数字技术平台是内容的生产基地。

> 不管是文字、图片、音频还是视频，出来最先进入待编稿库。任何记者、编辑都可以在这里提取这些信息，根据不同媒体的需求进行编辑和最终的发布。也就是说，把平面媒体与新媒体、网络媒体的视音频技术、图文字技术一并打通了，在任何一个岗位、任何一个部门都可以通用。不管你是户外大屏幕报也好，手机报也好，平面媒体也好，都可以从待编稿库提取进行加工处理，然后回传到成品库，通过各种媒体直接发布。不需要再经过任何返检和重新编排。①

更重要的是，全媒体技术平台的建设改变了 2G 时代报纸和数字媒体形态之间的先后关系。全媒体的融合性、系

---

① 《宁波日报报业集团数字报业技术平台项目发布会（文字实录）》，中国宁波网，2009 年 6 月 12 日，http：//zt.cnnb.com.cn/system/2009/06/12/006133586.shtml。

统性与开放性实现了不同形式和功能的媒体相互融合、互动的趋势，全媒体采编作为一种系统有序的生产方式，强调了对各种信息资源的统一发布，向着"所有人对所有人"的方向。在这个过程中，网站和手机报是最大的受益者，因为依托全媒体技术平台，集团所有的稿件和内容都对网站和手机报全面开放，优先保障新媒体的使用。只有这样，才意味着传统媒体与新媒体之间真正实现了一体化的融合发展。

（二）资源配置：协调性的新闻生产

报网一体下的新闻生产同时也意味着资源调配才能适应全媒体下的复合生产。在资源调配的过程中，普遍的做法是组建具有新闻指挥作用和协调资源作用的全媒体部门。作为一个全新的采编部门，全媒体中心既可以平行于其他部门存在，也可以享有特殊的职权。

2009年，《人民日报》在资源整合和报网互动上迈出了关键一步，组建新闻协调部专门应对重大突发事件，统筹全社的新闻报道，实现新闻资源的整合和共享，是一种具有沟通职能的"总中枢"。

> 新闻协调部是属于采编板块，原来是在总编室下面设置了一个新闻协调组，日常工作是和中宣部保持联系，统计数据、策划大型报道，都是由新闻协调部来安排。所谓的"协调"，可以理解为上传下达，内部

## 第三章

走入"客场":媒体融合初体验(3G时代)

打通报社版面之间的关系。比如可能策划一个选题,调动一下政文部或者经社部一起来做,不再是每个部门单独做选题,而是跨部门或跨若干个部门来做。①

另外在地方主流媒体内部更普遍的是作为一种享有特殊职权的枢纽。例如烟台日报传媒集团组建成立的全媒体新闻中心,不完全作为一种平行的采编部门存在,因为其融合了《烟台日报》《烟台晚报》《今晨6点》三张同一级别的主要报纸,下设总编室、采访部门、数据信息部。总编室负责新闻指挥作用和与子媒体之间的协调,采访部门负责日常采访,数据信息部负责稿件标引、前期资料整理和多媒体素材的编辑整理。同时,在全媒体新闻中心下设立了全新的虚拟组织YMG特别工厂,在突发或重大新闻事件发生时,全媒体中心临时抽调各形态媒体人员进行联动报道,因事而设、事毕即散。之所以说其享有特殊职权,在于稿件的分配。根据时任社长郑强的说法:

> 新闻中心和各媒体之间的稿件分两条线,一是特约稿件,设定保护期,为特定媒体专供,保护期内其他媒体无法看到;二是待编稿件,除特约稿件外的所有稿件进入待编稿件库,纸质报、手机报、电子纸移动报、网站、公共视屏等媒体编辑部各取所需进行

---

① 见本书附录一访谈对象素描F2。

**从2G到5G**
技术驱动下的中国传媒业变革

"深加工"。①

与之类似,南都全媒体信息集成中心作为信息的聚合地,连接了信息采集和资源分配,按照时任南方报业传媒集团社委、南方都市报总编辑曹轲等人的说法,该全媒体信息集成中心是"中枢神经"。

> 它连接的一端是信息采集,所有外面进来的信息资源都必须通过这个平台;另一端是各媒体/栏目/产品/终端或者是各种资源需求,所有需求都必须通过这个中枢神经传达下去,全媒体信息集成中心有权合并或拒绝或满足需求并调配相应的信息资源。②

在资源调配下进行的全媒体生产,较2G时代最大的变化是将其重点从传统的纸质媒介转移到网站和手机,或者至少是平行状态,新媒体上的内容不再简单是从报纸搬运到网站上,网站和手机成为最大的受益者。在这种变化下,新闻编辑部里的一线采编人员也发生了角色定位变化。

(三)角色定位:复合型记者与全能记者

协调性的新闻生产意味着新闻生产的环节不再是根据流程划分,而是根据内容的丰富程度划分。在全媒体运作模式下,记者采写的内容只是初级的新闻产品,后期需要

---

① 郑强:《从传统报业到全媒体的探索之路》,《传媒》2008年第10期。
② 曹轲等:《南都全媒体集群构想》,《青年记者》2010年第19期。

| 第三章 |
走入"客场"：媒体融合初体验（3G 时代）

重新排列、深度组合才能进行进一步的传播。这也意味着记者和编辑要在专业化的基础上走向复合型人才的道路。

首先是观念的变化，新闻采集与写作要充分考虑媒介形态。例如烟台日报报业集团认为，全能记者要充分意识到新闻采集的目的性。

> 融合，首先要从新闻采集的起点开始。不是说我们认为把他们合到一起打通整个流程就可以了，我们员工的观念要转变，也就是我们的记者在策划和奔向新闻现场的时候，就要考虑到你要采集的内容，手机报、网站、视频、报纸都应该如何发布的问题。从一开始走向新闻现场的时候，就应该考虑这个问题。①

其次是采访武器的全能化，采访武器包括笔记本电脑、无线上网卡、照相机、智能手机等，充分适应移动传播的特性。例如宁波日报报业集团在 2009 年成立全国首支全媒体记者队伍，成员包括策划、主持人、记者、技术人员等，并且为首批 15 名记者配备视音频采集设备（高清摄像机、数码相机、录音笔）和笔记本电脑，实行 24 * 7 的信息发布模式，负责为集团各媒体提供以视频报道为主的多媒体

---

① 《宁波日报报业集团数字报业技术平台项目发布会（文字实录）》，中国宁波网，2009 年 6 月 12 日，http://zt.cnnb.com.cn/system/2009/06/12/006133586.shtml。

新闻信息。①

最后是采编内容与社会网络之间的有机结合。在全媒体战略下，主流媒体依然将内容作为自己最大的优势，这种优势不再是从舆论引导的单一维度认识，而是将新闻内容转化成为具有黏性的网络资源。《广州日报》在2G时代就已经建立了大洋网这一新闻门户网站，3G时代重视信息经营和社会联动。

> 除了原来熟悉的新闻类整合、把看新闻的点击率提高以外，最要做的是专刊的整合。在《广州日报》来说，我们的专刊汽车版，已经形成了固定的车友俱乐部，这是一个非常好的社会资源。现在我们考虑的是怎么样把纸媒的读者资源和广告资源带给大洋网，将其一起开拓成大洋网的资源，因此在网络采编的整合中，把专刊部的编辑给吸引过来，做了很多的工作。②

虽然全媒体战略对记者提出了更高的要求，希望复合型记者能够产出更多适应新媒体形态的高质量内容，但是

---

① 田勇：《全媒体运营：报业转型的选择——宁波日报报业集团的全媒体实践》，《新闻与写作》2009年第7期。
② 《宁波日报报业集团数字报业技术平台项目发布会（文字实录）》，中国宁波网，2009年6月12日，http://zt.cnnb.com.cn/system/2009/06/12/006133586.shtml。

这种要求并不现实。从全媒体中心的形态来看，集团办报虽然能够将子报资源进行整合，但是也降低了子报之间的竞争，影响内容的丰富程度。事实上，全媒体技术平台产生的新闻同质化内容较为严重，不仅没有强化主流媒体的内容优势，反而消解了主流媒体的品牌。同时，复合型记者甚至"全能记者"的提出在一定程度上是建立在节约人力成本的基础上，这意味着在重大主题报道和突发新闻中，全能记者需要一人承担多项职责，尤其是视频技术尚未降低门槛的3G时代，反而在一定程度上牺牲了报道的专业性，使全媒体新闻产品变得粗糙化。

**（四）组织氛围：价值创造与压力传导**

全媒体战略下，面对新媒体的压力和用户群体的转移，主流媒体的新闻创新目的是在全新的传播格局中探索可盈利的业务模式，延续主流媒体的新闻品牌，并在内容生产之余拓展内容营销，实现主流媒体的可持续发展。在这个过程中，无论是技术平台还是内容生产，都需要在一个流畅的产业链上各自发挥应有的价值，才能实现最少成本的最大盈利。

3G时代主流媒体的价值创造还是以内容生产为主，即在网站、手机等新媒体上通过提升新闻内容的凝聚力来提升点击量，挽回传统媒体下滑的广告收入。在这个过程中，全媒体战略所提供的思路是节约内容生产的成本，通过复合媒体形态的传播获取增值收益。从这个角度来说，全媒体战略的价值创造采取的是一种推式战略,① 把自身内容尽可能向外推销。在这个一次开发、多次生成、多次售卖的模式里,价值创造的压力传导到一线采编人员身上,具体表现在采编人员的裁员以及资金投入的转移。例如烟台日报传媒集团将人工成本降低获取的资金投入技术平台的基础设施建设,记者从90多名减为70多名,同时通过薪酬改革和人力资源管理变革的方式,建立采编和经营之间的利益传导机制,以年终绩效为指挥棒实现渐进式的引导。与之类似,《南方都市报》作为南方报业集团践行全媒体战略的榜样,也是通过倒逼机制的方式,让全体员工不得不参与全媒体培训,从而适应新的生产流程。

由此可见,全媒体战略下的价值创造还是一种较为粗放式的结构,全媒体技术平台所塑造的是一种低水平分工的组织结构②,尚未达到对接产业价值链的细分程度。同时,集团内部资源整合还会带来媒体利益关系的矛盾,影响全媒体运作的成败。

## 二 "客场"创新:社交媒体国家队——以《人民日报》法人微博为例

2011年是政务微博元年。此前诸多网络舆情事件使政

---

① 谷虹:《全媒体转型必须以平台化再造为核心》,《媒体时代》 2012 年第 4 期。
② 新华社新闻研究所课题组、 刘光牛: 《中国传媒全媒体发展研究报告》,《科技传播》 2010 年第 4 期。

## 第三章
走入"客场":媒体融合初体验(3G时代)

府的公信力陷入"塔西佗陷阱"。为了回应网民质疑、修复并提振政府公信力,2011年6月,中共中央办公厅、国务院办公厅印发《关于深化政务公开加强政务服务的意见》,提出要"抓好重大突发事件和群众关注热点问题的公开,客观公布事件进展、政府举措、公众防范措施和调查处理结果,及时回应社会关切,正确引导社会舆论"的要求。①

根据人民网舆情监测室自2011年起发布的新浪政务微博报告,政务微博的发展在2011—2013年的三年间经历了试水期、发展期、常态运营期三个阶段,政务微博总数也从2010年10月底的552个猛增到2013年6月的79372个。主流媒体也在此时达到社交媒体注册量的高峰。喻国明教授团队发布的《2012—2013年媒体官方微博发展报告》显示,截至2013年7月1日,新浪微博媒体机构账号已有2万个左右,粉丝数达到2.21亿人;腾讯微博媒体账号总数增长到2.6万个,这些媒体账号覆盖了全国所有的省级行政区域。②

主流媒体官方微博的运营具有标志性意义,因为主流媒体从自己建设的网站、手机报主场走到了互联网平台的客场,亲自接触网络主体人群。这对于主流媒体来说是一

---

① 《中共中央办公厅 国务院办公厅印发〈关于深化政务公开加强政务服务的意见〉的通知》,中华人民共和国中央人民政府网,2011年6月8日,http://www.gov.cn/govweb/gongbao/content/2011/content_1927031.htm。
② 喻国明:《2012—2013年媒体官方微博发展报告》,《新闻与写作》2013年第12期。

129

种压力下的创新，因为进驻客场是对主流媒体公共属性的检验，网民的评论、转发、关注都代表了各自的态度。同时，运营微博意味着主流媒体要适应社交媒体平台的游戏规则，从形式、语态等多种维度进行创新。

## （一）占领舆论阵地

2012年7月21日，《人民日报》在北京暴雨这一突发事件中正式开通法人微博，希望通过占领社交媒体的方式实现主流媒体传播效果的主流扩散。事实上，《人民日报》官微的推出比原定计划早了4天。

推动《人民日报》建立官方微博的，主要是来自人民日报社内部关于话语权的讨论。时任社长张研农表示，在一次社内记者培训会上，一位年轻编辑将《人民日报》的发行量和"微博女王"姚晨的粉丝数做了一个对比：《人民日报》当时的发行量是280多万份，可和当时拥有1955万粉丝的"微博女王"姚晨相比，这一数字仍然较少——姚晨每一次发言的受众，即便不算微博"转发"后的间接传播，比《人民日报》发行量多出近6倍。① 也正是这样的冲击，让《人民日报》决定要主动出击，不能将微博这个阵地拱手相让。

《人民日报》的微博运营室是2009年新成立的新闻协

---

① 文摘报：《人民日报官方微博诞生始末》，光明网，2012年8月18日，http://epaper.gmw.cn/wzb/html/2012-08/18/nw.D110000wzb_20120818_1-01.htm。

调部下属科室，正处级单位拥有 8 个正式编制，初期由新闻协调部、总编室各抽调两人外加临时借调两人组成团队，除了领导是"70 后"，其余运营人员均是"80 后"，便于深入研究网络主体人群的语言习惯、心理特点和内容偏好。

（二）新闻立博，观点强博

在社交媒体上，140 字的篇幅、网民的情感认同逻辑意味着主流媒体要适应碎片化的传播形态，在短小精悍的篇幅下充分体现主流媒体专业的报道能力以及综合考量公众诉求和社会稳定发展，真正做到"参与、沟通、记录时代"的八字使命。

与其他主流媒体官方微博的运营不同，《人民日报》官微与主报之间的风格有着鲜明的差异。作为中央权威媒体的官微，《人民日报》官微不仅没有蹑手蹑脚，相反对于社会热点事件及时跟进、犀利点评，以新闻立博，以观点强博，不仅调动各地分社记者第一时间跟进热点新闻事件，还充分发挥《人民日报》以评论见长的优势，主打"你好，明天""微评论""中国好声音"等固定栏目，观点鲜明地进行表态，即时介入舆情事件，主导议程走向。

2012 年 8 月，湖南永州"唐慧案"引发网络舆论高度关注。8 月 2 日晚，唐慧代理律师甘元川在新浪微博中爆料，称"永州 11 岁幼女被逼卖淫案"受害人的母亲唐慧因连续上访被永州市公安局零陵分局扣留，并处于失联状态。两天内"唐慧案"更多细节被披露，尤其是唐慧本人因上

**| 从2G到5G |**
技术驱动下的中国传媒业变革

访被劳教一年半和永州公安局的不当回应，引发巨大的舆论热议。

8月4日，以"童话大王"@郑渊洁为代表的微博意见领袖，在微博上公开呼吁释放唐慧。一天后，《人民日报》官微在8月5日23时56分在"【你好，明天】"的晚安帖中，对"唐慧案"公开表态："专家最近宣布，经三级指标体系测评，民族复兴任务已完成62%。然而，当湖南永州遭强暴幼女的母亲因上访被劳教的新闻传出，这一数字显得如此苍白。一个国家的强大，不应只有GDP和奥运金牌，复杂的数理模型中，更应包含百姓的权利与尊严、社会的公平与正义。我们共同努力。晚安。"（@人民日报，2012-08-05，23：56），进一步将舆论引向高潮。

据本研究统计，自8月5日晚间至8月11日唐慧回家，《人民日报》共发布14条微博，其中立场鲜明的"你好，明天"和"微评论"受微博网友认可度最高，转发量均在万次以上。《人民日报》官微主动介入"唐慧案"受到网民的高度认可，一天之内该微博转发量超过10万次，同时诸多微博意见领袖（如潘石屹、孟非等）也是在这条微博发出后才关注《人民日报》微博。虽然"唐慧案"发生时正值2012年伦敦奥运会，但是《人民日报》并未放弃对"唐慧案"的追踪，并继续通过组织"微访谈"、独家发布事件进展、配发微评论的形式，引导舆论关注湖南省政法委调查组的司法程序，使舆情走向趋于好转。可以说这也是主

# 第三章
走入"客场":媒体融合初体验(3G时代)

流媒体重塑话语权的一种有力体现。截至 2013 年 10 月底,《人民日报》官方微博拥有 1100 万粉丝,累计被@ 2700 万次。①

表3-3 人民日报官方微博在"唐慧案"中的表现(2012.08.05-08.11)

| 发布时间 | 具体形式 | 核心内容 | 转发量(次) |
| --- | --- | --- | --- |
| 2012.08.05 23:56 | 微评论 | 【你好,明天】第一次提及"唐慧案",并肯定"唐慧案"背后所包含的是百姓的权利与尊严、社会的公平与正义,也是国家强大仍需努力的方向 | 117304 |
| 2012.08.06 13:12 | 微访谈 | 【微访谈:人民网舆情监测室邀请唐慧辩护律师@ 胡益华律师、@ 御史在途 陆群与@ 十年砍柴 共同探讨】由人民网舆情监测室邀请几位微博网友共同探讨"唐慧案",将普通网民纳入媒体议程 | 1059 |
| 2012.08.06 15:55 | 新闻发布 | 新闻实时报道,披露湖南省政法委已经成立调查组赴永州调查"唐慧案" | 13941 |
| 2012.08.06 23:59 | 微评论 | 配发评论,肯定网民高度关注"唐慧案"是捍卫法治、护卫真相、守卫正义的"正能量" | 13226 |
| 2012.08.08 13:10 | 新闻发布 | 第一时间公布湖南劳教所手里对唐慧教养案的复议 | 1745 |

---

① 人民网舆情监测室:《2013 年中国互联网舆情分析报告》,载李培林等主编《2014 年中国社会形势分析与预测》,社会科学文献出版社 2013 年版,第 215—238 页。

133

续表

| 发布时间 | 具体形式 | 核心内容 | 转发量（次） |
| --- | --- | --- | --- |
| 2012.08.08 23：56 | 微评论 | 【你好，明天】以评论形式结合另一热点舆情事件"赵登用事件"，提醒各地执政者要秉持司法公正，树立政府公信 | 5682 |
| 2012.08.10 07：49 | 新闻发布 | 第一时间发布唐慧案被依法撤销的消息 | 2612 |
| 2012.08.10 07：55 | 新闻发布 | 第一时间发布湖南省政法委联合调查组对永州公安民警进行调查的消息 | 5697 |
| 2012.08.10 08：43 | 新闻发布 | 第一时间发布唐慧将被释放的消息 | 2202 |
| 2012.08.10 08：58 | 微评论 | 以"唐慧案"警示呼吁各级政府推动法治政府建设 | 7444 |
| 2012.08.10 23：54 | 微评论 | 【你好，明天】评论认为"唐慧案"意义远大于奥运金牌，要以此为起点重塑法治信仰与程序正义 | 12669 |
| 2012.08.11 13：29 | 微评论 | 系统性总结"唐慧案"舆情走向及所带来的启示，强调只有法治，才能"根治" | 1401 |
| 2012.08.11 15：58 | 转发+微评论 | "让法制正能量走向良性循环，让法治惠及每一位公民，这是我们每一个人的心愿" | 285 |
| 2012.08.11 23：41 | 微评论 | 【你好，明天】最后一次提及"唐慧案"，并称公民有尊严，国家才有尊严 | 1962 |

资料来源：笔者根据《人民日报》官方微博的概括整理。

## 第三节 深入群众的"走、转、改"基层报道

为了进一步打通"两个舆论场",主流媒体不仅在新媒体发力,还在中宣部的路径引导下开展"走基层、转作风、改文风"运动,扩大基层报道的比重。"走、转、改"是党和国家在新的历史起点上,对主流媒体提出的新要求,要在媒体格局变化的客观条件下,深入基层、深入群众,了解改革建设的关节点、抓住广大群众的关注点、把握服务人民的着力点。[①] 从长远意义来看,"走、转、改"的终极目标是希望重新建立并增强主流媒体与底层群体之间的联系,底层群体恰恰也是3G时代网络舆论场中各意见领袖争取的主要用户群。只有获得了底层群体的认可,主流媒体才能重执话语权。

### 一 全体动员:被强调的"基层报道"

为了深入落实"走、转、改",由《人民日报》、新华社、中央电视台、《光明日报》、《经济日报》等中央主要新闻单位牵头,各地方新闻单位积极响应,通过建立基层联

---

[①] 《刘云山在新闻战线开展"走基层、转作风、改文风"活动视频动员会议上的讲话》,载钱莲生主编《中国新闻年鉴(2012)》,中国新闻年鉴社2012年版,第21—23页。

系点、组织编辑记者蹲点调研的方式,深入了解国情、社情、民情,增进新闻业界与底层群体的感情。《中国新闻年鉴(2012)》"中国新闻界'走转改'"专辑内容显示,据不完全统计,截至2011年底,中央主要新闻单位建立联系点1000多个,中央主要新闻单位编辑记者赴基层采访人数均在百人以上。①

在"走、转、改"的过程中,中央及地方主要媒体将民生新闻作为主要突破口,对国家和地区发展不平衡的实际状况予以反映,同时在报纸、电视辟出专栏,刊发大量基层报道。《人民日报》时任副总编辑称,"走、转、改"三个月里,《人民日报》在全国31个省区市建立170多个基层联系点,300多位记者深入基层,采写了500多篇稿件,每天平均一个版以上的篇幅刊登"走、转、改"稿件,已有21次刊发在一版头条位置,创造了《人民日报》重大主题、重大活动报道的历史纪录;② 新华社在2011年底深入全国各地县、乡、镇、村建立基层联系点600余个,已有500多人次参加了蹲点采访,其设立的"走基层听民声"专栏供播发文字、图片、视频稿件2500条

---

① 中宣部新闻局资料中心:《中国新闻界"走基层、转作风、改文风"活动综述》,载钱莲生主编《中国新闻年鉴(2012)》,中国新闻年鉴社2012年版,第234页。

② 谢国明:《提升报纸传播力、影响力、公信力的时代路径》,载钱莲生主编《中国新闻年鉴(2012)》,中国新闻年鉴社2012年版,第244页。

第三章
走入"客场":媒体融合初体验(3G时代)

(张),并在网络、报刊等社办媒体终端设立专栏。①

图3-5 《人民日报》头版中的"走、转、改"报道(2011.08.22)
注:图片源自《人民日报》官网数据库。

---

① 周树春:《坚定"人民至上"理念 弘扬伟大时代精神》,载钱莲生主编《中国新闻年鉴(2012)》,中国新闻年鉴社2012年版,第245页。

137

### 从2G到5G
#### 技术驱动下的中国传媒业变革

"走、转、改"中被广泛强调的是"基层"这个概念，主流媒体认为深入基层是面对"人人都有麦克风"挑战的必然选择，因为新媒体虽然传播速度快，但是无法靠内容取胜，只要充分用好基层这一新闻富矿，就可以变被动为主动。时任《人民日报》经济社会部农村采访室副主编赵永平将"走、转、改"视为增强新闻核心竞争力的重要举措。

> 因为我们正处于"人人都有麦克风"的时代，你不说、晚说或说不到位，就可能被边缘、被淘汰；因为我们正迎来矛盾交织的时代，许多热点问题绕不开、躲不过，你不深入研究，切不中要害，就会渐渐丧失权威、丧失影响力；因为我们从事的农村报道，天然来自田间地头，你不去"接地气"，两眼一抹黑，报道哪来生命力？①

以人民日报社的"走、转、改"为例，强调行动自觉、广泛参与，社长以降所有编委成员、部门主任要带头鼓励编辑记者踊跃参加。在这种氛围下，新闻编辑部强调新闻采写的"现场感"，将新闻工作与社会实践广泛结合起来。为此，《人民日报》的"走、转、改"系列报道在专栏命名

---

① 刘晓鹏等：《来自人民 植根人民 服务人民（走基层·转作风·改文风）——人民日报社采编人员谈"走基层、转作风、改文风"》，《人民日报》2011年8月23日第5版。

| 第三章 |

走入"客场":媒体融合初体验(3G 时代)

上突出深入群众、融入群众,设置了"蹲点调研""一线见闻""倾听""凡人新事""调查与思考""探访熟悉的陌生人"等栏目,强调记者的现场体验和深入调研,突出新闻报道来自人民、根植人民、服务人民。

去年,编委会直接部署,报社组织了多路记者,到我国几个集中连片的重点扶贫地区采访,到最艰苦、最贫困的地方,进村入户和农民促膝谈心,了解国家扶贫政策的成效和当地推动发展的思路。①

为了体现新闻报道的"泥土气",在《人民日报》刊发的"走转改"系列文章在标题制作上都突出了群众的主体性,在写作上以场景还原为主。例如"蹲点调研"栏目的《一个村民组长的酸甜苦辣》,是记者走进河北村体验村民小组长全福成从 2011 年 8 月 20 日凌晨 5 点 30 分到 21 日下午记者离开的生活;"一线见闻"栏目的《小村听会》记录了河北青县金牛镇小鹁鸽留村落实新修建的环村路环境整治和后续管理问题;"凡人新事"栏目《"我们还会指下去"》记录了颐和园东门外义务指路队队员。这种基层报道在主流媒体的突破是将非典型的群众形象、群众生活反映在报纸的版面上。为了鼓励这种形式,报社内部建立了

---

① 刘晓鹏等:《来自人民 植根人民 服务人民(走基层·转作风·改文风)——人民日报社采编人员谈"走基层、转作风、改文风"》,《人民日报》2011 年 8 月 23 日第5 版。

系列制度，保障分期分批下基层，并将"走基层、转作风、改文风"活动成果纳入考核指标。与此同时，这种动员还体现在新媒体渠道的协调上，例如2013年1月14日刊发的"一线调查"稿件《"不遵守公共秩序"是最大公德问题》，运用《人民日报》法人微博在网友中发起"你认为自己周围最大的社会公德问题是什么"的在线调查，并成功吸引6285人投票。

## 二 正面宣传与反映民意的张力

有一点不能忽视的是，在"走、转、改"的基层报道中，正面宣传的基调重于反映民意，通过展现现实场景、详细描写现场氛围的方式吸引受众关注，在这种报道方式下，"走、转、改"的新闻作品以一种浅层次、表面化的取代披露事件真相。导致的结果是"走、转、改"让基层报道范式在新时期国家主义建构中发生了悄然变化，新闻生产通过一定的书写策略，将基层植入了话语的中心，但是由于背后附加着强烈的政策导向，基层与国家意识形态之间的联系也变得更为深重。①

根据新华社新闻研究所课题组的分析，"走、转、改"的现实动因是新历史时期下西方国家思想渗透和传播格局调整下意识形态领域形势复杂化的举措，因此亟须提升新

---

① 邵培仁、王昀：《基层：再现与终结的底层映像——"走转改"新闻实践中的基层报道》，《新闻大学》2015年第4期。

## 第三章
走入"客场": 媒体融合初体验 (3G 时代)

闻队伍的政治敏感性和宗旨意识,在这个过程中大局意识和责任意识是写作中普遍强调的。因此在"走、转、改"系列报道中,除了社会调研类的报道符合新闻报道一以贯之的反映民意、揭露社会现实问题之外,其余体验式的基层报道都有同样的模式。如表 3-4 所示,记者作为新闻的记录者在 500 字左右的篇幅中起到引导作用,突出记者"走基层"体验群众生活的真实性,在内容落点上与主题报道、典型报道较为一致,从人民群众的微观生活中指向中国发展进步的历史进程,突出的是主流媒体服务党和政府工作大局的责任意识。在这种方式下,基层被融为主题宣传的一部分,是政治意涵下的基层,而非社会意涵下的基层。

因此,"走、转、改"作为一种具有明显政治意义的基层报道活动,相关报道大多建立在单一信源的"讲故事"层面,思想深度缺乏、社会矛盾呈现力度不够,无法有效回应热点和难点。从报道质量和报道刊发版面来看,虽然中央及地方主流媒体辟出重要版面、重要时段给"走、转、改"系列报道,但刻意突出强化了政治色彩。从某种意义上来说,"走、转、改"离凝聚底层群体仍然有距离。"走、转、改"虽然强调联系群众,但从媒介实践的方式和效果来说,是存在偏差的。

表3-4 《人民日报》部分"走、转、改"系列体验式基层报道分析

| 日期 | 栏目 | 标题 | 报道中的记者 | 报道中心思想 |
|---|---|---|---|---|
| 2011.8.22 | 蹲点调研 | 一个村民组长的酸甜苦辣 | 记者走进河北村,体验村民小组长的酸甜苦辣 | 充分关注村民小组长的工作与生存状态,关注他们的所需所盼,这不仅是新形势下夯实农村基层工作的基础,也是推进社会主义新农村建设的现实需要 |
| 2011.8.22 | 一线见闻 | 小村听会 | 记者未出现 | 做实村民代表会议,是青县探索建立的农村民主治理新机制 |
| 2011.8.22 | 一线见闻 | 平谷大桃上山来 | 近日记者行走平谷…… | 村里民俗旅游产业的发展,得益于平谷大桃上了山 |
| 2011.8.22 | 倾听 | 吃葡萄不忘引来清泉的人 | 记者未出现 | 倾听72岁老党员马木提·买买提讲述身边发生的点滴变化和对党的感恩之情 |
| 2011.8.23 | 一线见闻 | 门合庆嘎查:蒙汉抱团一家亲 | 记者在内蒙古伊金霍洛旗(村)看到门合庆嘎查…… | 现在大家都说,有了党和政府的关心和扶持,我们发展的劲头更足了 |
| 2011.8.31 | 凡人新事 | "我们还会挺下去" | 记者未出现 | 感受来自普通个体的温度和力量 |
| 2011.9.2 | 听民声 | 盼当一位现代新农民 | 记者未出现 | 现在"三农"政策好,只要动脑筋、多努力,在农村同样有出息 |

142

# 第三章
走入"客场":媒体融合初体验(3G时代)

续表

| 日期 | 栏目 | 标题 | 报道中的记者 | 报道中心思想 |
|---|---|---|---|---|
| 2011.9.2 | 体验·基层一日 | 上岸定居上楼安居 | 我前后几次跟踪采访过闽东主要聚居区。12年后,再度来此,变化大得让我不敢相信 | 连家船人的经历浓缩着我们社会发展变迁的历程。也许有一天,"连家船民"这个词会变成历史,但他们的故事却凝载着当代中国民生发展史上的一段传奇 |
| 2011.9.8 | 蹲点调研 | 彭官样的3个工作日 | 连续3天的近距离接触,让我们对彭官样的这份成绩单有了别样体会 | 希望社会合理解解器官捐协调人的工作 |
| 2011.9.13 | 凡人新事 | 这个行业大有前景 | 我们陪着小郑到了六一路那户人家 | 有了肯吃苦、肯拼命的精神,知识武装起来的头脑,成功,对于当下的年轻人来说,也许不难,也不遥远 |
| 2011.11.14 | 调查与思考 | 探寻科学发展的"贵州经验" | 中共贵州省委政策研究室和人民日报理论部共同主办发展思想与毕节试验区理论研讨会 | 探寻科学发展之路的精神和理念、举措和经验 |
| 2011.11.29 | 调查与思考 | 探寻机关党建走在前头的"广州经验" | 本报理论部记者走进广东省直机关基层党组织,切身感受广东省直机关党建工作的生动景象 | 机关党建作为党的建设的重要组成部分,只有坚持与时俱进,努力把握机关党建的特点和规律,通过创新不断提高科学化水平,才能上水平、见实效 |

143

| 从2G到5G |
技术驱动下的中国传媒业变革

续表

| 日期 | 栏目 | 标题 | 报道中的记者 | 报道中心思想 |
|---|---|---|---|---|
| 2012.1.4 | 一线见闻 | 部长同我们一起"走转改" | 福建省委常委、宣传部长袁荣祥带领编辑记者先后走访…… | 探寻"为了谁、依靠谁、我是谁"的真实答案 |

资料来源：人民日报官网数据库。

| 第三章 |
走入"客场":媒体融合初体验(3G时代)

## 本章小结

  3G时代的新闻创新是一种徘徊不定的创新。主流媒体创新的根本动力源自以微博为典型代表的社交媒体放大了底层群体这一网络主体人群的利益诉求,在这个过程中主流媒体因为失语症候逐渐丧失了网络舆论场的议程设置权,话语权受到严重挑战,受众流失日益严重。在这个背景下,主流媒体的新闻创新不再固执地将"内容为王"视作自己能够赢得新媒体的重要资本,相反不断适应移动互联网背景下用户的消费习惯。无论是全媒体战略的落实还是进驻微博平台与网民直接联系,背后都体现了主流媒体试图不断适应技术驱动下新媒介形态的社会需求变化。因为只有掌握了社会需求变化,才有可能重新争取主流媒体在传播格局中的主导地位。

  在这个过程中,全媒体战略作为指导新闻编辑部生产的重要战略,延续了2G时代数字报业的发展路径,并以打造采编数字技术平台的方式实现了同一集团媒体之间的内容整合,从跨媒体走向复合媒体,并将传播的中心从传统的报纸介质转移到网站、手机等新媒体形态中来。为了适应这一战略,新闻编辑部内的技术作用、资源配置、角色定位和组织氛围都产生了变化,技术上实现了报网一体,但在价值创造上由于同时受到技术升级和经营成本的压力，新闻创新成为一种倒逼记者全能转型的实践，不仅在执行上存在现实困难，也造成了新闻同质化的后果。从这个角度来说，组织层面的融合需求和编辑记者层面的融合能力产生错位，并且两者之间缺少合理的传导机制，使得全媒体战略下的媒介融合只是一种策略性的反应。①

相较全媒体战略的不足，3G时代主流媒体的重要突破是走向互联网公共平台的客场，放下身段在微博中与意见领袖、普通网民进行平等沟通，尤其是《人民日报》的法人微博充分发挥了中央主流媒体的话语空间和长期积累的评论优势，践行了新闻立博、观点强博的创新路径。虽然就微博表达来看，主流媒体似乎已经领悟了网众传播模式对其传播权力的消解，以一种平等的姿态与社交媒体上的个人、群体交流。但从线下践行群众路线的"走、转、改"系列活动和相关报道中，主流媒体的新闻报道并没有通过基层体验和深度调研将转型中国社会背景中的各类矛盾及时呈现，从这个角度来说，虽然成立微博和"走、转、改"都把打通两个舆论场作为目标，但话语方式的偏差也在一定程度上影响了主流媒体的整体形象。

从3G时代的新闻创新来看，仅仅依靠主流媒体自身的力量，无法有效应对技术挑战，徘徊不定的新闻创新关键

---

① 尹连根、刘晓燕：《"姿态性融合"：中国报业转型的实证研究》，《新闻与传播研究》2013年第2期。

在于思想解放不足,且不具有整体性。主流媒体面对社交媒体及其负载的公众力量,依然处于信息传播格局的弱势地位,网络舆论工作并未因主流媒体的主客场创新实现质的提升。

第四章

# 整体转型：媒体融合战略下的新闻创新突围（4G时代）

4G时代主流媒体在"媒体融合"战略下全面转型,以新闻客户端为核心,实现采编与管理的革新。一是专业化管理取代行政化,激活采编潜力;二是技术人员角色提升,不同媒体各自探索技术与新闻融合之路;三是重视用户,建立PUGC格局,吸引社会化力量至新闻客户端,增强影响力。

| **第四章** |

整体转型：媒体融合战略下的新闻创新突围（4G 时代）

2013 年 8 月 19 日，习近平总书记在全国宣传思想工作会议上就已经提到了关于媒体融合的想法与概念，强调"要把网上舆论工作作为宣传思想工作的重中之重来抓。宣传思想工作是做人的工作的，人在哪儿重点就应该在哪儿"。[①] 从"走、转、改"开始，国家和主流媒体已经产生了一定的意识，即他们的话语方式在一定程度上不适应网络主体人群，希望能够通过恢复传统的群体路线，再次重塑社会公信力。但从 3G 时代的新闻创新实践来看，主流媒体自发的"全媒体"创新无法应对社交媒体所带来的社会组织方式、话语形式和网络行为模式的深刻改变。与此同时，作为国家政治体制的一部分，主流媒体自发的媒体融合缺乏整体性，不仅不能应对新媒体带来的公众政治参与提升，也无法在第一时间适应新媒体的语态进行社会沟通。

本章聚焦 4G 时代视频化、算法和人工智能对网络人群及传媒市场的影响，突出"移动优先"的必要性。同时中

---

① 中共中央文献研究室编：《习近平关于全面深化改革论述摘编》，中央文献出版社 2014 年版。

间阶层作为"净网行动"后新崛起的行动者,其创办的各类自媒体成为主流媒体的竞争对象之一,并且以理性表达和社群利益为代表的模式使3G时代较为无序的泛社会化生产转向趋于专业化的社会化生产,成为网络社会的关键传播节点,在网络舆论场发挥着重要的作用。更关键的是,自媒体背后不仅是单纯的个人力量、社群力量,算法技术和资本力量的双重加持让"流量为王"成为决定内容质量的标准。在传媒市场的剧烈变化下,技术驱动下传媒业所遭遇的挑战是事关全局的,主流媒体要想改变在舆论场的不利局面,应通过技术建设、内容生产、体制保障达到理想的传播效果,把握政策利好和自身特色,把握好争夺意识形态主动权和话语权的机遇。

本章将结合备受学界、业界认可的《人民日报》、新华社、上海报业集团的解放日报·上观新闻、澎湃新闻和华西都市报·封面新闻在媒体融合战略下的新闻创新实践,展现4G时代新闻创新如何以技术为主线,改变传统新闻编辑部的运作方式,并形成了一定的创新特色。

## 第一节 "移动优先"下传媒市场的新行动者

4G时代是网络空间发展的高潮阶段,我们现在所运用最多的技术、口中依然念念不忘的冲击,都是4G时代的产

## 第四章
整体转型：媒体融合战略下的新闻创新突围（4G时代）

物。作为3G技术和WLAN的结合体，4G技术可以保证100Mbps以上的下载速度和20Mbps的上传速度，几乎能够满足所有用户对于无线服务的要求。这种传播速率带来的直接影响，就是视频和手机的结合，让我们切实融入"场景"时代中。视频作为新时代的语言，对我们的媒介使用习惯产生了极大的影响。同时，以算法和人工智能为代表的新技术逐渐走到主体位置，这种技术运用改变了人们观察世界的方式，并带来了信息茧房的问题。在这个过程中，新媒体与主流媒体的关系发生了微妙的改变，具有强烈技术属性的新媒体已经成为主流媒体随时随地需要打交道的前景出现，主流媒体如果不进行根本上的新闻创新，虽然其政治地位在体制保护下能够屹立不倒，但是社会性的传媒市场份额将进一步萎缩。在这种挑战下，主流媒体的新闻创新必须是从观念转变开始，一步步从产品创新到平台创新，以回应技术和资本双重力量加持下的互联网平台公司的新媒体产品。

## 一 移动优先：视频化趋势与算法分发

2013年12月，工信部向三大运营商发放4G牌照，从下行网络带宽速率来看，4G时代的网速是中国移动第三代移动通信网TD-SCDMA的35倍，是中国联通第三代移动通信网WCDMA的14倍。在这种高速度、低延时、流量价格持续走低的背景下，网民的信息消费被不断刺激增长。在这个过程中，手机网民规模的上涨日趋缓慢，进入平台期。

## 从2G到5G
### 技术驱动下的中国传媒业变革

根据《第 43 次中国互联网络发展状况统计报告》数据，2015 年起手机网民占总体网民比例达到 90.1%，这意味着以智能手机为代表的移动终端已成为大众通用媒介。

同时，入网门槛的降低意味着移动通信技术已经基本完成了覆盖广度，要向着覆盖深度跨越。在这个转变过程中，技术与日常生活的结合更为紧密，以此满足手机用户日益增长的信息消费需求，3G 时代移动互联网下的个人主义逻辑也将进一步得到凸显，单个用户的"个性化"需求汇聚起来，构成具有"群体化"特征的新世界。[①]

**（一）视频化：网民的阅读形式需求**

2013 年，国内网络视频观看人数已达到 4.28 亿人，网络视频使用率为 69.3%。[②] 3G 时代，主流媒体意识到内容的重要性，要从单一的报社变为复合媒体形态的报道社，在这个过程中，主流媒体的内容生产也要随时应对技术升级的门槛，从二维文字和图片转向视频生产。

2013 年，用户收看视频的习惯已经基本形成，同时移动端收看视频已成为主流方式。如图 4-1 所示，移动端视频的发展已经开始填补手机网民的碎片化时间。

---

[①] 卢卫、陆希玉：《4G 时代移动互联网的发展趋势》，《电信科学》 2014 年第 5 期。

[②] 中国互联网络信息中心：《2013 年中国网民视频应用研究报告》， 2014 年 6 月 9 日， http://www.cnnic.net.cn/hlwfzyj/hlwxzbg/spbg/201406/P020140609 392906022556.pdf。

| 第四章 |
整体转型：媒体融合战略下的新闻创新突围（4G 时代）

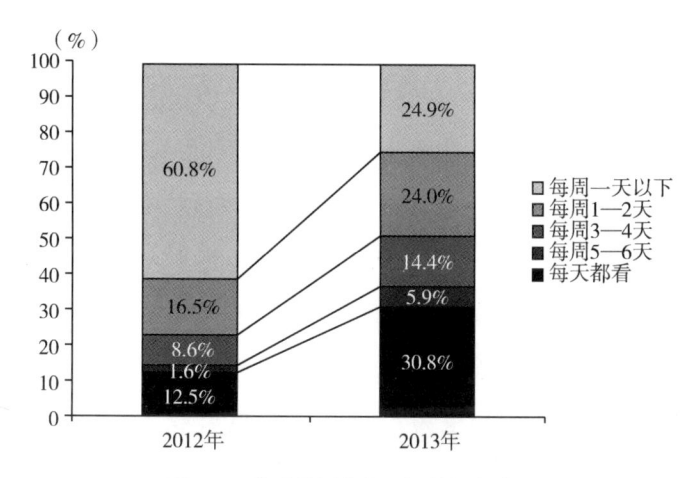

图 4-1　移动端用户收看视频频率对比

资料来源：中国互联网络信息中心：《2013 年中国网民视频应用研究报告》，2014 年 6 月 9 日，http://www.cnnic.net.cn/hlwfzyj/hlwxzbg/spbg/201406/P020140609392906022556.pdf。

网络视频成为主流的媒介内容后，其市场规模也在逐渐扩大，用户的视频使用和付费习惯也有了明显的提升，行业格局趋于稳定，基本确立了由爱奇艺、优酷土豆、腾讯视频行业三强领跑的基本局面，并确立了两大发展特点：其一，用户付费业务明显增长，收入结构更加健康；其二，加强生态布局，构建视频产业生态圈，尤其是成立影视公司，向上游内容制作产业链延伸。[①] 2018 年，网络视频付费用户规模已达 3.47 亿人，内容付费收入目前也占视频网

---

① 中国互联网络信息中心：《第 37 次中国互联网络发展状况统计报告》，2016 年 1 月 22 日，http://www.cnnic.cn/hlwfzyj/hlwxzbg/201601/P0201601224 69130059846.pdf。

| 从2G到5G |

技术驱动下的中国传媒业变革

站总收入的 34.5%。

同时，4G 时代以直播和短视频为代表的视频传播符合网络传播即时（real time）、移动（shifted time）、多媒体（multimedia）和互动（interactive）的四大特点备受人们青睐。2016 年是网络直播元年，大批垂直类的直播 App 进入市场，"网红"成为 4G 时代的关键意见领袖（KOL），得到互联网公司和风投资金的追捧，并形成粉丝文化，不仅带动了"网红经济"，也为"网红"转战自媒体提供了"流量"支持，成为能够影响舆论的重要力量。

2016 年也是短视频元年。这种适合手机移动化场景使用，符合碎片化的阅读场景和人们高效获取信息的习惯，也更加符合新生代的媒介使用偏好，成为新闻发布的主要方式。[①] 抖音、快手、梨视频、头条视频（现为西瓜视频）等短视频 App 先后进入市场，打破了视频拍摄、编辑、浏览、发布的空间限制，"可移动的使用场景"和 10 秒、15 秒、30 秒的时间之短给突发事件的新闻发布提供了新的机遇。

因此从视频化的趋势来看，4G 对主流媒体的直接影响是要进行跨形态的转型，尤其是中国主流媒体行业向来是以报纸、广播电视、杂志介质划分，不同介质各自负责一块产业链，即使是在 3G 全媒体时代，报纸和广播电视

---

[①] 李良荣：《短视频将成为未来新闻发布的主要方式》，《青年记者》2018年第30期。

| 第四章 |
整体转型：媒体融合战略下的新闻创新突围（4G 时代）

也是相对独立分开。但是 4G 时代的视频化意味着以报纸为代表的主流媒体也必须向视频转型，即使不是整体转型，也要迎合用户偏爱短视频的需求。事实上，从新闻的属性来说，短视频的内容形态是主流媒体应对突发新闻的高效表达方式。

（二）算法推荐：平台型媒体的传播效率与社会离心力

长期以来，主流媒体的新闻创新实践都是以内容生产为主，认为主流媒体只要在内容生产方面保证质量、提升效能、重视人民群众的利益诉求，就能立于不败之地。这种思想忽略了技术作为传播的推动力解决的是需求问题，内容只是这种需求的一个呈现维度。从用户层面来看，最快程度接受有用信息是移动传播下争取用户碎片化时间的关键法宝。算法推荐恰恰解决了这个问题，以改变内容分发的形式，对互联网的用户生产内容进行重新分配，使新闻资讯得以更加垂直地触达用户，形成千人千面的传播效果，并造就了以"今日头条"为代表的"平台型媒体"（Platisher）的崛起。

从技术的传承来看，平台型媒体的发展理念类似于 2G 时代的门户网站，即打造一个吸引和掌握海量流量的开放平台，构建新型的信息节点和节点集群。[①] 不同的是 2G 时代的门户网站关注的只是内容，4G 时代则跨越到网络行

---

① 喻国明等：《"平台型媒体"的缘起、理论与操作关键》，《中国人民大学学报》2015 年第 6 期。

157

**|从2G到5G|**
技术驱动下的中国传媒业变革

为隐蔽下的信息需求和偏好。与主流媒体相比,没有采编人员,不生产内容,今日头条利用"相关性匹配"(你爱看什么,就给你推荐什么)、"协同过滤"(和你相似的人爱看什么,就给你推荐什么)、"热度特征"(大家爱看什么,就给你推荐什么)、"环境特征"(白天或是深夜,给你推荐不同的爱看内容)让用户看到满意的内容,真正实现了新闻内容的"比特化",通过分发方式的创新,让算法成为新闻传播活动的神经中枢,不同渠道、不同方式的新闻内容都要经过算法的整合推荐才能触达用户。

对于主流媒体来说,算法的挑战是颠覆性的,不仅再次降低了传媒业在内容生产和编辑把关上的权力,并利用算法技术实现了一种传播权力的无形转换——从人工编辑向智能算法过渡。[①] 更重要的是,主流媒体必须要借助平台的力量才能争取流量。"今日头条"刚刚占据市场时,主流媒体曾抱团对其侵占版权进行口诛笔伐,并诉诸法律要求,但是最终却握手言和,与"今日头条"建立内容授权机制,主动入驻。在这个博弈的过程中,可以看到拥有算法技术的平台居于相对强势的地位,主流媒体作为内容生产源处于相对弱势的地位。

同时因为算法激发了个人的信息偏好,因此其狭隘性

---

① 喻国明、杜楠楠:《智能型算法分发的价值迭代:"边界调适"与合法性的提升——以"今日头条"的四次升级迭代为例》,《新闻记者》2019年第11期。

| 第四章 |
整体转型：媒体融合战略下的新闻创新突围（4G 时代）

也不言而喻。已有学者研究指出，算法在内容分发的过程中，有四大因素偏向：第一，场景，即用户的作息习惯而进行的场景分发；第二，内容，具有重要性、冲突性以及流行度的内容（时政新闻、社会新闻、娱乐新闻）更容易通过算法筛选进入用户视野；第三，用户偏好（以人口学特征为主）；第四，平台优先级，优先推荐头条号生产的内容。① 这四大偏向最终导致的结果，就是以用户为名的数据流动反过来塑造了用户，并进一步改变社会文化，更重要的是，这种技术的改变既隐蔽又具有预测性。

不仅如此，这种偏向造成的社会后果是把用户孤立、隔绝起来，"过滤泡"（the filter bubble）具有离心力作用，不可见的过滤标准成为一种强制性的力量，从根本上改变人们接触观念和信息的方式，并作为一种预测引擎，不断创造和完善一整套关于你的理论：你是谁，下一步会做什么，你想要什么。② 算法的作用机理不仅进一步挤压了主流媒体在传媒市场的生存空间，更叠加了主流媒体进行社会整合和价值引导的困难，使网络舆论工作日益复杂。

---

① 王茜：《打开算法分发的"黑箱"——基于今日头条新闻推送的量化研究》，《新闻记者》2017 年第 9 期。
② [美] 伊莱·帕里泽：《过滤泡：互联网对我们的隐秘操纵》，方师师等译，中国人民大学出版社 2020 年版，第 8—9 页。

## 二 新市场竞争者：中间阶层崛起与自媒体的挑战

虽然3G时代主流媒体的"走、转、改"运动在舆论引导上的效果不佳，但是"众声喧哗"的嘈杂网络舆论生态在国家重拳出击完善互联网信息内容管理的背景下得到了明显的改善，网络空间日益清朗。与此同时，网络舆论的阵地以"弱关系"连接为主的微博转场到以"强关系"连接为主的微信，网民整体结构也越来越趋同于社会人群总结构。在技术刺激下，社会整体的信息需求越来越垂直化，催生了"众媒时代"的多元话语表达，也在一定程度上奠定了自传统互联网诞生以来，全新的新闻生态系统格局不再由主流媒体一家独大，而是有更多的主体占据一席之地。

### （一）"净网行动"与网络主体人群的结构性转变

2014年2月，中央网络安全和信息化领导小组宣告成立，提出要抓紧制定互联网立法规划，完善互联网信息内容管理、关键信息基础设施保护等法律法规，依法治理网络空间，维护公民合法权益。① 在这一背景下，2014年8月，国务院授权重新组建的国家互联网信息办公室负责全

---

① 罗丹阳、邹春霞：《习近平：抓紧制定互联网立法规划》，央视网，2014年2月28日，http：//news.cntv.cn/2014/02/28/ARTI1393530385838600.shtml。

## 第四章
整体转型：媒体融合战略下的新闻创新突围（4G 时代）

国互联网信息内容管理工作和监督管理执法，"净网行动"正式成为制度化力量。

根据本研究梳理，如表 4-1 所示，2014—2015 年，国家网信办强化对于时政类新闻、非互联网新闻单位的管理，通过"扫黄打非·净网 2014"专项行动对制作传播淫秽色情信息行为予以严厉打击，并于 2015 年 4 月先后出台《互联网用户账号名称管理规定》（即"账号十条"）、《互联网新闻信息服务单位约谈工作规定》（即"约谈十条"），治理互联网用户名称乱象，并对相关企业建立先约谈、后整改的制度。2016 年以来，国家网信办的规范性文件日趋细致，网络治理的规范性文件具体落实到多种形式（信息搜索、直播、跟帖评论、音视频、新闻信息、群组信息等）和多种平台（应用程序、论坛社区、用户公众账号、微博客等），将管理范围从 2G、3G 时代以网站为主转向移动端平台，并对个人、组织乃至新闻信息服务单位等不同传播主体都制定了明确的底线原则。

表 4-1　国家网信办各类涉及互联网信息传播的规范性文件

（2014—2017 年）

| 时间 | 政策文件 | 政策要点 | 治理成效 |
| --- | --- | --- | --- |
| 2014 年 | 《即时通信工具公众服务信息发展管理暂行规定》 | 非新闻单位的公众账号未经批准不得发布、转载时政类新闻 | 规范即时通信工具的发布行为，强调"七条底线" |

续表

| 时间 | 政策文件 | 政策要点 | 治理成效 |
| --- | --- | --- | --- |
| 2014年 | 《关于在新闻网站核发新闻记者证的通知》 | 限制非互联网新闻单位的原创新闻采编权 | 初步建立新闻网站和记者管理档案,并开展中央新闻网站记者年度核验工作,依法核查有关网站采编人员违法违规行为 |
| 2015年 | 《互联网用户账号名称管理规定》(即"账号十条") | 重拳整治账号乱象,如假冒党政机关、媒体企事业单位和社会组织、账号名称和头像包含淫秽色情内容等 | 处置微博客、博客、论坛、贴吧和即时通信工具等各类违法违规账号6万余个 |
| | 《互联网新闻信息服务单位约谈工作规定》(即"约谈十条") | 建立先约谈、后整改制度,约谈对象明确为通过网站、客户端、博客、微博客、即时通信工具等各种形式提供互联网新闻信息服务的单位 | 各地网信部门对存在不同程度违法违规问题的28家网站实施了约谈,包括新浪、凤凰网、百度等 |
| 2017年 | 《网络安全法》 | 对个人和组织使用网络做出专业法律规范 | 作为网络治理的基础性法律,为问题解决提供指导思路 |
| | 《互联网新闻信息服务管理规定》《互联网信息内容管理行政执法程序规定》《互联网新闻信息服务许可管理实施细则》 | 启动互联网新闻信息服务网络信用档案,建立失信黑名单制度。管理范围从主要针对网站,转向微博客、公众账号、即时通信工具、网络直播等移动端平台 | 加强国家对新闻事件发布流程的监管,以及应对突发事件的能力 |

| **第四章** |
| --- |
| 整体转型：媒体融合战略下的新闻创新突围（4G 时代） |

续表

| 时间 | 政策文件 | 政策要点 | 治理成效 |
| --- | --- | --- | --- |
| 2017 年 | 《互联网新闻信息服务单位内容管理从业人员管理办法》 | 从业人员应当恪守新闻职业道德，坚持新闻真实性原则，认真核实新闻信息来源，按规定转载国家规定范围内的单位发布的新闻信息 | 细化从业人员管理流程，促进网络空间新闻信息服务的健康有序发展 |
|  | 《互联网群组信息服务管理规定》 | 明确互联网群组公共属性并"谁建群谁负责""谁管理谁负责"的管理责任制度 | 规范网络社群传播 |

资料来源：笔者根据国家网信办官网公布的政策法规整理所得。

相关制度文件的出台提升了 4G 时代网络表达（尤其是涉新闻信息）的专业门槛，也让互联网新闻用户发生了结构性转向。根据中国互联网络信息中心发布的《2016 年中国互联网新闻用户统计调查》数据，互联网新闻用户中虽然仍以 34 岁以下年轻群体为主（占比 63.9%），但是学历结构和收入水平发生明显变化，大专以上用户达到 59.4%，是初中及以下学历用户的 3.5 倍；月收入 3000—10000 元的用户比例达到 52.8%，是 3000 元以下用户的 1.3 倍。不仅如此，4G 时代中国互联网新闻用户按照行为指标可分为"手机娱乐派""意见表达派""多屏低调派""传统时政派"，其中"意见表达派"和"多屏低调派"是互联网新闻的高频重度用户，他们的社会结构特征也呈现明显的中间阶层特征：以 70 后和 80 后为主体，半数以上为大学本科及以上学历的高知群体。①

(二) 中间阶层与行业自媒体的崛起

根据人民网舆情监测室《2015 年中国互联网舆情分析报告》，由内容产业服务平台"新榜"提供的 500 个最具舆论影响力的微信公众号，其中主流媒体、市场化媒体、政务机构、企业、意见领袖、行业自媒体公众号样本量依次为 25 个、95 个、120 个、50 个、70 个、140 个，②行业自媒体的舆论影响力可见一斑。不仅如此，行业自媒体虽然在推送文章数量上不如主流媒体和市场化媒体，但日均被阅读数、日均被点赞数高于主流媒体，在传播话语权上取代了 3G 时代的意见领袖。

表 4-2　　　　各类微信公众号日均数据　　（单位：个；次）

| 微信公众号类型 | 日均推送文章数 | 日均被阅读数 | 日均被点赞数 |
| --- | --- | --- | --- |
| 主流媒体 | 8.4 | 252559 | 2379 |
| 市场化媒体 | 8.5 | 160118 | 812 |
| 政务 | 5.3 | 31899 | 225 |

---

① 中国互联网络信息中心：《2016 年中国互联网新闻市场研究报告》，2017 年 1 月 11 日，http：//www.cnnic.net.cn/hlwfzyj/hlwxzbg/mtbg/201701/P02017 0112309068736023.pdf。

② 祝华新等：《2015 年中国互联网舆情分析报告》，载李培林等主编《2016 年中国社会形势分析与预测》，社会科学文献出版社 2015 年版，第 219—240 页。

| 第四章 |
整体转型：媒体融合战略下的新闻创新突围（4G 时代）

续表

| 微信公众号类型 | 日均推送文章数 | 日均被阅读数 | 日均被点赞数 |
| --- | --- | --- | --- |
| 企业 | 2.0 | 59501 | 207 |
| 意见领袖 | 0.6 | 5954 | 66 |
| 行业自媒体 | 5.4 | 323751 | 2833 |

资料来源：人民网舆情监测室，《2015年中国互联网舆情分析报告》。

在行业自媒体中，科技类、财经类、医疗类、教育类、文化类最受关注，崛起了一批例如"虎嗅网""36氪""兽楼处""秦朔朋友圈""吴晓波频道""丁香医生""果壳网""学生安全教育""武志红""青塔""占豪""十点读书""洞见"等具有影响力的垂直账号。与3G时代的意见领袖相比，行业自媒体具有以下几个优势。第一，选题挖掘准确。尤其是深耕条线多年的专业记者转场自媒体，敏锐的新闻嗅觉使行业自媒体能够第一时间捕捉垂直领域下的新闻线索，对选题影响力的预判性高于其他类型自媒体。第二，专业的文本写作，能够在原创新闻中体现多种信源，并善于利用互联网公开信息予以佐证，报道的准确性、客观性有所保证。第三，对舆情风险有一定程度的预判，发稿前主动维权（例如"兽楼处"《疫苗之王》、"丁香医生"《百亿保健帝国权健，和它阴影下的中国家庭》在发布前都向专业律师咨询法律风险，或对关键证据予以公证）。

同时，这种专业性要求从创始人一直延伸到一线的编辑岗位和内容运营岗位。例如"虎嗅"的原创编辑岗位要求

"本科及以上学历，专业不限，交叉学科背景，关注相关领域持续三年以上"，高级内容运营岗位要求"财经媒体、券商、基金等机构进行过分析与研究工作三年以上，写过有分量的分析或研究报告"；"洞见"的新媒体原创记者要求"传统媒体出身的记者、编辑，对新媒体有极大兴趣和深刻理解，可以独立撰写新媒体文章"；"丁香医生"设有作者编委会，相关作者几乎都注明学历背景，并建有覆盖两院院士、全国各大三甲医院、各个科室专家的庞大评审委员会和严审团。可以说，具有专业媒介素养的行业自媒体在垂直领域发挥了强大的公共传播功能，这也是他们在相关舆情话题中能够迅速引爆热点、引导舆情走向的关键因素。

（三）中间阶层的舆论影响力与新新闻生态格局

网络主体人群的结构性变化对于网络舆情热点的变化有直接影响。人民网舆情监测室系列中国舆情研究报告针对 2016—2018 年社会矛盾聚焦压力指数显示，微博时代颇受关注的"官民关系""警民关系""征地拆迁及群体维权""贫富及城乡差距"的舆情压力明显下降，而"社会道德争议""未成年人及弱势群体保护""社会欺诈""社会暴力"的舆情压力明显上升；不同舆情领域压力指数显示，"社会矛盾""公共安全""公共管理"的舆情热度逐年升高。[①] 郑

---

① 祝华新等：《2018 年中国互联网舆论分析报告》，载李培林等主编《2019 年中国社会形势分析与预测》，社会科学文献出版社 2019 年版，第 264—281 页。

## 第四章
整体转型：媒体融合战略下的新闻创新突围（4G时代）

雯、李良荣的研究也指出，中间阶层的最大诉求是安全、稳定、秩序，因此以"人身安全""财产安全""经济安全"为代表的"安全感"成为基础型、底线型的网络社会心态，以"个人权利""社会保障""生活品质"为目标的民生议题取代"暴力拆迁"、表演式抗争等传统议题，成为网络表达的高发领域。①

中间阶层不仅在网络社会心态与底层群体不同，在网络表达中坚持理性问政、理性问权，情感运用恰到好处。一方面是由于中间阶层本身属于高学历人群，因此表达更加有理有据，另外在热点网络舆情事件中，不少关键传播节点是由具有媒体从业经历的前媒体人推动，辐射力度更广，网络表达也更为坚定、持久。如表4-3所示，由中间阶层引爆的网络热点舆情事件在落实基本事实的过程中，中间阶层的网络表达不同于传统媒体，相反他们深谙传播之道，在事实叙述的同时恰到好处地点缀以情感表达，通过强化某种身份标签的形式，提升网民的代入感，唤起更广泛的同理心。例如"雷洋事件"中，"人大硕士"是一个重要标签，校友资源成为相关舆情的压力来源；"魏则西事件""北京和颐酒店事件""李文星事件"中，行业自媒体多番强调相关事件的连续多发性，号召网民不要遗忘，并叩问社会的冷漠和平庸；"红黄蓝幼儿园虐童事件"

---

① 郑雯、李良荣：《中等收入群体在中国网络社会的角色与地位研究》，《现代传播（中国传媒大学学报）》2018年第1期。

"严夫人事件",引发了全社会家长的愤懑、不平和激情,尤其是红黄蓝幼儿园监控硬盘故障导致无法查看真相时,朋友圈里掀起了关于"硬盘"的周边讨论,引发舆情第二轮高潮。

表4-3　2016—2018年网络热点舆情事件传播特点分析

| 舆情事件 | 关键传播节点 | 首发报道主要信源 |
| --- | --- | --- |
| 雷洋事件<br>(2016年) | 知乎用户"山羊月";<br>人大校友;雷洋家属;<br>昌平警方;官媒跟进 | 【受害者亲属】 |
| 魏则西事件<br>(2016年) | 魏则西知乎账号;<br>微博用户@孔狐狸;<br>微信公众号"有槽""小道消息";<br>医生群体微博转发;<br>诸多媒体跟进 | 【受害者知乎回答】 |
| 北京和颐酒店事件<br>(2016年) | 微博用户@弯弯_2016;<br>微信公众号"Lifehack""咪蒙""果壳网"等;<br>携程、如家;<br>诸多媒体跟进 | 【受害者自述】 |
| 山东于欢案<br>(2017年) | 《南方周末》首发;<br>《人民日报》《新京报》等媒体跟进;<br>微信公众号"长安剑""CU检说法";<br>学者陈光中、袁彬、周光权、媒体人罗昌平等;<br>山东省高级人民法院、聊城官方 | 【当事人及律师】<br>于欢母亲苏银霞、于欢上诉代理人殷清利律师、于欢姑姑于秀荣<br>【第三方】<br>现场目击者、工业园区企业负责人、职工刘晓兰<br>【公开资料】<br>工商资料、网络举报信、监控录像、尸检报告、法院审理结果 |

| 第四章 |

整体转型：媒体融合战略下的新闻创新突围（4G 时代）

续表

| 舆情事件 | 关键传播节点 | 首发报道主要信源 |
|---|---|---|
| 大学生<br>李文星深陷<br>传销致死<br>（2017 年） | 教育类新媒体"芥末堆"；<br>BOSS 直聘；<br>中青在线等媒体；<br>微信公众号"团结湖参考""深一度"等；<br>天津市公安局 | 【受害者家属及好友】<br>李文星高中同学丁页城、同村大哥李刚毅、双胞胎妹妹李文月、同村发小李昊阳、大学同学陈栋<br>【第三方】<br>知乎网友"大奔奔"<br>【相关企业】<br>北京科蓝软件系统股份有限公司、BOSS 直聘 |
| 红黄蓝<br>幼儿园<br>虐童事件<br>（2017 年） | 幼儿园家长朋友圈；<br>新华社等官媒跟进；<br>微信公众号"再深一点"等； | 【受害者家长自述】 |
| 长生生物<br>问题疫苗<br>（2018 年） | 微信公众号"兽楼处"；<br>《人民日报》等官媒跟进；<br>微博医学博主@疫苗与科学、@章蓉娅医生等；<br>微博明星博主@刘璇、@稀土部队、@何炅等；<br>长生生物、康泰生物、国家药品监督管理局、山东省疾病预防控制中心等 | 【相关企业】<br>长春长生、康泰生物上市公告<br>【官方信息】<br>食品药品监管总局报告、吉林有关部门通报<br>【媒体报道】<br>《上海证券报》《中国证券报》 |
| "严夫人"<br>事件<br>（2018 年） | 微博网友@鎨蘇、@成都网友小张、@成都头条；<br>金苹果学前教育；<br>中共四川省纪律检查委员会 四川省监察委员会；<br>诸多媒体跟进 | 【当事人】<br>微信朋友圈截图转发 |

169

续表

| 舆情事件 | 关键传播节点 | 首发报道主要信源 |
|---|---|---|
| 权健事件（2018年） | 医疗健康类媒体"丁香医生"；澎湃新闻和央媒介入等；权健；天津市武清区市场监督管理局、国家市场监督管理总局、中共中央政法委员会公众号"长安剑" | 【受害者亲属等】周洋父亲、周洋主治医生、过往受害者【相关企业】权健创始人束昱辉传记、权健官方网站、权健官方客服【公开资料】药监局生产许可证资料、蛟河市检察院判决书、天眼查【媒体信息】《知识经济·中国直销》杂志、《新京报》、央视、百度贴吧、QQ群 |

  由于行业自媒体向着专业化生产转向，传统主流媒体在内容上的优势被大大降低，与此同时，2009年起传统主流媒体因经济问题无法支撑长周期、高要求的深度报道，并纷纷裁撤深度报道部门或特别报道部门，一批具有深度写作能力的特稿记者纷纷离开。张志安团队在2011年和2017年对中国内地调查记者做过两次全国性的普查，结果发现传统媒体调查记者从业人数减少幅度高达57.5%，新媒体机构新增调查记者数量比较有限，整个调查报道行业面临人才流失和队伍萎缩的严峻考验。[①] 这极大地削弱了主

---

[①] 张志安、曹艳辉：《新媒体环境下中国调查记者行业生态变化报告》，《现代传播（中国传媒大学学报）》2017年第11期。

| 第四章 |
整体转型：媒体融合战略下的新闻创新突围（4G 时代）

流媒体依靠深度报道发现社会矛盾并加以报道的能力。两相比较，行业自媒体因为专业单一，反而能将不同领域的社会现象写深、写实，更加被网民认可。至此，中国的新新闻生态系统形成，该生态系统由国有的专业媒体、机构媒体与民营的自媒体、平台媒体共同构成，形成多种类型媒体共同参与、多元新闻实践形态并存的新生态格局，其中机构媒体、自媒体在垂直领域的资讯传播和评论生产方面具有规模优势，平台媒体具有内容聚合、分发技术和用户黏性方面的整体优势。①

## 三 "媒体融合" 战略下主流媒体的观念转变

网络主体人群与社会总人口结构的高度相似与主流媒体话语权的式微让党中央充分意识到技术驱动下传媒业所遭遇的挑战是事关全局的。2014 年 8 月 18 日，中央全面深化改革领导小组第四次会议审议通过了《关于推动传统媒体和新兴媒体融合发展的指导意见》（以下简称《指导意见》），作为国家意志的"媒体融合"正式取代 3G 时代传统媒体自发进行的"全媒体"战略，成为主流媒体应对媒体格局调整和舆论生态变化的主基调。

根据《指导意见》，国家意志下的媒体融合不是单纯媒

---

① 张志安、汤敏：《新新闻生态系统：中国新闻业的新行动者与结构重塑》，《新闻与写作》2018 年第 3 期。

171

体形态的融合，更是一种全方位、深层次的融合。① 在"媒体融合"国家战略正式提出之前，上海先行试点。2013 年10 月 28 日，原解放日报报业集团和文汇新民联合报业集团在上海市委指示下率先进行整合重组，新成立的上海报业集团（以下简称"上报集团"）在 2014 年 1 月推出了"上海观察"（2016 年底更名为"上观新闻"）、"澎湃新闻"、"界面新闻"（2017 年与蓝鲸财联社合并，更名为"界面·财联社"）三个重磅新媒体项目。三个新媒体项目以整体转型为目标，从破除制约融合发展的机制体制壁垒入手，实践把推动媒体融合发展与优化资源配置紧密结合起来。

《指导意见》深刻地指出，媒体融合并非新旧媒介功能手段的互相借鉴与融通，而是要形成内部组织的重构。因为主流媒体的竞争对象是在制度基础、创新环境、资本积累、人才结构等各方面都具有灵活性的民营商业媒体和行业自媒体。相较之下，主流媒体的"产事分隔""员工身份多元化""内部运作外部化"等短板尤为突出，必须要在媒体融合的国家战略上对传媒业实行基因改造，通过传媒事业的整体转制进行深层次改革和系统化创新探索，② 在尊重意识形态特殊产业规律的前提下，通过一体化结构的改革

---

① 李良荣、周宽玮：《媒体融合：老套路和新探索》，《新闻记者》 2014 年第 8 期。

② 朱剑飞、胡玮：《主流风范：融合发展 浴火重生——加快我国新型媒体集团建设的若干思考》，《现代传播（中国传媒大学学报）》 2014 年第 11 期。

| 第四章 |

整体转型：媒体融合战略下的新闻创新突围（4G 时代）

优化与创新实践,① 探索新的产业环境下的合理发展路径,② 即在坚守意识形态属性的政治底线下突出作为产业属性的市场主体地位，通过建立更加科学合理的管理制度提升市场竞争力。具体表现在组建新型传媒集团，以新技术为抓手的方向，进行内部精简和重整，保障传媒产业在一个适度集中的环境下高质量发展。一方面，通过剥离经营性产业实行转企改制，另一方面，在传媒产业链上进行垂直延伸，实行增量改革。如表 4-4 所示，以单一媒介形态（尤其是报业集团）的数量逐年下降，新媒体和融媒体/全媒体集团数量逐年上涨。

要支撑新媒体和融媒体/全媒体集团的可持续发展，必不可少的是要打造全新的新闻产品。2012 年，在 4G 牌照发放之前，主流媒体已经进入新闻客户端的快速建设期。根据人民网研究院当年对纸媒建设移动新闻客户端的两次调查，中国境内的 1486 张报纸中有 170 家推出了 App,③ 但是在应对市场时，大多数传统媒体的新闻客户端在竞争上明显处于劣势。根据易观智库发布的《2013 年 3 月中国新闻客户单下载量监测报告》，截至 2013 年 3 月 31 日，中国闻客户端市场排名前三的客户端及下载量份额分别为：搜狐新闻 31.8%，网

---

① 朱剑飞、胡玮:《唯改革创新者胜——再论媒体融合的发展瓶颈与路径依赖》,《现代传播（中国传媒大学学报）》2016 年第 9 期。

② 朱春阳等:《当前我国传统媒体融合发展的问题、目标与路径》,《新闻爱好者》2014 年第 10 期。

③ 王棋:《新闻客户端发展现状分析》,《青年记者》2014 年第 9 期。

易新闻 18.0%，腾讯新闻 10.2%，[①] 用户规模均已破亿。这意味着媒体融合时代，新闻客户端这一传播入口只有通过升级，才能实现移动优先、技术优先的转变，重新赢得用户。

表 4-4　　中国传媒集团成立类型分布（2010—2018 年）

| 类型<br>年份 | 报业 | 广电 | 期刊 | 出版 | 发行 | 新媒体 | 融媒体/<br>全媒体 | 电影 | 其他 | 总数 |
|---|---|---|---|---|---|---|---|---|---|---|
| 2010 | 13 | 3 |  | 1 |  |  |  | 1 |  | 18 |
| 2011 | 11 | 5 | 1 | 1 |  | 1 |  |  | 2 | 21 |
| 2012 | 14 | 4 |  | 4 | 2 | 3 |  | 2 | 5 | 34 |
| 2013 | 7 | 8 | 2 | 7 |  |  |  | 4 | 4 | 32 |
| 2014 | 5 | 9 | 2 | 3 |  | 5 |  | 3 | 4 | 31 |
| 2015 | 9 | 6 | 1 | 2 |  | 3 |  |  | 2 | 23 |
| 2016 | 8 | 7 | 2 | 4 |  | 3 | 2 | 2 | 1 | 29 |
| 2017 | 3 | 7 |  | 1 | 1 | 2 | 4 | 1 | 1 | 20 |
| 2018 | 5 | 14 |  |  |  | 2 | 10 |  | 6 | 38 |

资料来源：《中国新闻年鉴》（2015—2019 年）。

## 第二节　技术座架：平台初建

　　媒体融合并不是传统媒体与互联网媒体或智能媒体简单的汇流与整合，而是一种在新传媒生态环境中传媒沿着传播技术发展轨迹的重组。[②] 以连接为核心要义的网络技术

---

① 易观智库：《行业数据：搜狐新闻客户端领跑新闻客户端市场》，搜狐网，2013 年 4 月 24 日，http://it.sohu.com/20130424/n373831978.shtml。
② 吕尚彬：《媒体融合的进化：从在线化到智能化》，《人民论坛·学术前沿》2018 年第 24 期。

# 第四章

整体转型：媒体融合战略下的新闻创新突围（4G 时代）

变迁凸显的是人作为媒介主体的地位，信息不仅仅是专业机构"生产"的，也是用户"生成"的。因此，移动客户端作为一个能够凝聚用户的入口和丰富用户行为的平台，对于主流媒体的新闻创新来说至关重要。

攻克技术难题是实现融合的基础。自 2014 年媒体融合元年以来，主流媒体通过技术研发从占据渠道发展为自建平台，围绕"核心技术掌握在自己手中"的技术主线，做了诸多创新。在这一过程中，以新华社和四川《华西都市报》"封面新闻"为代表的部分媒体率先提出了"媒体大脑""智媒体"的口号，率先架起了传媒业的基础设施，并以人工智能赋能新闻传播，试图实现传统媒体的基因改造。

## 一 一个中心：新闻客户端

截至 2013 年 7 月 1 日，新浪微博媒体机构账号已有 2 万个左右，粉丝数达到 2.21 亿人；[1] 截至 2016 年 2 月，超过 1000 万个的微信公众号中泛媒体类超过 1/4。根据向安玲等人在 2015 年对国内 110 家主流媒体的调研数据，106 家开通官方微博，105 家开通官方微信，而自建客户端的数量只有 66 家媒体。[2] 虽然入驻"两微"能够给媒体带来影响力，但是弊端也是显而易见的，因为入口不在主流媒体

---

[1] 喻国明：《2012—2013 年媒体官方微博发展报告》，《新闻与写作》 2013 年第 12 期。

[2] 向安玲等：《媒体两微一端融合策略研究——基于国内 110 家主流媒体的调查分析》，《现代传播（中国传媒大学学报）》 2016 年第 4 期。

手中，因此媒体的内容生产、信息传播和经营收入都受制于互联网公司的商业平台。在这一背景下，主流媒体只有建立自己的平台，才能为媒体融合下的新闻创新找到抓手，以此实现整体转型。

"媒体融合"意味着新闻客户端告别了简单做内容搬运工的1.0时代，正式进入"平台化"建设的2.0阶段。平台建设重在探索互联网传播规律下适用于主流媒体的组织方式，技术重构主流媒体在内容生产与内容运营的制度体系，建立属于自己的特色。从本书调查的5家媒体所开发的新闻客户端定位来看，所有媒体均进行了改变。这种新闻客户端的定位不仅决定了主流媒体作为新闻供给者的内容生产特点，也反映了内容运营特色。

表4-5　　本书涉及的5家媒体新闻客户端定位

| 调研媒体 | 客户端名称 | 客户端定位 |
| --- | --- | --- |
| 《人民日报》 | 人民日报 | 有品质的新闻 |
| 新华社 | 新华社 | 主流价值 从新看见 |
| 《解放日报》 | 上观新闻 | 站上海，观天下 |
| 原《东方早报》 | 澎湃新闻 | 专注时政与思想 |
| 《华西都市报》 | 封面新闻 | 亿万青年人的生活方式 |

注：客户端定位源自各媒体2021年公开介绍。

作为新闻创新的核心产品，客户端首页的页面设计、功能组件、模块设置，体现了不同媒体平台建设的特色，以及其与传统报纸或杂志的区别。在各大新闻客户端的体现上，首页上方的导航栏突出的是新闻内容和基本频道，

| 第四章 |

整体转型：媒体融合战略下的新闻创新突围（4G 时代）

同时镶嵌"推荐""热点"模块对重大新闻事件进行优先排列，下方的导航栏设置了特色产品的快速链接。

同样是中央级媒体，"人民日报"客户端和"新华社"客户端首页的呈现重点就存在鲜明的差异：人民日报是搞舆论的，新华社是搞新闻的。[①] 这个来自业界的判断可以在客户端首页上找到蛛丝马迹。和"新华社"客户端不同，"人民日报"客户端首页的"推荐"内容主体往往不是来自原创生产，而是全网的聚合，这种选择性体现了中央权威媒体的议程设置权；相比之下，"新华社"客户端的首页内容突出"快讯"模块，内容来源都是新华社及下属各产品（例如"新华视点"等）。

省部级媒体客户端的差异显得更加明显。例如"上观新闻"作为上海市委机关报下辖的新闻客户端，首页内容大多以时政内容为主，下方设置的"互动"模块连接到建言/爆料/投稿以及一网通办的市民服务；"澎湃新闻"在下方导航栏突出"澎湃号"的内容聚合和"澎友圈"的话题、"问吧"等具有交互性的模块；"封面新闻"则更多集中体现在青年特色和产品特点，例如上方导航栏上的"青蕉"社区，下方导航栏的"封面号"、"30 秒"短视频和"听封"新闻音频频道。

---

[①] 见本书附录一访谈对象素描 C1。

177

表4-6 本书涉及的5家媒体新闻客户端的首页特色（2021年）

| 客户端 | 上方导航栏 | 中心区内容 | 下方导航栏 |
| --- | --- | --- | --- |
| 人民日报 | 推荐、热点、视频、锐评、云课堂、问政、本地、文件、版面等 | 少量原创；机构媒体的新闻聚合 | 新闻、人民号、视频、直播 |
| 新华社 | 推荐、要闻、视频、直播、关注、国际、英语、本地等 | 多数原创；少量机构媒体内容聚合 | 首页、求证、全民拍、新知 |
| 上观新闻 | 热点、推荐、要闻、政情、财经、区情、城事、文化等 | 多数原创；今日关注、舆情为内容聚合 | 首页、视频、互动、数据 |
| 澎湃新闻 | 要闻、视频、时事、财经、湃客、思想、生活等 | 少量原创；多数机构媒体内容聚合；榜单、湃客湃友关注内容 | 首页、视频、澎湃号、澎友圈 |
| 封面新闻 | 中国、推荐、青蕉、本地、国际、国内等 | 少量原创；多数机构媒体内容聚合；大家在看 | 首页、封面号、30秒、直播、听封 |

注：1. 澎湃新闻客户端、封面新闻的内容聚合在首页位置所呈现的是自身子栏目或频道，而非原始出处，该做法与人民日报存在差异，后者首页呈现原创来源；

2. 封面新闻客户端在首页呈现的原创内容均有区块链图样标识。

## 二 技术团队的规模与建制

传统的新闻编辑部中，技术人员长期处于边缘化地位，自数字化转型以来，诸如移动阅读器、移动终端电子阅读栏、早期的新闻客户端建设都是通过技术外包的形式呈现。

| 第四章 |

整体转型：媒体融合战略下的新闻创新突围（4G 时代）

这意味着技术虽然不断改变主流媒体的外部生存环境，但在体制的保护下，始终无法左右新闻编辑部的传统行动者。技术未能进入编辑部的核心网络，从一定程度上导致了早期的新闻创新始终不能满足社会大众的需求，也无法给主流媒体带来收益。技术团队逐步走向中心的过程本质上是触底求生的过程，正如上观新闻的资深技术人员所言：

> 从解放合并到上报集团之后，我一直在集团。后来把我从集团调到解放日报（也就是上观新闻）是因为原来的开发模式已经不能进行下去，外包发现了很多问题。因为技术外包最终会落实到甲乙方彼此的权益上，运营成本很高的情况下服务往往跟不上，或者服务反馈的速度会受到影响。而 2016 年之后，用户需求不断变化，外包已经跟不上我们的需求，所以自建团队，研发相关网站和客户端的前端产品和后台维护。①

通过调研，本书发现虽然技术团队在新闻编辑部中脱离了过去的边缘地位，成为不可忽视的行动者，但是不同主流媒体中，技术人员发挥的作用是多面向的，从技术部门的规模、编辑部领导对技术人员的支持力度和技术人员与编辑部门的合作/冲突状态都影响着新闻创新的持续性和

---

① 见本书附录一访谈对象素描 D2。

**|从2G到5G|**
技术驱动下的中国传媒业变革

实际效果。

从技术部门的规模和建制来看，技术人员体量从十余位到百余位不等，从形态来说，既有镶嵌在具体的新媒体项目（如上观新闻的技术运营中心，澎湃新闻的技术中心，封面新闻技术条线下的产品部、设计部、技术开发部、数据研究部），也有从主流媒体中脱离成立技术科技公司（如人民日报媒体技术公司、新华新媒文化传播有限公司、广东南方数媒工场科技责任有限公司等）。这种规模差距对于技术人员来说意味着媒体融合信息化水平的差异。例如封面传媒的技术人员已经达到近150人体量，是公司整体人员的近1/3，其他省部级项目的"技术中心"分管产品、运维、研发和数据分析，但体量一般在20—40人，不同体量决定不同的业务范围。

对于体量在100人左右的主流媒体，技术团队细分清晰，产品、设计、开发、数据研究等部门设置基本按照互联网公司设置，并且和内容团队有较为清晰的分野。在这种运行模式下，新闻客户端具有大小改版的周期性，每次更新都是质的变化，例如本研究展开时封面新闻客户端从1.0版本到6.0版本，围绕"智媒体"这一关键词逐步升级。同时，在3.0版本开发之后，技术部产能已经达到过剩状态，开始学习浙报"媒立方"，做自动化的媒体生产系统。在这个过程中，总编辑作为编辑部领导者主动做技术人员与采编人员的中间人，在技术开发过程中建立转译关系。

| 第四章 |
整体转型：媒体融合战略下的新闻创新突围（4G 时代）

我们刚研发出封巢系统的时候，花了半年时间，但是采编系统反馈不好用，提了很多问题。最多的抱怨是流程有问题，不符合记者的发稿习惯。后来我们以前的总编辑、现在的董事长专门给我们技术团队开了个会，详细讲解了一线记者编辑是如何做一篇稿子的，尤其是流程上有哪几道关口。①

不仅封面新闻的技术人员认为技术与内容之间的转译关系是成功的，包括一线采编人员乃至相关副总编辑也认为技术可以和内容在编辑部内起到良好的沟通关系。

技术人员是我们原生态的团队，用了两三年的时间大家一起磨合，有一句话最符合我们，我们是最懂媒体的技术员，也是最懂技术的媒体人。②

表 4-7　　　　　封面新闻客户端的迭代记录

| 客户端版本 | 上线时间 | 重要更新 | 特色定位 |
| --- | --- | --- | --- |
| 封面新闻 1.0 | 2016.05.04 | 确定客户端雏形 | 内容+科技的新生代客户端 |
| 封面新闻 1.2 | 2016.06.12 | 引入多维度智能算法推荐 | |
| 封面新闻 2.0 | 2016.10.28 | 1. 推出直播功能<br>2. 打造"封面号"自媒体平台 | 强调"人人都是传播者" |

① 见本书附录一访谈对象素描 B1。
② 见本书附录一访谈对象素描 B6。

续表

| 客户端版本 | 上线时间 | 重要更新 | 特色定位 |
| --- | --- | --- | --- |
| 封面新闻3.0 | 2017.05.04 | 1. 推出自主研发"小封机器人"<br>2. 应用语音识别、意图识别<br>3. 应用机器人写作 | 开启人机交互，创新互动方式 |
| 封面新闻4.0 | 2018.05.04 | 1. 视、听、读、聊全场景沉浸式互动<br>2. 上线用户积分体系<br>3. 建设城市频道，提升川外用户体验 | 新闻、人文、消费领域<br>推进泛内容建设 |
| 封面新闻5.0 | 2019.04.28 | 1. 全频道视频化建设<br>2. "青蕉社区"上线，发力社群交互 | 全面视频化，科技+媒体+文化智媒生态 |
| 封面新闻6.0 | 2020.04.30 | 1. 智媒云——主流媒体算法<br>2. 母子客户端："30秒"（短视频）、"封底"（深度原创）<br>3. 听封频道改版<br>4. "云求助"平台上线<br>5. 七大省市频道集中亮相 | 智能+智慧+智库的"智媒体" |

注："重要更新"与"特色定位"源自公开资料与实地调研访谈。

而在体量20—40人的团队中，虽然强调技术自主，但在实际访谈过程中发现这种自主性主要体现在技术框架，实际维护（尤其是采编系统）还是会借助社会化公司的力量，并缺少和一线采编的恰当转译，影响技术创新的效果和新闻创新的动力。技术人员从主观意愿和客观认知上都

| 第四章 |

整体转型：媒体融合战略下的新闻创新突围（4G 时代）

被简单视作修修补补的流程化操作，对于技术人员来说，既存在资源支持的不足，也缺少合理的转译。

> 麻雀虽小、五脏俱全，什么都有，但是基本上一个岗位只有一个人。在资金和人力都有限的情况下，我们只能算中等。一开始刚到技术中心，每天上班都要到晚十一二点，是在做滚动账。对于采编的很多问题，我们会尽量地安抚和调整。从整个系统来说，每个人在系统的角色不一样，我可以看到全部，但是记者编辑只能看到他/她这个角度的功能。[1]

## 三 一个系统：融媒体指挥中心的有限作用

在访谈过程中，无论是技术人员还是一线采编人员都将技术视为一种应用工具，核心指向是提升新闻生产的效能。从根本上来说，新闻创新始终是内容资源的调配而非创新型技术的研发。这也是"媒体融合"一直以来所强调的。时任中宣部副部长、国务院新闻办公室主任蒋建国在2016媒体融合发展论坛上致辞，将后台技术支撑的目标指向新闻信息一次采集、多种生成、多元传播。[2] 时任中宣部长刘奇葆也将"中央厨房"建设作为媒体融合的标配和

---

[1] 见本书附录一访谈对象素描 D2。
[2] 沈王一、谢磊：《2016媒体融合发展论坛发言摘登》，人民网，2016年8月23日，http://theory.people.com.cn/n1/2016/0823/c376186-28656995.html。

"龙头工程"① 进行推广。在清晰的政策导向下，各主流媒体纷纷建设融媒体指挥中心或融媒体生产系统。

（一）核心功能：内部交流

根据调研，5家媒体单位基本都建有一定的"中央厨房"机制和适应融媒体采编的数字化系统，不仅能够指挥新闻生产和策、采、编、发的一体化，部分系统更进一步加入了前期新闻线索的搜集与后期的传播效果分析、媒体人员的绩效考核管理等延伸功能。从新闻编辑部的实际运作来看，融媒体指挥中心的作用发挥集中体现在内部的内容协调和后续的管理机制，是一种辅助性的技术结构。

《人民日报》作为"中央厨房"建设的样板，探索了一套可以适用于报社新闻采编和运营管理的中控平台，目的是在"中央厨房"机制上调控旗下所有媒体资源，最快时间内实现全媒体产品的采集和高质量制作。从日常运作来看，服务每周一的编辑协调会，融选题策划、新闻线索通报、舆情研究、确定重点和采编对接为一体。这种模式虽然被各地主流媒体竞相效仿，但从一线采编人员的感受来说，对内容提升的效果是有限的，仍有进一步探索的空间。对于《人民日报》这样的中央大报来说，最丰富的新闻资源来自各分社，而在实际的分社和总社的联系上，无法通

---

① 姜萍萍、杨丽娜：《刘奇葆：推进媒体深度融合 打造新型主流媒体》，中国共产党新闻网，2017年1月11日，http://cpc.people.com.cn/n1/2017/0111/c64094-29013700.html。

# 第四章
整体转型：媒体融合战略下的新闻创新突围（4G时代）

过"中央厨房"进行新闻协调，原因可能在于：

> 当年号称要把全报社做成中央厨房的模式，全部打散，但是版面上不需要中央厨房的稿子。①

相较之下，"中央厨房"对"融媒体工作室"的价值更高，因为"融媒体工作室"的产出是面向全网的融媒体产品，更贴近市场需求。无独有偶，在地方主流媒体中，对类似"中央厨房"的融媒体新闻生产中心也有部分体验感不强的反馈，原因之一在于技术的作用并非不可替代的，并且技术的实用性方面还有进一步提升的空间。

> 融媒体指挥中心对新闻生产发挥的作用有待进一步开发，远远低于接待成本和展示性作用，这个屏幕显示出来的东西可以通过稿库或PPT的形式进行替代。我们的指挥中心能展现的稿件流量都是回溯性的数字，既没有给我找线索，也没有反馈热点舆情。②

在新闻编辑部内部，融媒体指挥中心发挥的作用是跨部门沟通，而不是信息生产。

融媒体指挥中心下的值班长制度，对内部的交流

---

① 见本书附录一访谈对象素描F1。
② 见本书附录一访谈对象素描D3。

氛围肯定是提升的，因为我值班的时候，看到财经、教育、文化的焦点，我可以跟不同的部门去探讨，这个行为在传统的科层制度里面是不会发生的①。

但这种内部沟通不适用于部分主流媒体地方总社和分社的联系，就访谈发现，即使地方分社记者采写的稿件刊发在融媒体工作室的栏目中，其背后的沟通机制不是通过"中央厨房"，而是熟人关系。

### （二）差序化的系统权限

与此同时，融媒体系统指挥中心作为资源整合性的系统建设，也是具有一定的科层制度，差序化的权力格局与编辑部内部的等级制度一一对应。访谈中发现，多数记者对于融媒体指挥中心的印象模糊，使用频率最低；编辑层面的使用率最高，而部门负责人及副总编辑、总编辑的权限最高。

根据调研看到的某编辑部的采编系统，发现融媒体系统大部分的功能集中在编辑层和审核层，在手机端口只有发稿和退稿两个功能，在电脑端口更加详细，工作台的模块设置里面包含文章审核、稿件管理、专题管理等，有部分媒体进一步开发了诸如传播量的指标，便于后续的稿酬发放和年终绩效的考核。对于一般的记者来说，只有周末承担编辑任务时才进入系统，平常时间都是编辑进系统传

---

① 见本书附录一访谈对象素描 D3。

| 第四章 |
整体转型：媒体融合战略下的新闻创新突围（4G 时代）

稿。由于这种流程对于编辑部的时效性有所影响，因此在社会热点新闻组，编辑会给记者开权限。

> 我们热点组有时候为了节省流程，编辑就给我们记者开了权限（原来记者是不能进去录稿子的，只有值班编辑可以录）。要求时效性以后，记者也要录稿子，稿子直接在系统里面交。比如说三四百字的短消息，我们自己都可以配一个快讯图，我不需要喊图片编辑，自己就可以定下来。①

虽然采编系统对于编辑部的所有人士都开放，但在线编辑同一篇稿子的人数受到了严格限制，每篇新闻只允许一个文字编辑和一个图片/视频编辑同时在线，否则较早登录的编辑将被自动退出编辑界面。只有权限更高的编辑有权强制结束正在进行的编辑功能。

从这个意义上来说，在媒介融合过程中，最需要转型的一线记者反而是技术平台的最弱受益者，对他们来说融媒体指挥中心发挥的是传统稿库的概念，工作流程以传稿、查看稿件动态，部分媒体可以进一步追踪传播量数据。事实上，笔者在调研时发现，在部分媒体的融媒体指挥中心后台嵌入了技术部门开发的数据新闻制作套件、视频制作套件等专业工具，但这部分内容既没有在编辑部被广泛宣

---

① 见本书附录一访谈对象素描 E3。

传，记者也不会主动研究新系统与旧系统之间的差异，导致复合形态的新闻生产在一线记者层面的执行率大大降低。

## 第三节　生产突破：采编转型

3G时代的新闻编辑部创新是以"全"为要点，将文字、图片、视频等媒介形态的简单相加为目标，而随着"媒介融合"上升为国家战略，这种全媒体的内容生产被4G的"融媒体"取代，强调要适应移动优先、视频优先的技术发展方向，对信息进行再加工和深加工，并将这种生产模式从重大主题报道逐步落实到日常报道中。从融媒体这一核心关键词出发，从内容生产上理应包含三个维度：第一，改变传统条线性质的新闻生产原则，将传统的新闻生产与垂直化新闻生产有机结合，从团队建设的角度保障融媒体生产的可能性；第二，改变传统新闻叙事模式，适应移动化、视频化的技术变革主旋律；第三，融媒体不仅是传统媒体和新媒体的融合，也是主流媒体和用户之间的融合，事实证明过去一股脑的内容推广模式并未在传媒市场获得可见的效益提升，因此要借鉴互联网平台的操作模式，建立用户和主流媒体的互动机制，以此带动用户增长。只有做到这三条，才能真正实现一支队伍、两个平台的一体化转型。

# 第四章
整体转型：媒体融合战略下的新闻创新突围（4G时代）

## 一　生产单位重组：频道栏目制与专业化聘任

以新闻客户端为中心抢夺传媒市场，主流媒体所面对的竞争对象是垂直化的行业自媒体。事实上，主流媒体长期在各自条线积累的社会资源本身是一笔巨大的财富，同时传媒市场崛起的行业自媒体的创始人大多也是主流媒体精英转场的产物，从这个角度来说，主流媒体的整体转型依然拥有巨大潜力。

### （一）创新兼顾传统：市场检验后的团队调整

2013年，率先试点的上海报业集团旗下三个新媒体项目"上海观察""澎湃新闻""界面新闻"开始尝试整体转型。其中"上海观察"和"澎湃新闻"与《解放日报》、原《东方早报》在人员上有一定的重合，并在实践中不断完善"全员转型"，其中频道栏目制是"全员转型"后的基本生产单位，二者唯一的差异是《解放日报》这张报纸仍在，而《东方早报》已于2017年1月1日起停刊。

在全员转型之前，无论是"上海观察"还是"澎湃新闻"都经历了"报网联动"的孵化阶段。以"澎湃新闻"为例，在《东方早报》转型的过程中先以微信公众号的形式进行孵化，《东方早报》中的每一个部门甚至每一个记者编辑都可以根据特长和兴趣创设微信公众号，报社内部对微信公众号的内容和市场需求进行调研，之后以是否经受住市场检验为主要标准，确定时事、财经、思想、生活四大板块和49个子栏目,并明确以"时政和思想"作为主要特色,将"中南海""打虎记""中国政库""一号专案"等时政子栏目和"思想市场""文化课""有戏"等思想栏目作为王牌栏目予以建设。这些子项目有一部分是新建栏目,另有一部分是沿袭《东方早报》的既有框架进行微调,比如《东方早报》的"大都会"版面相应调整为澎湃新闻"浦江头条"栏目,继续追踪除文化、体育、财经以外的各类涉沪新闻。

相比于"澎湃新闻"的大步向前,"上海观察"(后更名为"上观新闻")试点范围较小。先从集团内部抽调了《解放日报》《新闻晨报》《新闻晚报》的内容团队和运营团队中的15人组成一支新媒体运作队伍,两年后在省级党报中跨出第一步,面向全体采编人员公开进行栏目招标,将栏目小组作为报社基本内容生产单位,并将所有栏目归入9大频道(频道制在"解放网"改版时就已确立),由频道总监负责稿件审核把关,开启了"一支队伍、两个平台"的一体化运作新模式。其中专职栏目有传统的条线支撑,兼职栏目以跨部门重组为主。

根据访谈,生产单位的重组带动了内容生产的创新,"上观新闻"最初成立的70个专职和兼职栏目使采编人员的角色意识从被动转向主动,并激发了工作的积极性和创造性。

| **第四章** |
整体转型：媒体融合战略下的新闻创新突围（4G 时代）

栏目报名的时候大家积极性就很高，所有的采编人员都可以自愿报名，自组团队，我当时自己也报了好几个栏目。每个报名者需要提出这个栏目的创意设想，甚至于自己组阁，既可以是在本频道之内，也可以是在不同频道之间跨部门的柔性组合，所以当时大家积极性很高。当时我自己曾经做过一个比喻，就像联产承包责任制，分厂到户（栏目），它就相当于一个责任田一样。栏目制改革，就打破了以往在报纸时代部门的集中性。①

据解放日报社的不完全统计，改革以来"上观新闻"平均每天产生 2 篇 10 万+文章，平均每两周产生 1 篇 100 万+文章，单篇浏览量最高达 600 多万。② 尤其是区别于传统条线支撑的兼职栏目，"上观新闻"更加注重新媒体的表达，与原本严肃的新闻生产有很大的风格转变。例如"着调青年"栏目，是由文化频道的一位一线采编担任主编，吸纳了政协频道、视觉频道、运营技术中心共计 4—5 位 90 后记者，每周都去采写一个具有特色的非典型青年形象，例如每天在上海各地标建筑拍摄朝阳的摄影师，酒吧和迪厅里的调酒师、调音师，以图文报道、视频等形式呈现上海不同青年的生长状态。

---

① 见本书附录一访谈对象素描 D1。
② 马笑虹：《融合，脚步匆匆 转型，还在路上——解放日报深度融合整体转型的实践》，《中国报业》 2017 年第 19 期。

在整体转型的过程中，部分不以条线为性质的编辑部也在一定程度上得到保留，没有产生过多的调整。例如《解放日报》专副刊作为以版面为出发点的编辑部，在整体转型过程中因为创办的两个微信公众号"解放周末""朝花时文"点击量和阅读量数据表现亮眼，因此被完整保留，以"海上记忆""朝花时文""徐芳访谈""上书房"的栏目形式分配在文化频道。

（二）从行政化管理到专业化管理

部门改频道后，新闻编辑部的权力格局也发生了明显的变化。在传统主流媒体中，记者—编辑—主任助理—部主任分别代表着一种权力对应关系，频道栏目制施行后，形成的是记者—编辑—栏目主编—频道总监的专业序列格局，在业务管理架构改革中，除了编辑部高层领导顺势由副总编辑兼任新闻中心总监等，其余尽可能引导部门负责人回归采编一线，权力得到了有序的分散。以"上观新闻"为例，根据笔者整理，9大频道、69个栏目共有53个主编，基本实现了扁平化以及传统媒体人才与新媒体采编人才的混编。在这个过程中，"采编为宝"是生产单位重组的核心理念。

这不是一个简单的从部门改到频道，在更名背后，它其实还是拥抱互联网、积极投入互联网的思维。不是说简单地把部门平移过来，它整个功能架构根据新

| 第四章 |
整体转型：媒体融合战略下的新闻创新突围（4G 时代）

的采编流程，做了重新的分工。栏目制改革，就打破了以往在报纸时代部门的集中性。①

与此同时，打破集中制意味着改变了新闻编辑部的权力架构，新闻编辑部内部的成长路径也从行政化取向转向专业化取向。与整体转型几乎同时进行的是上海报业集团采编专业职务序列改革，按照"导向为先、内容为王、受众为本、采编为宝"的方针，确立了采编人员在媒体单位的主体地位，明确"特聘首席"（编辑、评论员）、"专业首席"（编辑、评论员）和"四档十级"的采编专业职务框架，让原本转至二线管理的业务骨干能够重新回归"写手"岗位。据上海报业集团内部统计，截至 2018 年 3 月，共有 14 名副处级以上行政干部竞聘为首席人员，30 多名部门副主任转聘为栏目主编，两轮聘任周期里共聘任首席 82 人次，平均年龄 40.8 岁，最年轻的为 28 岁。

首席人员在遴选评审时，完全凭业绩说话，没有任何资历门槛和条件限制。首席人员在业务上相对独立，拥有业务立项权、选题策划权、团队组建权、资源统筹权、专栏开设权等，可以直接向总编辑或副总编辑负责。②

---

① 见本书附录一访谈对象素描 D1。
② 见本书附录一访谈对象素描 D1。

## 二 视觉化创作：技术融合下的新叙事模式

如前所述，融媒体的第二层含义是要适应移动化和视频化的趋势，实现新闻叙事模式的创新。4G时代，以H5、海报、视频为代表的轻阅读形式不仅冲击了文字报道的线性叙事模式，同时也要求主流媒体适应视觉呈现、场景再现、用户交互等用户偏爱的内容形式，进行可视化的新闻创新。为了尽可能实现叙事模式的转变，主流媒体一方面增设了可视化的新闻生产部门或专门从事可视化生产的融媒体记者岗位，另一方面以新闻编辑为纽带，加强技术人员与一线采编的联系，并在支持力度上向视频化生产倾斜。

### （一）新闻属性与技术属性融合的两种路径

在视觉化创作的过程中，新闻编辑部内探索的是一条新闻属性和技术属性融合的道路。在不同媒体的融合创新实践中，既有技术朝着新闻融合，也有新闻朝着技术融合的区别。

根据访谈，技术向新闻融合的模式是强调技术人员本身融入一线采编，这种融入既有体现在管理模式上的，也有体现在日常工作中的。例如封面新闻在2019年推动全面视频化的过程中，将原本属于技术部门的视频中心20多位技术人员归口到内容部门，协助内容部门进行视频化生产。

> 现在内容团队里面也有偏技术的小组，典型的就

| 第四章 |
整体转型：媒体融合战略下的新闻创新突围（4G 时代）

是视频中心。原本视频中心归属在技术条线，和一线采编是跨部门合作。后来将他们分散到各个采编部，以长期加入的形式协助采编的视频化生产。现在视频团队的管理已经不在技术条线，而是内容条线。①

新华社融媒体记者也是从技术向一线采编融入的一种尝试。2017 年，新华社一些分社试点成立单独的融媒体报道中心，招募第一批专职融媒体记者。从招聘要求来看，融媒体记者的基本门槛是要具备制作动画、海报、长图、视频等技术储备能力。虽然定岗为融媒体记者，但是在新华社的新闻编辑部中，融媒体记者的生产能力不仅在视觉制作上，还包括日常的文字报道。

日常工作范围除了重大新闻事件的融媒体报道和可视化创作之外，我本身也从事文字报道，也需要时刻关注时事政治和政策解读的内容。从这个角度来说，我自己也在不断提升。因为不仅在媒体，即使在互联网公司，产品经理和设计人员之间每天也都要打架，这里有个意识的传达和翻译过程的准确性。而我自己身兼两职的话，自己就把这个问题给消化了。②

另一种更普遍的方式是新闻向技术融合，这种思路在

---

① 见本书附录一访谈对象素描 B1。
② 见本书附录一访谈对象素描 G2。

195

### 从2G到5G
技术驱动下的中国传媒业变革

不同媒体有不同的践行方式，最激进的是要求一线采编人员全部掌握视频化技能，最温和的方式是记者根据主观意愿和自主判断选择是否进行视频化，居中方式是由编辑协调，将一线记者与技术人员进行临时性合作，二者磨合。在不同操作方式下，编辑部的关系网络存在一定的差异。

要求采编全部掌握视频化技能主要体现在对编辑部领导意志的贯彻，更多体现的是转型的决心，并且在应对突发新闻时能够在第一时间兼顾新闻性和技术性，第一时间发布短视频。封面新闻编辑部为了做到全员转型，要求所有记者和编辑进行脱产学习，四轮培训过后通过视频剪辑考试才能发工资。

> 当时我们所有人都把工资压在那里，考试合格了才发工资，意味着你符合要求可以继续上岗，未通过的要接受下一轮补考。除了董事长外，包括总编辑都参与了考试。当时所有人都很紧张，视频是我们智媒体转型中最痛苦的一环。但是如果不通过这种强行的动力，可能也实现不了理想的效果。到现在，我们所有记者和编辑都会剪视频，差别就是编导思维和呈现手段，但是应对突发基本都可以做到把重要新闻素材剪辑出来，配发封面的 logo，立马发出。[1]

---

[1] 见本书附录一访谈对象素描 B7。

| 第四章 |
整体转型：媒体融合战略下的新闻创新突围（4G 时代）

目前，大部分主流媒体采用的是由编辑居中协调，这种模式往往适用于主题报道或重大新闻突发事件的持续跟进，这里既涉及跨部门的合作协调，还包括传统采编部门和技术采编部门之间的内容竞争。例如在澎湃新闻编辑部内，视频视觉中心隶属于澎湃新闻中心，与其他时事新闻中心、财经新闻中心、要闻中心、文体新闻中心等并列，这种并置带来的是竞争关系。

我们组还是走量，从这一点来说我们和视频完全就是竞争关系，一些深度报道例如人物等，他们和视频更趋向一种合作关系。同时为了迎合视频化的趋势，很多题材在文字上尺度突破的，视频团队就可以。[1]

此外，在以《人民日报》为代表的党报体系内，新闻和技术的融合还处于柔性引导制，一线采编能否成为融媒体生产的行家里手，更多体现在个人意愿上。

我可能是这一届入社的新人里面全媒体能力最强的记者，这是因为我自己以前的经历和兴趣，愿意主动拍照片和视频。但从社内的情况来说，没有对新媒体或全媒体生产有硬性要求，但是我们有一系列的导向，例如工资绩效、报社内部奖项等方式，引导年轻

---

[1] 见本书附录一访谈对象素描 E3。

记者多参与融媒体工作。①

从目前编辑部内部的氛围来看,记者的核心技能更多还是采访突破和文字表达,融媒体生产的压力一旦转化到记者身上,就会在业内竞争的压力下改变整体编辑部的文化氛围。

> 现在只有这样的要求,就是记者出差之后,要拍视频、直播。不过这样记者真的会很累,所以都会优先让年轻的男记者出差。要知道现场的速度抢到什么地步,比如曾春亮落网,我们记者是第二天出发的。这个新闻我们在第一落点、第二落点上面都跟进得很好,但是新京报当天晚上就出发了,深夜拉了一个视频直播。这就导致我们记者到了那里之后,不仅上午进行图文报道,下午直播,晚上还要写全面的文字稿,已经竞争到这种程度了。②

## (二) 常态化生产速度与协调机制

视频以外,H5、海报与 VR 是目前主流媒体最常用的可视化新闻叙事,主要是新闻编辑与技术部门的合作,在编辑策划、记者采写、技术制作的有效分工下,编辑的策划和沟通能力是影响叙事效果的关键。

---

① 见本书附录一访谈对象素描 F1。
② 见本书附录一访谈对象素描 E3。

## 第四章
整体转型：媒体融合战略下的新闻创新突围（4G 时代）

从访谈结果来看，目前在部分技术探索前沿的主流媒体中，H5、海报制作的技术门槛已经降低，新闻编辑部内部可以完全实现技术自主。因此 H5 和海报的操作已经进入常态化的流水线工作，作为流水线两端的记者和技术本身接触也较少。

> 我们部门在整个海报的制作流程过程中，记者不会过多地介入。一般来说我们编辑在给记者布置选题的时候，觉得选题有意义，就跟他说会做一个海报，明确海报的主题，记者就围绕这个主题来做。中间需要记者协助的是海报的文字部分以及需要补充的图片物料等。在设计阶段，记者不太会介入，一般靠设计团队自己做创意，我们编辑会跟他/她表达主题。[1]

对于专设融媒体记者岗位的主流媒体，H5 和海报制作已经是与文字报道近乎相同的生产速度。

> 海报也是有简单的、有繁杂的，所以这个东西也会根据每一次项目给予我们的时间来调整。比如说只给我一晚上时间或者一个上午，我也可以做 3—4 张海报，不过就是可能相对简单的方式。如果给我更长的时间，我可能又是另外一种做法。[2]

---

[1] 见本书附录一访谈对象素描 E2。
[2] 见本书附录一访谈对象素描 G2。

**|从2G到5G|**
技术驱动下的中国传媒业变革

但在常态化的新闻产品制作中,生产周期是左右编辑部不同角色积极性的重要变量。无论传统报道与技术团队是否存在竞争关系,从节省人力的角度来说,各主流媒体普遍倾向于同一个高价值的新闻选题可以通过沟通协调机制,实现多媒体形态的制作。在融媒体指挥中心的机制上,各部门在每周一的选题交流会上会阐述各自选题与重点,在技术允许的情况下,可视化团队会跟进产品制作。但是这其中容易因不同媒体形态制作周期的差异,影响不同行为人的角色,从记者角度来说,很可能因为制作周期的延长错过社会反响黄金期,因为同一个选题做成新闻产品,编辑部的倾向往往是同时发出。

之前我们组在做一个越南偷渡客的报道,选题汇报的时候觉得这是一个值得多部门联动的选题,就和各个部门的同事联系,大家一起做一个形态丰富的新闻产品。后来记者采访完回来之后,产品生产周期比预计要长的多,因为里面牵涉漫画和其他复杂的技术呈现,最后稿子发出来就耽误了一些时间,引起的反响不如预期,事后那个记者对于和技术部门合作选题就有点排斥。[1]

---

[1] 见本书附录一访谈对象素描 E1。

## 三 制造引力：内容运营与社会生产有机结合

"融媒体"生产区别于过去"全媒体"生产的另一个重要改变就是"融"强调的是传媒业内外的融合，而"全"局限于主流媒体内部，认为将媒体内部人力资源聚合就能实现生产赋能，但专业性的技术团队和互联网公司经过2G和3G时代已经超越主流媒体。从这个意义上来说，主流媒体需要利用品牌优势，结合各类社会化力量在策划、创意执行等方面的优势，与主流媒体的新闻报道需求有机结合，将其转换为主流媒体自身的价值，产出具有"现象级"的爆款产品。

### （一）理念转变：变传播目标为传播伙伴

提到近年涌现的"爆款"融媒体产品，不得不提的是建军90周年由人民日报新媒体中心出品的《快看呐！这是我的军装照》，累计浏览次数突破10亿次。这款"爆款"由人民日报客户端创意出品，腾讯天天P图互联网公司提供图像技术支持。这个亿级流量产品的创意源自同年（即2017年）麦当劳关于高考准考证的宣传创意，希望通过满足个人参军梦的形式表达老百姓对中国人民解放军的崇敬、喜爱，因此联系了腾讯公司进行支持。这种形式不单是简单的合作，而是一种思维的转变。

> 我们在内容生产上有一个很明显的变化，就是变

传播的目标为传播的伙伴。我们生产一个产品，第一要考虑的就是这个东西我们发布之后，用户愿不愿意帮助一起来传播。如果他愿意帮助你去传播，我们相信这个产品就成功了。①

**图 4-2　人民日报"军装照"与麦当劳"高考准考证"**

注：图片源自网络公开资料。

从一定意义上来说，融媒体产品的生产既包括传统的新闻取向，也兼具了具有营销意义的产品取向，关键是要打通线上与线下，即让传统的媒体（media）能动起来（mobile），也要让广大人民群众能行动（action）。② 新冠疫

---

① 见本书附录一访谈对象素描 F3。
② 胡正荣：《传统媒体与新兴媒体融合的关键与路径》，《新闻与写作》2015 年第 5 期。

情期间，人民日报官方微博发起了"全国美食为武汉加油"话题，新浪用户@陈小桃的一幅《全国美食为热干面加油》的拟人漫画在全网平台引起轰动，人民日报新媒体中心随后联系作者，共同运营"热干面"IP，并在疫情的不同阶段推出《热干面醒了》《热干面，好久不见》构成三部曲，体现一方有难、八方支援的积极心态。

> 现在我们的内容生产特别注重三共，既在信息传播方面和用户实现共享，同时要在价值判断面实现共识，在情感交流方面实现共情。①

**（二）协作式新闻布展的三种路径**

与《人民日报》类似，在本书访谈的媒体中，技术融合下的跨界实践日益普及，成为一种稳定的"协作式新闻布展"②的场景。从协作方式来说，包括与平台媒体的协作、与专业生产力量的协作和与用户的协作。

与平台媒体的协作从一定意义上来说是主流媒体借助新媒体平台获取流量的主要方式，这显示出了4G时代主流媒体已经超越了传统的"内容为王"和"渠道为王"的争

---

① 见本书附录一访谈对象素描 F3。
② 陆晔、周睿鸣：《新闻创新中的"协作式新闻布展"——媒介融合的视角》，《新闻记者》2018 年第 9 期。

| 从2G到5G |
技术驱动下的中国传媒业变革

执,"人媒关系"的重要性在媒介融合中获得重视。通过优质内容的分发推荐和原创内容的整合扩大主流媒体和平台媒体的合作空间,改变3G时代"内容奶牛"无法有效触达用户的现实困境。

> 我们和几大商业渠道平台都建立了一些微信工作群,每天都向这些群进行稿件的推广推荐,有些重大突发事件和重要时间节点,我们会主动做一些专题性、主动性的分发,并且在相关渠道上配置微话题、专题、直播等导流措施。同时我们也会不断和商业平台联系,了解流量高低的变化以及产生这些变化的可能原因[①]。

> 除了原创内容以外,我们在商业平台的运营上还要借助整合和再编辑的力量。我们看到一个新闻热点或文化热点,虽然只有短短几个字,但是为了这几个字,要去整合非常多的内容,重新根据不同的平台做重点。这已经超出了过去所谓"内容搬运工"和"转载"的概念。因为简单的搬运反而会消耗自己作为媒体的影响力,所以在商业平台上的每一个整合,都需要花编辑很大的力气去维护它。[②]

对于新闻编辑来说,专业生产力量逐渐依赖技术性的

---

① 见本书附录一访谈对象素描D1。
② 见本书附录一访谈对象素描B3。

# 第四章

整体转型：媒体融合战略下的新闻创新突围（4G 时代）

协作与稿源的支撑。稿源的拓展主要吸纳的是政务机构的官方信息，构建社会沟通的共同体；技术性支撑则是跨越融媒体制造中的技术难题，虽然编辑部内部设有技术人员，但在整个技术市场来说，新闻编辑部始终是技术应用者，而非技术创造者。2017 年，新华社与阿里巴巴共同投资成立大数据人工智能科技公司"新华智云"，以 AI 技术为支点开发智能化新闻生产平台"媒体大脑"（MAGIC），覆盖突发事件报道、程序性报道、舆情报道等多领域，通过购买服务的形式支持主流媒体的融合报道。

> 2020 年两会期间，《江西日报》利用我们的服务拆了上百条内容，并且在抖音里面开了一个叫"两会连连看"的专题，整个专题里面的所有视频内容都是从我们这里拆分，总阅读量是 2.3 个亿，非常可观。作为一个地方性媒体，在抖音单一平台能取得这么多的点击量超乎想象。更关键的是，它的阅读量完全超过了电视台报道的阅读量，这对文字媒体来说是非常不容易的。[①]

与用户的协作是借鉴自媒体的发展，将沉淀在网络深处的高质量内容汇聚到主流媒体的平台上来。例如封面新闻运营的"青蕉社区"，承载的是网络拍客资源，澎湃新闻

---

① 见本书附录一访谈对象素描 C3。

205

的"湃客"目标是将全球优秀原创作者吸纳到平台中来。

表 4-8  本书涉及的 5 家媒体"协作式新闻布展"情况（2014—2018 年）

| 媒体名称 | 平台媒体协作 | 专业力量协作 | 用户协作 |
| --- | --- | --- | --- |
| 人民日报 | 今日头条、"两微一抖"等 | 政务机构 | / |
| 新华社 | 今日头条、"两微一抖"等 | 阿里云团队* | / |
| 上观新闻 | 今日头条、"两微一抖"等 | 地方委办局、区级媒体 | / |
| 澎湃新闻 | 今日头条、"两微一抖"等 | 政务机构 | 问政、湃客等 |
| 封面新闻 | 今日头条、"两微一抖"等 | 政务机构 | 青蕉社区 |

注：1. 相关情况由笔者访谈所得；

2. 新华社与阿里云合作主要是依托新华智云公司的数据团队，为新华社提供技术组建支持，例如视频剪辑套件、数据新闻套件等。

## 第四节  用户参与：开放性互动调适

在媒体融合的国家战略下，不能忽视的一点是国家对于意识形态主动权和话语权的把握，将公众政治参与的渠道引导到主流媒体中来，实现政府与多社会主体的沟通。因此，缺少用户参与的媒体融合是不完整的。在这个思路下，主流媒体在新闻创新的过程重视开放性姿态的打造，将"内容传播"与"关系传播"有机融合，因为关系高于内容、影响内容并决定内容。正如彭兰所言，媒介融合时

# 第四章
整体转型：媒体融合战略下的新闻创新突围（4G时代）

代的多重媒体平台，是在用户节点那里互联、互通，也正是用户的分享和其他社交行为，促进了内容在多个平台间的流动。用户同时还是媒介融合的核心驱动力。通过新媒体平台释放出来的用户的力量，会直接作用于市场，对于媒介融合进程来说，这也是一种自下而上的、内源性的动力。① 另外不能忽视的是，用户参与虽然决定主流媒体的社会影响，但这不是媒体融合的全部，事实上重塑传统媒体话语权才是中国主流媒体融合演进的核心议题。②

## 一 互动模块设置下的政治调适

在中国转型社会背景下，技术进步所带来的用户参与始终具有政治性，主流媒体所遭遇的挑战核心在于政治传播的失灵与失效。在媒体融合战略中，中央明确了主流媒体转型的出发点和落脚点，即做好网络舆论工作，承担党和政府喉舌的组织属性和代表社会多元利益的主体性这一"双重角色"。③ 因此 4G 时代的用户参与从一定角度是 3G 时代"走、转、改"的升级，将主流媒体联系群众的职能镶嵌在新闻客户端这一核心平台上。不同的是，在国家战

---

① 彭兰：《新媒体传播：新图景与新机理》，《新闻与写作》2018 年第 7 期。
② 朱春阳：《政治沟通视野下的媒体融合——核心议题、价值取向与传播特征》，《新闻记者》2014 年第 11 期。
③ 李良荣、方师师：《主体性：国家治理体系中的传媒新角色》，《现代传播（中国传媒大学学报）》2014 年第 9 期。

略下，这种群众路线不再是一项集中的政治活动，而更显常态化。

根据调研，5家媒体均设置了诸如"问政""求证""建言""云求助"等网络问政平台，引导网民通过主流媒体的桥梁作用解决实际问题。新闻客户端都愈加强调践行这样的职责。

> 在媒体融合的过程中，一方面是生存压力的转型，另一方面是相关指导意见希望我们在舆论斗争的主战场（就是互联网上）发出主流舆论的声音，这是国家意识形态给我们设定的框。①

不仅如此，以"问政""建言"为代表的互动版块背后不仅连接着主流媒体一侧，还有庞大的党政资源推动着问题的解决。例如人民日报客户端的"问政"频道与人民网"地方留言板"（现为"领导留言板"）具有联动关系，并利用主流媒体在政治格局里的特殊地位，通过各地政府、各类政务机构对留言的回复工作进行评估和排名的方式，将回应压力转移到党政机关。作为最早一批打造政务互动平台的澎湃新闻，也设立了"澎湃政务"指数榜，在一定程度上给入驻的政务号机构和部门以无形的压力。"上观新闻"启动的"上观号"政务聚合平台，不仅入驻了104个

---

① 见本书附录一访谈对象素描 D1。

| 第四章 |
整体转型：媒体融合战略下的新闻创新突围（4G时代）

区委办局重要机构，并下沉到上海市80个机构。

现在我们开始每周会看上观号传播的情况，看他们的影响力，每两个月会评选优质账号、优质内容，接下来（2020年底）要评选一次年度十优，和各个区融媒体进一步在内容、活动以及品牌的联动各个方面加强合作。①

表4-9 本书涉及的5家媒体新闻客户端互动模块设置情况（2021年）

| 媒体名称 | 互动模块 | 互动内容 | 互动作用 |
| --- | --- | --- | --- |
| 人民日报 | 1. 问政<br>2. 公益 | 1. 网络问政<br>2. 推动公众对公益事业的参与 | 1. 承接党报群众工作<br>2. 体现党报社会责任 |
| 新华社 | 1. 求证<br>2. 全民拍 | 1. 科普答疑、辨别谣言<br>2. 征集新闻线索 | 1. 传递权威信息<br>2. 关注网友关切 |
| 上观新闻 | 1. 建言<br>2. 报料<br>3. 投稿<br>4. 辟谣平台<br>5. 一网通办 | 1. 网络问政<br>2. 征集新闻线索<br>3. 收集原创内容<br>4. 科普答疑、辨别谣言<br>5. 服务市民 | 1. 承接党报群众工作<br>2. 关注网友关切<br>3. 扩大内容来源<br>4. 传递权威信息<br>5. 在线政务服务 |

---

① 见本书附录一访谈对象素描D1。

续表

| 媒体名称 | 互动模块 | 互动内容 | 互动作用 |
| --- | --- | --- | --- |
| 澎湃新闻 | 1. 视频/新闻报料<br>2. 问吧 | 1. 征集新闻线索<br>2. 网络问政+知识问答 | 1. 关注网友关切<br>2. 传递权威信息 |
| 封面新闻 | 1. 云求助<br>2. 青蕉社区<br>3. 小封机器人 | 1. 搜集网民困难<br>2. 用户发布动态<br>3. 与网民互动聊天 | 1. 做好群众工作<br>2. 展现用户动态<br>3. 打造沉浸体验 |

资料来源：笔者根据公开资料与访谈印证所得。

## 二 三审制：社区网络的运行规则

在社区运营上，主流媒体一方面通过 PGC 和 UGC 的结合，扩大内容源头，另一方面又带着严格的筛选标准，基本以个人承包制的形式负责社区网络用户（账号）的引入、跟进与内容审核。

2018 年澎湃新闻正式上线"湃客"频道，虽然主打高效率生产的品牌，但合作方式还是坚持传统新闻部的公共性和专业性，在 1100 多个湃客账号的高密度生产下，每个编辑每天要发 300 多篇稿件，每篇都以澎湃原创新闻的标准进行审核。

湃客编辑的日常工作是要维护好入驻的作者，跟他们对接，从报选题到沟通，都在业务范围内。接到

| **第四章** |
整体转型：媒体融合战略下的新闻创新突围（4G 时代）

稿件之后，人工录稿、提交审核。所有的内容都必须经我们自己的编辑才能录入，同时他们和时事新闻共用一套三审制标准。①

与之类似，"青蕉社区"作为封面新闻主打的社区网络，通过社区动态和短视频两条主线凝聚青年用户。作为开放社区，一方面封面新闻重视以话题设置、打造圈子的方式鼓励青年人自我表达，同时也在追踪自己的拍客。

拍客你可以理解为和梨视频有些类似，做 UGC 的生产内容，但我们更鼓励社区运营出自己的 KOL，鼓励广大用户在社区里面投稿，我们挑选优质内容对其进行曝光，并且邀请他们参与我们的活动策划，扶持他们成为 KOL（关键意见领袖）。②

酝酿 KOL 的过程就是和拍客建立互动关系的过程，考虑到新闻的即时性，每个编辑以区域负责制追踪拍客。

每个编辑基本上对于社区里面的拍客都是非常熟悉的，他在什么位置、擅长什么题材、做到怎么样的采访，每个编辑心理都有数。包括他拍过哪些题材，我们都记录在案。所以当某一个地方出现了新的突发

---

① 见本书附录一访谈对象素描 E3。
② 见本书附录一访谈对象素描 B3。

事件或者热点话题，我们可以精准地找到拍客。①

成熟的拍客将会出现在编辑部建立的微信群"封面新闻的朋友圈"，编辑部的社区运营人员将以各种形式策划活动，将活跃的"青蕉社区"用户更加紧密地编织在封面新闻的社会网络。目前在四川省两会期间，已经形成了稳定的封面云互动两会品牌，让参与两会的人大代表和政协委员与网民云上互动。能进入"封面新闻的朋友圈"意味着和媒体的关系进入核心层面，但进入这个核心层是有准入条件的。

这个群我们一直都是做筛选的。如果要进群，先要添加我们"青蕉社区"主体人微信号，我们会对个人情况做一个基本的了解，然后再判断是否可以拉到群里面。同时在日常管理中，每一条呈现在社区里的内容都是审核过的，拍客的稿件是三审制，每个编辑轮值审核。每一天我们都要看有哪些用户发了哪些内容，对于重点活跃用户，会做进一步的电话回访，看是否有意愿和我们合作，成为 KOL 的备选。②

---

① 见本书附录一访谈对象素描 B3.
② 见本书附录一访谈对象素描 B3。

## 三 用户评论的可见性与可触达性

评论作为一种基本的开放性设置，在一定程度上能够反映用户对主流媒体新闻报道和新闻产品的评价，无论是在新闻客户端还是平台媒体，都有专门的新媒体团队对接用户。但从访谈的情况来看，用户评论的可见性与可触达性都存在一定的"暗箱"，本身对于社会乃至新闻编辑部来说，公开程度都存在折扣，问题关键在于新媒体部门的操作规范和与一线采编的沟通性。

新媒体部门作为新闻客户端和平台媒体渠道的运维者，能够在第一时间接触到用户最直接的反馈。一方面，平台媒体本身会给主流媒体的新媒体部门提供管理后台，每天能够看到几千条网友评论；在自有平台上，新闻客户端上面的跟帖和社交媒体渠道的留言都有新媒体部门的编辑每天在后台跟踪。但新媒体部门往往是信息接收者，而不会成为信息反馈者，既缺少与用户的直接互动，同时也缺少与一线采编的沟通。

> 从工作机制来说，我每天值班的工作就是编辑完稿子发出去，然后我们要选择评论，这样才算完成了整个工作流程。至于是否回复，这不是一个硬性要求。从氛围上来看，大家整体上都倾向于不回复。①

---

① 见本书附录一访谈对象素描 F2。

|从2G到5G|
技术驱动下的中国传媒业变革

因此用户评论的筛选被简化成一种工作流程，并可能带有一定的策略性考量。不仅如此，在主流媒体强调重视用户评价的媒体融合时代，用户评价并不在于评论文本，而在于网络流量。一线编辑、记者从新媒体部门获得的往往是榜单和数字。

新媒体部门很少和我们沟通，只有稿子质量很好的时候遇到会说一句稿子影响很不错，其他情况下用户反馈也是我自己在评论区看。只有在稿件有较大社会争议的时候才可能会有讨论，但对于我们主流媒体来说，严格的审核制度又规避了这个风险。所以本身我们和用户存在着天然的距离。①

## 本章小结

在4G时代，主流媒体新闻创新在"媒体融合"国家战略的指导下，新闻编辑部第一次实现了整体性的转型与创新。在融合思路上，坚持以技术为中心，将新闻客户端作为核心平台进行采编队伍的转型，一支队伍、两个平台不仅仅是主场的转移，背后还打破了传统新闻编辑部的生产逻辑，用专业化管理取代行政化，来回应行业自媒体的垂

---

① 见本书附录一访谈对象素描D3。

| 第四章 |
整体转型：媒体融合战略下的新闻创新突围（4G时代）

直化生产，尽可能地激发一线采编在媒体融合浪潮下的积极性和潜力。同时，与技术有关的人员、系统第一次正式在新闻编辑部中从边缘向中心走近，在探索"移动优先"的一致路径下，不同媒体综合自身的实际情况，在技术属性与新闻属性融合中探索了不同的道路，既有封面新闻"智媒体"的前沿探索，也有其余媒体稳中求进的创新历程。更重要的是，4G时代主流媒体的媒体融合不再执着于内容、渠道，而是确定了用户对于主流媒体影响力的重要作用，借鉴了互联网平台的做法，建立PUGC的混合格局将技术形式前沿、符合多元人群诉求的社会化力量引流到主流媒体的新闻客户端上，实现用户流量的加成。这些转型都是在制度允许范围内的较大突破。

作为政府与社会的中介沟通角色，主流媒体的政务平台、网络问政平台及时关注网民的现实需求，并借助主流媒体在政治体制内的特殊地位，通过压力传导的方式提升回复率，改变了2G、3G时代政治沟通不足的现实。但在新闻编辑部内部的用户互动和用户反馈来看，严格的三审制度不仅加大了编辑的工作压力，同时也限制了主流媒体能触达的用户范围，和审核门槛较低的平台媒体相比，主流媒体的用户群始终无法突破。从另一个意义来看，4G时代的媒体融合所能凝固的用户仍是大众人群和政治意义上的关键人群，但覆盖的多样性不足，第一时间介入社会变动的动力和效果也有限。尤其是互联网技术不断放大了少数人的需求，以存在即合理的方式让更多边缘人群借助网络平台在网络社会占据一席之地，而这也将在5G时代给主流媒体带来巨大的考验。

FROM **2G** TO **5G**:
TECHNOLOGY-DRIVEN
TRANSFORMATION OF
CHINA'S
MEDIA INDUSTRY

# 第五章

# 生态化：深度媒体融合的新闻创新（5G时代）

5G时代主流媒体走出新闻编辑部，借技术革新破界，以应对包括技术与内容的融合、主流媒体与传媒产业的互动以及主流媒体与社会的紧密联系，从而将自己化身为"关系之网"的重要互联部分。

| 第五章 |

生态化：深度媒体融合的新闻创新（5G时代）

2019年6月6日，工信部正式向中国电信、中国移动、中国联通、中国广电发放5G商用牌照。同年11月，三大运营商正式上线5G商用套餐，拉开了5G时代的序幕。5G时代，技术所标榜的就是万物互联，其高速度、高并发、高兼容、高安全、低时延的特征将进一步激发人工智能、云计算、大数据、VR/AR等新兴时代技术的快速发展。与过去的4G网络相比，5G网络的优势不仅在于数据传输速率达到10Gbit/s，比4G蜂窝网络快100倍；同时低于1毫秒的响应速度（4G通常为30—70毫秒）能够突破手机这个移动设备的限制，再次走入家庭、办公网络，融入更多场景环境，智能化时代将从想象走进现实。

本章聚焦4G后期到5G前期技术对现实社会的进一步影响，突出智能化趋势。同时在这个过程中，技术的力量在不断加强，尤其是依靠技术和资本力量在网络社会中崛起的互联网平台已经将传统的社会群体演化成以媒介为中心的圈层，加速了中国社会群体的结构性转向。以"饭圈"为代表的圈层群体通过相关舆情事件的表现展示了其强大的网络行动力，这意味着技术对中国社会的改造愈加深入化。从这个意义来看，如果主流媒体依然执着于简单的政治沟通，不能进一步探索技术活力，尝试跨圈融合，那么媒体融合下的平台建设成就也不会持久。因为技术是有生命力的力量漩涡，也是文化结构的动因和塑造力量。① 事实上，在媒介融合实施的六年时间里，以封面新闻和新华社新华智云公司为代表的媒体或媒体科技公司已经积累了智媒体的创新经验，并尝试为主流媒体建设生态性平台提供一定的技术参考。与此同时，中共中央办公厅、国务院办公厅印发了《关于加快推进媒体深度融合发展的意见》，也将作为最新的政策文件进一步指导 5G 时代媒体融合的生态化建设。

## 第一节　智能化发展与圈层传播挑战

从学界和业界共识来看，5G 时代最大的改变就是从人与人的通信走向人与物、物与物的通信，万物互联等于万物皆媒，将创造一种没有边界的传播。在 4G 和 5G 交接的关键期，我们就进入了以大数据和泛在网络为基础的"沉浸时代"。"沉浸媒介"② 作为各种有形或隐形终端，无声

---

① ［加］马歇尔·麦克卢汉：《麦克卢汉序言》，载［加］哈罗德·伊尼斯《传播的偏向》，何道宽译，中国人民大学出版社 2003 年版。
② 李沁：《沉浸媒介：重新定义媒介概念的内涵和外延》，《国际新闻界》2017 年第 8 期。

潜在周边环境中，通过泛在网络与人类紧紧相连，共同组成空间环境。

## 一 沉浸时代："万物皆媒"下智媒体发展趋势

"沉浸时代"意味着人类在无边的网中穿越时空，一切媒介形式包括人本身均是泛在网络的节点，媒介不再是人与人的连接，相反人变成媒介的延伸——一切都是媒介。在这种背景下，广泛意义上的媒介化成为一种趋势。

虚拟与现实的融合是在 4G 时代进一步激活虚拟现实（VR）、增强现实（AR）、混合现实（MR）等体验式技术手段。通过无人机、摄像头、传感器等能够超越时空局限和感知局限的关键中介对数据信息进行编制，并通过计算的方式呈现一种超越真实的拟态环境。决定拟态环境真实性的关键因素是根据传感器对个体行为的自然响应方式和数据计算，生成的仿真三维环境，甚至是多维空间。从这个角度来看，虽然 VR 和 AR 技术在 2018 年进入发展拐点，并从美国市场研究公司高德纳（Gartner）的新兴技术成熟度曲线（Hype Cycle）中消失，但随着 5G 的逐渐成熟，资本市场在 2019 年再次重燃对 VR/AR 领域的兴趣。根据赛迪研究数据，2019 年 1—10 月 VR/AR 投融资规模达到 66.1 亿美元，远超过 2018 年全年 44.8 亿美元的规模。这充分说明，VR/AR 等极有可能成为最先落地的应用场景。

虚拟与现实的混合所依托的媒介是能够反馈个体行为

### 从2G到5G
技术驱动下的中国传媒业变革

和自然数据计算的可穿戴设备，这充分体现了能够采集数据的智能设备可以成为关键的自主性设备。就像唐·伊德所言的它异关系，技术作为人类随时随地打交道的前景（Foreground）和聚焦（Focus）的准它者出现。① 过去"物"一直被认为是客体存在，但是5G时代万物互联，意味着"物"成为全新的公共信息传播者，能够在时间的延续性、空间的广阔性、信息采集的多维度等多方面延展人的能力。②

可以说，5G作为最新的移动通信技术已经显示出其作为改变传统社会基础的跨越性力量，在这个过程中传播形式也从最原始的人与人交流跨越到实现机器与机器（即物与物）的多种交流方式。不仅如此，原本不具有计算能力的终端也将因为拥有数据搜集能力而延展计算能力，使其成为一种具有自主性的传播节点，挑战传统的传播形态。在这个过程中，终端的意义大于中介的意义，媒介的物质性超出它的中介性，加上智能终端本身具有的计算能力，作为物的媒介具有极大的可能性成长为移动传播中的新主体——智媒体，技术作为基础设施的力量在社会各个层面都成为日常社会生活所深度依赖，成为真正的融合网络。

---

① ［美］唐·伊德：《技术与生活世界——从伊甸园到尘世》，韩连庆译，北京大学出版社2012年版，第112页。
② 彭兰：《5G时代"物"对传播的再塑造》，《探索与争鸣》2019年第9期。

## 二 以平台为中心：圈层背后的技术文化圈

麦克卢汉在《理解媒介》中对于媒介技术和现实社会发展有个精辟的预言，即"重新部落化"。事实上，从2G到5G技术的演进使得传统社会已经深度嵌入网络社会，二者已经形成全新的社会融合形态，网络社会的基本单位和组织形式也和传统社会有了更多的相似性。在社会学领域，费孝通先生率先提出"圈子"是一种存在于中国乡村的独特的社会关系格局，这个格局与西方社会的"团体格局"截然不同，①"我们的格局不是一捆一捆扎清楚的柴，而是好像一把石头丢在水面上所发生的一圈圈推出去的波纹。每个人都是他社会影响所推出的圈子的中心。被圈子的波纹所推挤的就发生联系"。②

作为4G延伸到5G的全新传播现象，网络社会的圈子被认为是关系、技术、文化共同影响的结果，③三者的作用结果在2G时代以来一直沉淀在网络社会中，只是随着算法和人工智能等技术发展之后，圈层得以凸显。如今，这个影响传统乡村的差序格局不仅延伸到网络社会，甚至已经

---

① 费孝通：《乡土中国 生育制度》，北京大学出版社1998年版，第69—75页。
② 费孝通：《乡土中国 生育制度》，北京大学出版社1998年版，第26页。
③ 彭兰：《网络的圈子化：关系、文化、技术维度下的类聚与群分》，《编辑之友》2019年第11期。

扎下根来。随着2020年肖战"227"事件的迅速扩大，人们讶异于"饭圈"的威慑力，并开始意识到圈层已经成为网络社会一个重要的群体区隔，背后更蕴藏着技术带来的资本和文化的彼此交织。

### （一）网络平台与圈层形成

网络社会的"圈层"或"圈子"主要指的是社会成员基于不同缘由，以社会关系的远近亲疏作为衡量标准，通过互联网媒介平台集聚与互动，所建立并维系的一个社会关系网络。① 从这个定义来看，技术驱动下的互联网媒介平台是圈子的集聚地，建立社会关系是圈子得以形成的根本，而从关系建立的缘由来看，兴趣和情感被认为是圈子内部群体互动和文化实践的关键因素。② 因此在一定意义上，网络社会的"圈子"与所谓的"亚文化"群体有着一定的联系，但也有着本质的区别。如今的"圈子"文化借助互联网平台逐渐从后台走向前台，2G时代以来发展的"亚文化"虽然凭借网络论坛、博客等开放性平台获得了与主流文化并存的发展机会，带动了诸如汉服文化、滑板文化等在商业上的风格和价值，但在话语权上并不占据优势。但是"圈子"文化不同，他的话语权已经日益受到各界的重视，归根结底在于技术和资本的双向推动。

---

① 朱天、张诚：《概念、形态、影响：当下中国互联网媒介平台上的圈子传播现象解析》，《四川大学学报（哲学社会科学版）》2014年第6期。

② 蔡骐：《网络虚拟社区中的趣缘文化传播》，《新闻与传播研究》2014年第9期。

# 第五章

生态化：深度媒体融合的新闻创新（5G 时代）

首先从技术上来说，"亚文化"和"圈子"文化都是需要小众的集聚。2G 时代之后的"亚文化"是通过网络平台的显性连接得以集聚，这种显性连接包括转发、评论、主动表达等显性的行为。而在"圈子"时代，随着算法和人工智能的不断深入，诸如阅读、停留、标签选择等隐性行为的意义被大大激发，建立在算法推荐技术上的以隐蔽的兴趣爱好和日常化的网络使用行为为主要数据的隐性连接，以标签的形式建构不同的隐性社群，重塑着社会形态。

其次，有圈就有边界。网络"圈子"的边界和规范的体现就是以互联网 App 为代表的产品边界或称为平台边界，典型案例之一就是同样作为短视频平台的抖音和快手背后所对应的用户圈层。根据 2020 年 9 月发布的《第 46 次中国互联网络发展状况统计报告》，中国短视频用户规模已经达到 8.18 亿，占网民整体的 87.0%，从使用时长来看，短视频（8.8%）仅次于即时通信（13.7%）、网络视频（12.8%）、网络音频（10.9%），成为手机网民主要使用的第四大应用。[1]"抖音"和"快手"两大短视频平台凭借个性化推荐的算法技术，将短视频用户进行定位收割，不同的调性和品味建构了不同的短视频圈层。如表 5-1 所示，两大短视频无论是从用户定位、内容生产来源、运营策略、

---

[1] 中国互联网络信息中心：《第 46 次中国互联网络发展状况统计报告》，2020 年 9 月 29 日，http://www.cnnic.net.cn/hlwfzyj/hlwxzbg/hlwtjbg/202009/P020200929546215182514.pdf。

算法偏好还是产品偏好等多维度来看，都存在显著差异。抖音代表了"小资青年"圈层，快手代表"小镇青年"圈层。这两个圈层的形成与两大短视频平台的内容定位、内容生产来源、运营策略、算法偏好等都息息相关。同样是记录生活，抖音强调"美好生活"，因此重视潮流和品味，借助明星和头部用户促进内容消费；快手强调"看见每一种生活""拥抱每一种生活"，因此体现的是真实而非优质，加上"社会平均人"①的理念，专注普通人的生活，因此无论是在内容来源还是算法推荐偏好上，都奉行所谓的平均宗旨，激活城镇、农村的长尾内容。在平台的边界下，不同调性的青年圈子得以形成。

表5-1　　抖音和快手两大短视频平台的差异性比较

|  | 抖音 | 快手 |
| --- | --- | --- |
| 用户定位 | 都市潮流年轻人（一线城市） | 社会平均人（二三线城市） |
| 内容生产来源 | PGC+UGC | 以UGC为主 |
| 内容呈现方式 | 滚动推荐 | 信息瀑布流 |
| 用户选择性 | 相对被动 | 可主动选择 |
| 运营策略 | 再中心化内容生态圈重视明星推广、粉丝效应和头部用户培养 | 去中心化内容生态圈重视草根和农村等长尾人群重视用户的社交网络 |

---

① 快手CEO宿华认为，把所有快手用户抽象成一个人来看，他相当于一个"社会平均人"。根据中国社会的人口特征，只有7%在一线城市，93%的人口在二三线城市，所以"社会平均人"应该落在二三线城市。

## 第五章
生态化：深度媒体融合的新闻创新（5G时代）

续表

|  | 抖音 | 快手 |
|---|---|---|
| 算法偏好 | 趣缘优先，向头部用户和流量倾斜，重视爆款 | 强调个体化，用户行为对算法的干扰较小 |
| 产品偏好 | 重视内容消费 | 重视内容生产 |
| 粉丝互动性 | 低 | 高 |

透过短视频，不难发现网络社会的"圈子"更加融入生活，以一种普通的生活经验进行传递，但是在这个"圈子"里面夹杂了诸如地域、阶层、代际等传统社会结构因素，又受制于平台的运营策略和算法推荐，使这种"圈子"具有了明显的边界。这种边界不仅没有像安东尼·吉登斯（Anthony Giddens）所说的通过对生活方式的选择实现自我认同以摆脱现代性的困境，相反将一种"生活方式的政治"矛盾带到网络社会中来。

（二）圈层传播的网络主力军

在网络社会的"圈子"里面，如果只看到技术、文化、资本三股力量的交融，将忽略了在"圈子"中发挥主要力量的核心群体——青年群体。作为互联网的原住民，以90后和00后为代表的青年群体本身就是在网络社会中浸淫成长，他们的信息来源、兴趣取向与互联网直接相关。与其他代际不同，如果用库利（Charles H. Cooley）的"人类本性"（human nature）来看待这批青年，他们传播和交流的基础有很大一部分是扎根于网络社会而非现实社会，因此他们的趣缘交往天然地扎根在互联网"圈子"。互联网"圈子"可能取代面对面交往和合作的初级群体，发挥更大的作用。青年在互联网"圈子"里的行为逻辑与其他代际，尤其是底层群体和中间阶层在线下社会中的行为逻辑有些类似，具有核心利益诉求，并有强大的动员和抗争力量。2020年肖战"227"事件中的饭圈女孩和同人圈层，让社会各界都见证了网络"圈子"行动起来的威力。

2020年2月24日，同人文章《下坠》最新一章的AO3和Lofter链接由微博用户@迪迪出逃记上传至微博平台，该同人文章以肖战和王一博作为CP设定，并插入女化肖战的图片，由此引发肖战粉丝不满。2月26日，肖战粉丝@巴南区小兔赞比开始以"自由应该是有界限"为口号，号召肖战粉丝通过网页、电话和信件举报的三种方式"扫黄打黑"，并列出《下坠》作者及一系列CP粉微博账号。其后CP粉发起反击，一方面强调相关文章只是内部传阅，也没有带演员姓名，并未对肖战本人产生负面影响，但并未获得肖战粉丝谅解。2月27日，Lofter平台被肖战粉丝举报后大量文章被锁，AO3官网、百度、B站（Bilibili平台）同人内容逐步沦陷，引发包括欧美、日韩、动漫、同人、耽美等亚文化文学圈子团结一致，掀起被称为"文艺复兴"的"227大团结"。此后两方势力各不相让，在网络平台掀起一场又一场"以暴制暴"的高潮，肖战粉丝甚至利用@人民日报传媒海南账号公开力挺肖战。直到《检察日报》

| 第五章 |
生态化：深度媒体融合的新闻创新（5G时代）

发表5篇文章评论肖战事件后，"227大团结"的成员部分回归同人平台，但肖战粉丝依旧不依不饶，发表《拿什么拯救你，我的三观，十问检察日报》，坚持"227"事件是由同人平台和资本扭曲事实，美化相关网站，将带来严重的意识形态风险。

在"227"事件中，无论是"饭圈"还是"同人圈"，都具备非常强烈的文化边界意识，同时不同的圈层因为占据的平台有大有小而存在不同的网络权力。和"饭圈"相比，"同人圈"的弱势地位源自AO3和Lofter等小众平台作为其圈层根据地，如果不是"饭圈"的恶意举报导致平台被封、伤及无辜，也无法形成讨伐肖战粉丝的合力。与此同时，在"饭圈"女孩中，资本渗透下的全新组织形式也受到各界的普遍关注。事实上，引起公众普遍不满的是肖战本人并未及时介入公共事件，引导粉丝行为，相反，主导议程设置的是肖战工作室、肖战全球后援团和部分关键粉丝用户（也称"粉头"），说明影响"饭圈"的不仅有平台的话语权，还有"饭圈"内部的严密传播系统。根据孟威的研究，饭圈的闭合循环系统体现了资本控制的严密性，通过循环系统，经济利益与文化利益密切了交换关系，明星和粉丝结成不对称的利益共同体，资方主导的娱乐产业通过平台流量数据的支撑形成强大影响力，使"饭圈"的文化消费持续增长。[①]

---

① 孟威：《"饭圈"文化的成长与省思》，《人民论坛·学术前沿》2020年第19期。

从这个角度来说，互联网平台已经不再是一个单一属性和功能的平台，相反，作为一种社会基础性要素，在社会领域展现出独特的整体性、综合性、系统性、基础性地位，对主流媒体发挥政治属性、社会功能提出更大的挑战。

## 第二节　深度融合：生态性平台建设

从 2G 到 5G，技术演进的速度不断加快，媒体融合的速度和深度决定主流媒体在网络空间中的地位，尤其是面对互联网平台的提前布局，主流媒体必须尊重技术的自主性，改变以业态融合为主、忽视社会形态变化的媒体融合，转型为能够应对媒介化社会的生态性主流媒体平台。5G 时代的"万物互联"意味着人与人、人与物、物与物多种传播关系并置的时代，对于主流媒体来说，如何借助物的力量强化媒体的技术属性，才能在传播格局中屹立不倒。

2020 年 9 月，中共中央办公厅、国务院办公厅印发了《关于加快推进媒体深度融合发展的意见》（以下简称"新版《意见》"），一方面肯定了过去业态融合的成绩，即传统媒体与新兴媒体的区隔已经通过业态融合的方式消弭，另一方面深度融合实则提出了更高的要求。与此同时，媒体深度融合写入《中共中央关于制定国民经济和社会发展第十四个五年规划和二〇三五年远景目标的建议》，从政治上明确了媒体深度融合对于社会发展的重要意义。根据新

| 第五章 |
生态化：深度媒体融合的新闻创新（5G 时代）

版《意见》提供的路径，深度媒体融合是建立在智能化的技术引领下，提升优质内容产能，深化体制机制改革，在全媒体人才支撑下，形成集约高效的内容生产体系和传播链条，探索"新闻+政务+服务+商务"的运营模式，增强自我造血。

## 一 智能化：技术支撑提升内容产能

在本书的调研过程中，封面新闻作为媒体融合进程中的特殊案例，从《华西都市报》转型伊始，"封面新闻"最早提出"智媒体"发展战略，始终在技术探索上走在业界前沿，探索智能化编辑部的标准和范式。通过七年的建设，"封面新闻"的技术探索也获得了业界的肯定，在 2020 年 11 月由中国报业协会主办的"2020′中国报业技术年会"上，封面传媒获"全国报社媒体融合技术创新优秀企业"大奖。[①] 无独有偶，"新华智云"作为新华社控股、与阿里巴巴阿里云团队合作的大数据人工智能科技公司，是主流媒体新闻创新实践的新生业态。虽然"新华智云"不是传统的主流媒体，但是作为主流媒体产业链上的一环，它的存在体现了技术服务媒体的另一种发展趋势，在新闻编辑部创新中发挥重要的技术支撑作用。

---

[①] 王蕾：《封面传媒获得"全国报社媒体融合技术创新优秀企业"大奖》，2020 年 11 月 5 日，http://www.wccdaily.com.cn/shtml/hxdsb/20201105/142383.shtml。

## （一）技术降维：AI赋能下的新闻生产效能提升

"万物互联"的基础是庞大数据下计算能力的提升，从主流媒体来说，需要攻克的基本难题是技术驱动下传播效率的提升。虽然4G时代主流媒体都将"中央厨房"建设作为标配工程予以突破，但事实上，"中央厨房"建设的本身核心突破的不是技术问题，而是统筹协调采编力量，将记者和编辑的角色分解为指挥员、信息员、采集员、加工员、推销员、技术员等之后再进行分工生产。从根本上来说，这是工业社会的生产思路，而非网络时代的生产思路。

网络时代数据成为各类信息的原始形态，也是新闻传播的核心生产资料。能够熟练运用数据、挖掘数据价值的技术人员从编辑部中的支持性角色逐渐成为支撑性角色，因为数据处理能力决定新闻生产的时效性和深度。从这个层面来看，智能化编辑部的核心力量是数据分析团队，而非传统记者和编辑，因为后者不具备造血能力，这从根本上决定了编辑部内部无法实现技术升级，只能借助外力，正如新华智云首席技术人员所说：

> 媒体行业比较特殊，绝大部分的业务形态和信息来源都可以在互联网上完成，新闻线索、新闻生产、内容传播都在互联网上，所以理论上对互联网数据的需求会更加迫切。但从编辑部内部的运营来看，媒体本身不会进行数据价值的挖掘，无法依靠自身体系实

| **第五章** |
生态化：深度媒体融合的新闻创新（5G时代）

现造血能力的提升。生产端变革的空间非常大。①

虽然数据成为新闻生产的核心资料，但并不意味着主流媒体缺乏数据积累。事实上，主流媒体长期积累的资源本身就是各种数据，关键在于需要新行动者将这种数据转化成为可结构化的信息。因此，自动化新闻成为编辑部内部的首次试验。

技术本身只能解决效率问题，缺少内容的技术是无法改变媒体格局的。所以我们在做智媒体的时候，第一个突破的是机器写作，目的是替采编完成重复性较高的工作，促进媒体供给侧的改革。在这个过程中，传统的采编也会对模板进行一定设置，并进行相应的修改，保证新闻稿件的多类型。②

自动化新闻的突破从一定程度上缓解了记者应对时效性的压力。根据封面新闻的机器写作为例，AI写作共经历三个流程，包括触发机制、内容生成和内容分发。其中，触发机制是经过算法规则预设的，包含数据触发、时间触发和事件触发；内容生成主要是在几秒钟内生成速报类、知识类、聚合类等多种类型的新闻稿件；最终在内容分发上，会区分素材分发、新闻资讯分发和信息流分发。

① 见本书附录一访谈对象素描C2。
② 见本书附录一访谈对象素描C2。

# 从2G到5G
技术驱动下的中国传媒业变革

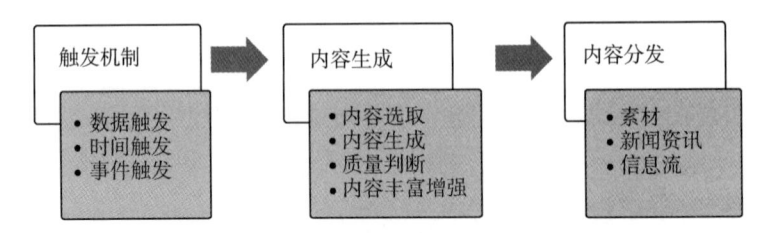

图 5-1 封面新闻机器写作流程

注：图为笔者根据实地调研情况所绘制。

与封面新闻略有差异的是，新华智云"媒体大脑"（MAGIC）的机器生产内容（MGC）兼顾信息生产的速度和现场感。技术团队通过摄像头、传感器、无人机采集现场视频和数据。机器人在识别图像和视频之后对采集的内容进行进一步理解和新闻价值判断，选取报道角度，数据化中台"数芯"根据新闻内容六要素（人物、地域、事件、热点、机构、专题）将采集信息进行结构化处理，通过知识图谱的关联性形式，辅之以视频编辑、语音合成、数据可视化等过程，生产一条包含文字、视频、图谱、音频、可视化工具的富媒体新闻。

目前媒体里面视频人才还是比较紧缺的，一个编辑部里即使有2—3位视频人才，在重大新闻事件中让他们全方位来做视频，不仅成本高，效率也会降低。通过媒体大脑的包装，可以最短时间内实现海报视频和专题视频，并且在会议场景应用和体育赛事的应用

# 第五章

生态化：深度媒体融合的新闻创新（5G时代）

大大提高效率。目前我们效率最高的一次，是俄罗斯世界杯在俄罗斯和埃及的比赛中，机器人在6秒的时间内就完成了在实时电视信号中识别进球，然后裁剪出来分发到优酷，整体流程都是通过AI实现的，速度非常快。①

与此同时，自动化新闻的技术降维从一定程度上破解了数字化转型以来文字记者与技术人员之间的矛盾。在3G时代，"全能记者"的提法给传统文字记者形成了强大的压力，技术人员的介入改变了记者对编辑部的重要性，同时技术门槛也阻碍了文字记者的转型。虽然4G时代，在媒体融合国家战略的呼吁下，不少媒体进行了融媒体制作的全员培训，但收效甚微，培训的低效能在于集中性的日常培训无法与日常生产有机结合起来。

全媒体培训虽然要求所有的采编都要轮一遍，但很难说对日常采编有实际效果，因为它和日常的工作衔接不紧密，教的东西用不上。在培训的时候，大家会围绕这个培训的内容，以媒体融合的方式去做一个产品，比方说剪一个视频，培训本身来说是充足的，但是应用不到，培训结束后马上回到日常工作的内容，稿件的深度和视频制作的周期不允许我经常剪视频，

---

① 见本书附录一访谈对象素描C1。

久而久之也就忘记了。①

从这个意义上来说，智能化首要克服的是技术的简便性，即将视频制作的技术门槛拉平到文字水平，才能在编辑部内得到更进一步的推广。

### （二）自主技术输出：垂直化的行业云建设

在国内主流媒体中，封面新闻是少数以技术服务切入进行编辑部流程改造的媒体。强调新闻媒体要走"智慧+智能"的特色路径，在客户端建设升级的同时，致力于打造自主研发的新型媒体融合支撑平台"封巢智媒体系统"，并逐步升级为可适用于报纸、广电多种媒体形态的"智媒云"系统，实现内向融合到外向扩展的进阶。

内向融合是封面新闻智能化编辑部打造的第一步。与"中央厨房"不同，封面新闻的封巢智媒体系统的定位是利用人工智能在新闻编辑部实现技术、内容与管理的融合。在2017年开发的第一代封巢系统中，内置智能延展平台、智慧内容平台和知识管理平台。前两者服务封面新闻的前台内容，后者作为编辑部内部管理。智能延展平台内嵌技术团队开发的技术产品，例如机器人写作、机器辅助写作，解决简单的新闻消息写作，将生产力集中到复杂的新闻报道写作；智慧内容平台是现在媒体资讯库的雏形，即从全网线索抓取开始，根据记者和编辑在封巢系统设置的选题

---

① 见本书附录一访谈对象素描 G1。

## 第五章
生态化：深度媒体融合的新闻创新（5G时代）

偏好标签，一键派发热点新闻线索和涉及新闻主角的周边信息，尽可能减少记者熟悉新闻素材的时间，并在发稿时做到多个头部平台的一键多发和全网流量监控。在"封巢智媒体系统"的基础上，技术团队进一步深耕含内容、营销、运营、管理等一体化流程重构的全套智能解决方案，从只适用于封面新闻内部的 CMS 系统发展为技术输出的核心产品，发展为可以进行技术输出的标准版产品，不仅适应纸质媒体的融媒体生产，也能突破介质适应电视台的融媒体生产。

如表 5-2 所示，行业云建设意味着新闻编辑部的技术探索从内向融合走向外向扩展，不只适用于某一主流媒体新闻编辑部，相反能够作为一种基础系统建设符合媒体多样化需求，并且可以将内容发布、账号管理、智能推荐、辅助写作、舆情服务等多项技术进行产品化拆解。在这个过程中，封面新闻的技术人员不但在媒体融合转型过程中获得所在编辑部采编人士的认可，还能成为其他媒体新闻编辑部的技术指导人员。

在技术输出过程中，我们一般先和技术团队进行先期磨合，他们作为甲方告诉我们诉求。有时候他们会很坚持自己的想法，但我也会告诉他们，从封面新闻的技术建设和内容磨合角度来看，我们坚持的想法往往被证明是正确的。同时也发生过这类情况，对方采编反馈的诉求往往通过自己的技术人员告诉我们，但在沟通过程中很明显发现他们的技术人员不会对采编需求进行分解，理解能力还没有我们强。这从一定程度上也反映了大部分媒体融合的现状。①

从这一角度来看，行业云建设突破了过往媒体融合阶段一刀切的技术建设，通过产品接入的方式进行垂直的数字化改造，以算法推荐的方式实现个性化服务。从封面新闻的技术输出经验来看，智能化编辑部的核心在于用户中心与实用性建设，前者能够辅助主流媒体培养用户习惯，后者能够将技术创新转换为真正的生产力。

我们的技术输出不是完全替代合作方的技术团队，而是弥补他们的不足。比如我们维护《川报观察》，我们只提供内容生产系统（封巢）和 App 的迭代升级，都由我们的产品部对接。他们自己的团队可以继续做偏产品和设计的工作，提高他们 H5 制作、海报制作等偏设计类的生产效能②。

---

① 见本书附录一访谈对象素描 B1。
② 见本书附录一访谈对象素描 B1。

表 5-2　　封面新闻"智媒云"的部分技术输出情况

| 合作媒体 | 合作项目 | 核心诉求 | 技术输出 |
| --- | --- | --- | --- |
| 黑龙江广播电视台融媒体中心 | 极光新闻 | 智媒体新闻客户端 | 1. 内容自发布<br>2. 内容发布系统 |
| 海南省融媒体客户端 | 新海南 | 海南自贸港重要政务+民生服务平台 | 1. 融媒体账号管理系统<br>2. 政务民生服务 |
| 辽宁日报客户端 | 北国 | 权威新闻信息聚合平台 | 1. 智能推荐<br>2. 智能分析云 |
| 扬子晚报客户端 | 紫牛新闻 | 5G智能融媒体产品 | 1. 用户社区模块<br>2. 辅助写作模块<br>3. AI审核与人工审核双重机制 |
| 四川省泸州市江阳区融媒体中心 | 江潮 | 矩阵宣传 | 1. 内容发布系统<br>2. 融媒体账号管理矩阵<br>3. 掌上舆情通平台<br>4. 问政平台<br>5. 志愿者服务平台<br>6. 政务中心数据平台 |
| 四川省洪雅县融媒体中心 | 康养洪雅 | 政务服务、旅游发展、城市推广 | 1. 县级融媒体一体化解决方案<br>2. 旅游智能管理平台、互动服务平台、智慧导游等<br>3. 智能推荐与效果监测 |

资料来源："封面科技"微信公众号案例分享与笔者调研（截至2021年12月）。

行业云建设不仅体现了主流媒体拥有自主研发技术的能力，更重要的是在传媒市场中建构了一套可推广、可复

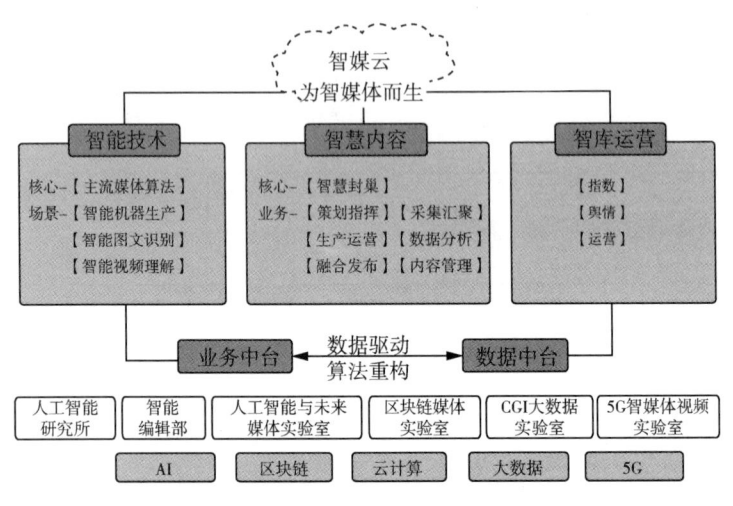

图 5-2 封面新闻智媒云整体架构

注：参考智媒云官网介绍笔者自制。

制的技术标准，加速了整体行业的转型，解决了因技术原因引发的中央媒体、省级媒体、市级媒体和县级融媒体中心四级格局下的"腰部塌陷"，① 借技术手段在 5G 时代再次将大家带到同一起跑线，避免不具备技术优势和资金优势的省市级媒体在媒体融合的浪潮中掉队。除了封面新闻以外，新华智云公司也具备融媒体平台的技术支撑实力，不仅可以支撑单一媒体的融媒体建设，还可以利用云技术支撑全省各级媒体的融媒体平台建设，并通过媒体数据中台实现省委宣传部与各级媒体的信息交流与任务分解。

---

① 郑雯、张涛甫：《媒体融合改革中的"腰部塌陷"问题》，《青年记者》2019 年第 25 期。

| 第五章 |
生态化：深度媒体融合的新闻创新（5G 时代）

我们和江西合作的项目，除了有一个数据的项目，还有"两朵云一张网"，就是把所有江西的媒体机构，包括两家省级媒体、十一家市级媒体、一百家县级媒体都连接到我们的平台上面，他们的记者和用户都可以使用媒体大脑，然后相关信息会输送到江西的媒体数据中台，江西省委宣传部可以看到相应的内容。宣传部的指挥大屏可以根据新闻线索分配任务，调度宣传，任务可以布置到各个县级，一网在手，覆盖面会更加深入、更加广泛。①

## 二 集约高效：多传播主体的嵌套发展和全产业链布局

生态性平台建设意味着主流媒体必须将自己打造成为一个更为完整的信息系统，保障多元传播主体能够在新系统中和谐共生，因为技术的演进在"去中心化"的同时也在实现"再中心化"，传播入口的集中是技术改变社会形态的重要逻辑。与此同时，主流媒体无法忽略的是用户获取新闻讯息的习惯变化。2019 年是 5G 商用元年，一份基于 2019 年 4 月至 9 月的定量研究表明，5G 时代人们每天获取新闻信息的媒体渠道从高到低依次是微信群（75.25%）、抖音（39.02%）、今日头条（26.61%）、微博（20.33%）。

---

① 见本书附录一访谈对象素描 C3。

此外，对传统媒体来说更为致命的是，"微信群"因为属于强联系传播，用户对其新闻信息的信任度极高，70.25%的信任度大大超过了纸媒（15.61%）和电视（17.58%）。①从上述数据可以看到，5G用户的碎片化时间已经被既有的平台型媒体占据。对于主流媒体来说必须要通过集聚的力量支撑生态性平台的建设，将平台媒体的优势纳入主流媒体深度融合的进程中，并发挥自己在内容审核方面的优势，提升优质内容的进一步扩散，完善整体的传播链条。

### （一）多元传播主体的和谐共生

新版《意见》提出，要构建中央、省、市、县四级布局融合发展布局的全媒体传播体系，要求有条件、有实力的中央媒体要建设新型主流媒体"航母"和"旗舰"；省级媒体要重点建设技术平台和区域性传播平台；市级媒体要打造市级融媒体中心；县级融媒体要定位于建设"面向基层的主流舆论阵地、综合服务平台和社区信息枢纽"。在这个四级布局中，一方面强调了差异性、互补性的发展格局，

---

① 参见匡文波《5G时代中国网民新闻阅读习惯的量化研究》，《新闻与写作》2019年第12期。2022年后，短视频平台在移动互联网的存量竞争中脱颖而出。根据CNNIC于2023年发布的第51次《中国互联网发展状况统计报告》，截至2022年12月，中国短视频用户规模达到10.12亿，占网民整体的94.8%。参见中国互联网络信息中心《第51次中国互联网络发展状况统计报告》，中国互联网落信息中心官网，2023年3月2日，https://www.cnnic.net.cn/NMediaFile/2023/0807/MAIN1691371187130308PEDV637M.pdf。与此同时，短视频已经超过主流媒体的自有平台、新闻资讯聚合平台和社交平台等，成为网络用户获取新闻的首选。参见黄楚新《2022年中国短视频发展报告》，《人民论坛·学术前沿》2023年第13期。

## 第五章
生态化：深度媒体融合的新闻创新（5G 时代）

同时也明确了主流媒体深度融合的下一步是要持续拓展内容开放平台的建设力度，发挥主流媒体的品牌优势，让多元传播主体能够在主流媒体建设的平台上和谐共生。

目前各主流媒体的通用做法是通过 PUGC 的方式将更多的原创优质内容扩展到自己的平台，以盘活内容生产能力，激发主流媒体的创新活力。无论是个人、媒体、企业、政府还是社会组织，都成为主流媒体的内容协作者。目前根据"人民号""上观号""澎湃号""封面号"等公布的数据，多达万级、少则千级的优质自媒体账号进驻主流媒体平台，实现双向赋能。例如"人民号"作为权威政务信息发布平台，能够增加优秀号主内容在人民日报新媒体各类平台的曝光量，同时也对百度这一互联网平台的内容生态进行优化；"上观号"集中聚合上海各区级融媒体中心和委办局、重要机构、街道（镇、园区）账号，扩大政务信息传播力和影响力；"澎湃号"致力于打造优质内容的生态池，以分级分类的管理模式筛选内容生态合伙人，释放更多创作权限；"封面号"继续沿袭年轻化、智能化的融合路径，强调 IP 账号运营，利用人工推荐与机器算法实现内容和读者群的连接。

除了内容层面的合作以外，主流媒体与平台媒体之间的嵌套发展也是多元传播主体和谐共生的重要表现之一，促进二者融合的根本是资源置换。无论是主流媒体还是平台媒体，各有长板和短板，主流媒体的长板是行业和体制内的风向标效应，短板在于技术滞后；而平台媒体长板在于技术研发与表达创新，短板是游离在体制外。因此二者的融合既符合双方实际发展需要，也符合5G时代万物互联的技术特性。

### （二）从前端向后端的全产业链布局

从2G到4G以来，主流媒体新闻创新实践的重点集中在内容生态的前端，强调主流媒体的新闻生产创新和内容运营创新，忽视了媒体作为一种产业，其创新应该是服务于全链条的。而5G时代生态性平台建设的目标之一就是从全产业链布局的角度，健全内容分发和内容风控机制，以弥补技术至上造成的"信息茧房"问题，实现真正的"智慧媒体"。2019年7月，人民网发布《人民网深度融合发展三年规划（纲要）》，首度提出了内容科技（ConTech）的全新概念，强调人民网的深度融合目标是通过科技赋能，重新定义内容产业从内容生产源头到触达末端的全链条产业逻辑，从而升级核心政治价值，实现整个行业生态的重构和自身商业模式的蜕变。根据笔者的调研访谈，位于主流媒体融合发展前列的媒体虽然拥有各自的核心理念，但在深度推进媒体融合的过程中反映出了集中的产业链布局特性，即以主流媒体算法、内容审核服务和版权交易与保护为重点，将主流价值导向与前沿技术手段有机融合，以此改变传媒市场的行业生态，优化网络内容治理。

例如在主流媒体算法研发中，封面新闻可以称得上是

| 第五章 |

生态化：深度媒体融合的新闻创新（5G 时代）

较早一批践行者。2015 年起就加强对 AI 算法在媒体应用的研究，探索"算法推荐模型+人工干预+用户自主选择"三者有机结合的实时推荐流。其中算法推荐模型在传统偏重用户兴趣分析、用户场景分析、用户行为分析之外，将新闻推荐召回纳入算法模块，加强内容质量在推荐中的比重；人工干预则是依托新闻编辑部各部门的力量，增加媒体原创稿件和重大事件的曝光权重，设置内容绿区和电子围栏；用户自主选择则是在第一次使用新闻客户端之外，能够通过构建完善的用户标签系统和数据仓库，让用户能够实时看到个人的兴趣标签画像，后期能够以可交互的方式自主选择内容兴趣及权重。①

内容审核方面，人民网是目前主流媒体中第一个吃螃蟹的媒体。自 2018 年以来，人民网就着手布局建立一个权威、公正、专业的内容风险管理服务平台，面向传媒市场中的各传播主体（尤其是平台媒体）实现政治方向、舆论导向的"嵌入式引导"，目前已经能够实现动漫、视频、音乐、阅读、图文等领域全覆盖，并于 2019 年发放首批 67 张《互联网内容风控师（初级）证书》，成为内容风控领域的权威。根据人民网向社会公布的《人民网内容风控业务发展三年规划（2020—2022 年）》，人民网将与全国党媒和互联网企业建立协作机制，共同制定专业性的行业标准规

---

① 徐桢虎等：《智媒体时代的价值观构建——深入主流媒体算法的研究与实践》，《中国传媒科技》2020 年第 12 期。

范，以"风控大脑"为平台，提供权威、标准化的开放共享服务，并建立分级培训、分项评估的风控人才培养体系。①

更重要的是，5G时代的全产业链布局意味着主流媒体间不仅是竞争关系，更重要的是一种协作关系，主流媒体之间的合力是应对圈层传播的关键。对此，以区块链技术为代表的各类维护主流媒体原创版权的创新将成为重要的一环，因为内容科技，内容在前，科技在后，原创内容的保护永远是无法忽视的重点。一旦打通了媒体版权的环节，就可以互惠共赢的产业协作关系共建数字内容版权流通环境。

同时，产业链的布局优化过程也是主流媒体进行资源重组和合并的过程。2020年5月29日，上海报业集团与东方网宣布联合重组。前者作为国内媒体融合探索的先行者，凭借上观新闻、澎湃新闻和界面新闻等新媒体品牌，成功实现新媒体用户4.5亿的覆盖；而东方网的业务涵盖新闻发布、舆论交互、数字政务、技术运营等多领域，并在人工智能分发、算法技术的新兴业务上发展迅猛。②再结合新版《意见》，集约化发展模式的背后蕴含着优胜劣汰的机制改革与强强联合的发展势头，尤其是业界已经通过联合重组的方式进

---

① 人民在线：《人民网内容风控业务发展三年规划（2020—2022年）》，网易新闻，2020年11月1日，https：//www.163.com/dy/article/FQB8OOHF05149OFR.html。

② 施晨露：《上海报业集团东方网联合重组》，《解放日报》2020年5月30日第3版。

行主流媒体之间的相互借力，让优质新闻资源向同一平台集聚。

## 三　跨界融合：深入大众生活

前述提到5G时代的技术特点是"万物互联"，这意味着用户接收信息的终端越来越多元化，而不仅仅依靠媒体这一资讯渠道。随着渠道的泛化，如果主流媒体依然停留在建设自己的网站、客户端、社交媒体账号，将会离用户越来越远，因为"万物互联"意味着任何场景中，只要有能够采集信息的终端，就能传递资讯。从这个角度来说，5G时代的"万物互联"是一种真正将多种沟通模式整合在网络空间中，进一步打破了主流媒体的既有规则。技术所激发的生产方式是一种连锁反应的社会过程，通过与人的感官结合，创造新的知觉，进而勾连到人的社会关系网络。[①] 主流媒体应该拓展的是走出新闻编辑部的组织限制，尽可能地融入大众日常生活中，从窄融合走向宽融合。[②]

2020年10月28日，封面传媒5周年之际，"智媒云"升级到4.0版本。与前述提到的3.0版本的最大不同，是"智媒云"实现了"破圈"融合，将技术触角延伸到传媒行业以外，进化成为一朵由智能技术、智慧文博、内容科技、

---

[①] 孙玮：《融媒体生产：感官重组与知觉再造》，《新闻记者》2019年第3期。

[②] 喻国明：《今天的媒介融合应当怎么做——从互联网时代的常识到新传播格局的大势》，《教育传媒研究》2019年第4期。

| 从2G到5G |
技术驱动下的中国传媒业变革

数字营销四大矩阵构成的"科技+传媒+文化"云。① 根据笔者的调研和访谈，封面新闻对"云"的理解从技术输出、技术共享进一步升级为媒体深度融合的战略，尤其是新冠疫情后人们生活方式的改变，从一定程度上来说提前预演了网络空间的技术生活方式。在这个过程中，封面新闻团队从2020年4月28日进行客户端升级"云发布"的探索，试验虚拟演播厅，并在后续活动中不断调整升级，在检验成效后形成生产流程标准化。

  疫情衍生出了一套云上经济、云上生活的云产品。我们有预感，通过这次疫情，今后会有越来越多的线上线下结合，并且是永久性的。因此，我们从云发布、云展馆、云博览、云推荐，最终升级为云战略。②

  根据技术团队的解读，云战略背后的根本转变是借技术实现媒体融合的转向，从传统的服务媒体、服务用户进一步延伸到扩展媒体以外的泛内容业务，完善技术生态链。

  很多媒体的技术是面向C端用户的，但是我们现在越来越多的是面向B端。尤其是5G到来之后，技术对于C端用户的刺激是不明显的，相反B端的需求越

---

① 吴冰清：《智媒云4.0总体架构发布 智媒体新物种"破圈"进化》，2020年11月30日，https://yun.thecover.cn/declaration/news-details?id=53。
② 见本书附录一访谈对象素描B5。

| 第五章 |
生态化：深度媒体融合的新闻创新（5G 时代）

来越大。如果要践行技术生态的理念，我们的科技就不能再只属于媒体、只属于封面新闻，相反我们要成为技术生态的中心，走出封面新闻。①

从这一角度来说，技术生态实践本质上突破了传统新闻编辑部的边界，虽然封面新闻的技术部门仍然内嵌在某个部门，但是与其他主流媒体不同的是，这个技术部门的作用不再是安于一隅的配角，相反变为尝试连接新闻编辑部与外部更多资源的平台和桥梁。新华智云在机制上走在封面新闻前端，其作为新华社与阿里巴巴共建的人工智能科技公司，是新华社承建的媒体融合生产技术与系统国家重点实验室的核心技术力量，不仅服务于新华社本身，同时作为新生业态与各种社会资源接洽。

虽然封面新闻仍然是主流媒体融合中常见的运作机制，但在 2020 年做了诸多破圈实践，将业务触角延伸到更广泛的生活实践。2020 年 9 月 21 日，封面传媒承建的第八届中国（绵阳）科技城国际科技博览会（以下简称"科博会"）开幕，开创了媒体承接云上展览的先河。为了承建好科博会，封面新闻调动了技术团队、内容生产团队，通过 AR、VR、MR、AI 及大数据等前沿技术的集成运用等方式形成了一套极具竞争力的云展平台系统和云展览呈现标准，并逐一落实到展馆、展区、展厅、展位、展品五个层

---

① 见本书附录一访谈对象素描 B1。

**| 从2G到5G |**
技术驱动下的中国传媒业变革

级的呈现上。例如在展馆呈现上，是通过 3D 制作的方式建模绵阳建筑；展区是通过 360VR 全景进行模型呈现；在展区和展位的呈现上设置精品展区/展位和普通展区/展位，精品呈现匹配 3D 建模、MR 动画制作等，普通展位/展品配以简单的图文、视频专题。为了保证参展企业和用户的"畅游"体验，系统负责人带领团队在云展系统里面做了一套智能埋点系统，50 多个埋点可收集用户的参展行为数据，这些数据经过云系统分析加工计算后，可形成专属于每个用户的个人画像。[①] 而在科博会的承建过程中，传统的内容采编团队负责撰写精品文案，为冷冰冰的网上展馆注入富有温度和感情的文字，把展馆场馆做活。从观展数据来看，云上科博会打破实体场馆限制的做法取得了成功，截至科博会开幕当天 16 时数据，累计观展次数突破 400 万，累计观展人数突破 41 万。

云上科博会的实践探索丰富了媒体融合的形态。黄旦教授曾对当前媒体融合有过鞭辟入里的分析，认为主流媒体的"媒体融合"停留和局限在业态变化，是以大众媒介机构为依据的门内往外看，但忽略了以数字技术为元技术平台，将不同维度的媒介重新整合为一体的社会形态的变化[②]。事实上，从社会形态角度理解"媒介融合"，媒体所

---

[①] 李媛莉：《提前探秘"云上科博会"解锁五大硬核实力》，封面新闻，2020 年 9 月 16 日，https://xw.qq.com/cmsid/20200916A0H3W100。
[②] 黄旦、李暄：《从业态转向社会形态：媒介融合再理解》，《现代传播（中国传媒大学学报）》2016 年第 1 期。

# 第五章

生态化：深度媒体融合的新闻创新（5G时代）

应发挥的内容不应仅仅局限在媒介产业本身，相反，应该将步子迈得更大一些，与网络社会中的更多节点产生联系，并且利用主流媒体在社会治理体制中的优势，进行社会公共传播，在这个更广的社会形态中形塑生态圈。新闻编辑部本身不再是深度媒体融合的主角，具有技术能力的部门应该利用技术优势把新闻编辑部带到媒介机构之外，探索更加多元模式的信息生产。

## 本章小结

5G时代，主流媒体的新闻创新实践将在技术演进和国家政策双重作用下，发生质的变化，即第一次从以新闻编辑部为中心到走出新闻编辑部，真正实现从适应业态变局到迎合社会形态变局的过程。走出新闻编辑部的新闻创新，让主流媒体能够恰当地回归社会"中介"的位置，正视作为组织机构的主流媒体在万物互联的新时代只是人们彼此接触和交往的一个维度，作为一种职业实践的新闻传播与其他所有的媒介一起被共同置于一种语境之中，[1] 化为"关系之网"的一个互联部分。[2] 5G时代主流媒体走出新闻编

---

[1] ［英］索尼娅·利文斯通：《推荐序言》，载［丹麦］克劳斯·布鲁恩·延森《媒介融合：网络传播、大众传播和人际传播的三重维度》，刘君译，复旦大学出版社2019年版。

[2] 黄旦：《重造新闻学——网络化关系的视角》，《国际新闻界》2015年第1期。

辑部的新闻创新，核心是借技术革新打破长期以来的封闭概念，处理好技术与内容、主流媒体与传媒产业、主流媒体与社会的关系。

第一，5G时代技术的逐步智能化降低了传统新闻人才的技术应用能力，自动化新闻的深度拓展释放了传统新闻人才的采编效能，同时诸如新华智云、封面新闻等智媒体建设的探索也印证了技术人员通过核心技术的自主研发，不仅能够将具有技术难度的融媒体产品制作门槛降低到图文制作的水平，还能够通过构建知识图谱的方式解决一线采编人员的前期媒体资讯获取问题，让融媒体生产能够进一步在新闻编辑部的更广泛范围内推广。

第二，5G时代的技术巨变改变了主流媒体在媒体融合阶段单打独斗的局面，相反作为传媒市场的重要一极并且面对平台媒体这一类强有力的竞争对手，处于媒体融合前列的主流媒体通过技术输出的形式，解决了媒体融合初期出现的重复投入、资源浪费和低效生产等问题，保证主流媒体的基础技术设施处于行业的平均水平。更重要的是，在新版《意见》的政策指引下，主流媒体进一步明确了深度融合的发展路径，以打造生态性平台为目标，建立多元传播主体和谐共生的内容生态，完善传媒市场的内容分发布局、内容风控布局和版权保护布局，以发挥主流媒体的特殊优势。

第三，5G时代主流媒体的发展方向从垂直纵深转向横向拓展，不仅建立技术生态、产业生态，更重要的是建立社会公共信息服务生态，将触角深入用户的日常生活，通过扩展 B 端网络，发挥主流媒体新闻职能以外的服务功能，不断探索宽融合的实践路径。

至此，本书通过文献梳理、调研访谈的形式分析了 2G 到 4G 以来技术演变下主流媒体的新闻创新实践历程，并结合当下主流媒体的初步探索展望了 5G 时代新闻创新的可能性。不可否认的是，主流媒体的新闻创新实践最大的变化是思想观念的变化，从发展过程来看，经历了以"传者为中心"、坚持内容生产变革转向以"用户为中心"、坚持融合性平台创新的进步过程。虽然主流媒体本身在不断突破自我，进行新闻实践创新，但是从广泛的社会效应来看，主流媒体较平台媒体仍然有极大的不足。从根本上来说，主流媒体的新闻创新较平台媒体来说有更大的制约力量，即制度性制约。作为一种影响新闻创新的整体性力量，从国家政策到主流媒体新闻编辑部内的价值规范等制度性力量从不同程度上影响了主流媒体的新闻创新空间，而这在中国语境下是不容轻视的。

第六章

# 制度性力量：中国数字新闻创新环境的再审视

从"国家—市场—观念"为概念框架考察主流媒体践行"媒体融合"的制度环境,可聚焦于三个方面:新闻创新背后的政策供给和方向指引,传媒产业的市场变化和资本布局,以及二者交织产生的新闻编辑部价值观与规范变化。

| **第六章** |
制度性力量：中国数字新闻创新环境的再审视

  2020年9月中共中央办公厅、国务院办公厅印发了《关于加快推进媒体深度融合发展的意见》，主流媒体的新闻创新实践进入深度融合、提质增效的深化改革新阶段。根据本书前几章的梳理和分析，主流媒体在应对技术变革的过程中不断深化了对数字技术的理解，从简单的传播渠道到成为改变社会形态的关键力量，并且不断地调整编辑部的形态，从坚持"内容为王"理念探索数字化编辑部，到突破边界主动进驻社交媒体客场，再到以移动新闻客户端为中心的整体转型，并在5G时代探索智能编辑部的运作方式。

  然而，从更为广泛的传媒市场和用户黏性来看，主流媒体的影响力仍然落后于商业平台。据人民网研究院2023年发布的《2022—2023报业融合发展观察报告》，在考察的1330家报纸中，自建客户端的比例达到42.9%，但仅13家报纸的客户端新增下载量达到千万。[1]

---

[1] 人民网研究院：《人民网发布〈2022—2023报业融合发展观察报告〉》，光明网，2023年6月1日，https：//news.gmw.cn/2023-06/01/content_36602987.htm? eqid=8023c7430000b5c40000000664785644。

**|从2G到5G|**
技术驱动下的中国传媒业变革

事实上，主流媒体应对 2G 以来的数字技术挑战，始终在不断进行调适，尤其是"媒体融合"国家战略提出以来，在内容、渠道、平台、经营、管理等方面不断调整，平衡国家政策需要和网络社会主体人群的需求。但在具体实践过程中，主流媒体新闻创新实践受到不同制度性力量的拉扯和制约。当下中国主流媒体的新闻创新是在"媒体融合"的国家战略指导下进行，宏观政策的引导为新闻创新提供了原初动力。由于中国传媒体制的改革和新闻业的变迁具有明显的政府主导性，宣传管理因素作为中国媒介特殊的生态因素不可忽视地约束着新闻实践，[①] 凸显了"制度"因素是新闻创新实践中一个重要的非人行为体。但仅仅将制度视为一种政策力量来理解又显狭隘，新闻媒体的制度研究既包括作为正式制度规则的传媒政策，也包含国家与社会沟通中的媒体角色认知以及新闻编辑部内的价值规范。随着越来越多的新行动者进入新传播生态，国家、市场、传统新闻业界都在不断调适。对此，陈红梅提出以"国家—市场—观念"为概念框架重建新闻媒体的新制度主义研究，更适应现实语境下由"媒体融合"战略引发的新闻创新研究。[②]。

在这一框架的启发下，本章将进一步分析主流媒体在践

---

[①] 陆晔：《新闻生产过程中的权力实践形态研究》，信息化进程中的传媒教育与研究——第二届中国传播学论坛文集，上海，2002 年 6 月。

[②] 陈红梅：《新闻媒体的新制度主义研究：问题、现状和重建》，《新闻记者》2021 年第 4 期。

## 第六章
制度性力量：中国数字新闻创新环境的再审视

行"媒体融合"战略平衡形而上的意识形态属性和形而下的产业属性过程中受到的制度性制约，一是政策供给作为新闻创新的原初动力对主流媒体是否存在一定的限制；二是当传媒产业的市场竞争环境发生变化之后，主流媒体的新闻创新是否能够经受住新行动者背后的资本力量；三是在新闻创新的过程中，前两者的影响因素如何作用到新闻编辑部的价值观念与内部规范中，进而影响新闻创新实践的效果。

## 第一节　政策供给：新闻创新实践的动力

在前述章节提到，"媒体融合"国家战略的提出是在主流媒体经过 2G、3G 时代自发的数字化转型、媒介融合的新闻创新实践效果不佳的情况下，国家通过政策供给的方式引导主流媒体在更大范围内与新媒体进行融合发展，以打造新型主流媒体为目标，试图将其塑造为"再中心化"的关键节点。理解"再中心化"的根本需要从符合中国国情的主流媒体定义入手。

2004 年，新华社开展了名为"舆论引导有效性和影响力"的课题，提出了界定中国主流媒体的六条标准：（1）具有党、政府和人民的喉舌功能，具有一般新闻媒体难以相比的权威地位和特殊影响，被国际社会、国内社会各界视为党、政府和广大人民群众意志、声音、主张的权威代表;(2)体现并传播社会主流意识形态与主流价值观,在中国即社会主义意识形态和与之相适应的价值观,坚持并引导社会发展主流和前进方向,具有较强影响力;(3)具有较强公信力,报道和评论被社会大多数人群广泛关注并引以为思想和行动的依据,较多地被国内外媒体转载、引用、分析和评判;(4)着力于报道国内外政治、经济、社会、文化等领域的重要动向,是历史发展主要脉络的记录者;(5)基本受众是社会各阶层的代表人群;(6)具有较大发行量或较高收听、收视率,影响较广泛受众群。① 仔细分析这六条标准,不难发现对主流媒体的界定更多是以体制内地位为中心衍生出的影响力标准,其中代表社会评价的发行量、收听率和收视率等数据居于最末。而数字化技术的出现恰恰挑战了体制内地位与社会影响力之间长期存在的理所当然的关系,而主流媒体的新闻创新自媒体融合以来在一定层面上强化社会性的同时,也需要考虑其他因素。

  本书在论述从 2G 到 5G 期间主流媒体应对的技术挑战时,始终想突出的一点是,数字技术之所以能够崛起成为可以与主流媒体互相抗衡的一极,归根结底是人作为新闻传播主体的主体性在网络社会中得到巨大的激发。这是网

---

① 新华社"舆论引导有效性和影响力研究"课题组:《主流媒体如何增强舆论引导有效性和影响力之一:主流媒体判断标准和基本评价》,《中国记者》2004年第1期。

## 第六章
### 制度性力量：中国数字新闻创新环境的再审视

络社会时代的新闻传播与工业化社会的本质不同，因为作为组织机构的主流媒体被技术弱化为人类媒介实践的一个维度而已。数字化技术降临之后的媒体不再承担唐·伊德（Don Ihde）口中的诠释学作用，相反，越来越与人这一主体靠拢，不断地具身化。对于新媒体来说，它们获取市场份额的关键是解放了人作为传播主体的权利，将大众传媒时代的"内容传播"变成"关系传播"，内容成为用户之间意义互动的触发点，新媒体不再是线性输出内容，而是不断创新用户之间互联互通的交往机制。从这个角度来说，新兴媒体的出现对于主流媒体的最大挑战是释放了长期被忽视的受众群的影响效力，将创新的压力从新闻传播链的末端传导到被视为新闻传播源头的媒体上来。

但在主流媒体的新闻创新实践过程中，"关系传播"直到4G时代媒体融合上升为国家战略后才被真正重视，正如习近平总书记所说，读者在哪里，受众在哪里，宣传报道的触角就要伸向哪里，宣传思想工作的着力点和落脚点就要放在哪里。[①] 对此，陈昌凤和杨依军的已有研究可作参考，从媒体融合的政策形成到体系建构，贯穿始终的是意识形态安全考量与中国的政治体制与新闻体制、政治生态及新闻政策的历史惯性，核心目标是使官方倡导的意识形

---

[①] 国务院新闻办公室：《习近平：受众在哪里 宣传报道触角就要伸向哪里》，2015年12月28日，http://www.scio.gov.cn/37231/37251/Document/1603597/1603597.htm。

**|从2G到5G|**
技术驱动下的中国传媒业变革

态在新的媒体格局中拥有主流地位，发挥引领作用。①

与此同时，技术变革带来的"新闻"定义与政策导向中的"新闻"定义有着鲜明的差异，"新闻是新近发生的事实的报道"这个自 1943 年起沿袭下来的新闻定义，随着技术的影响已经发生了重大的改变。一方面，社交媒体消灭了新闻实践从发生到传播的时间间距，同时新闻报道也成为一种不完整和不确定的新闻线索，不确定的媒介环境成为用户必须去适应的客观环境。在这个过程中，主流媒体虽然不断地在社交平台争夺用户注意力，却无法保证信息的真实性。② 另一方面，信息生产的去工业化和新闻消费的去仪式化③也让"报道"的概念备受挑战。

如果单一从技术属性切入，"新闻"的定义在一定意义上泛化成了与人的使用密切相关的信息，强调的是社会意义，即在行为的语境里进行考量，以取代标准化的内容生产。目前国内诸如雷跃捷、王娜等学者已经就媒体融合时代的新闻定义问题进行了思考，认为新闻活动的本质是人的实践，忽视新闻定义中"人"的实践性会造成新闻概念

---

① 陈昌凤、杨依军：《意识形态安全与党管媒体原则——中国媒体融合政策之形成与体系建构》，《现代传播（中国传媒大学学报）》2015 年第 11 期。

② 胡翼青：《再论后真相：基于时间和速度的视角》，《新闻记者》2018 年第 8 期。

③ Marcel Broersma and Chris Peters, "Introduction: Rethinking Journalism: The Structural Transformation of a Public Good", in Chris Peters and Marcel Broersma, eds., *Rethinking Journalism: Trust and Participation in a Transformed News Landscape*, New York: Routledge, 2013, pp. 1-12.

| **第六章** |
制度性力量：中国数字新闻创新环境的再审视

本身的异化。在此基础上，应将新闻理解为意义的互动，在人、科技、社会这种更宏大的视角中展开关于媒体融合时代新闻定义的再思考，重视新闻传播与受众、社会的互动。[1]

然而，在现行的各类政策文件中，"新闻"报道资质始终为主流媒体所特有，并进一步明确其范围为"有关政治、经济、军事、外交等社会公共事务的报道、评论，以及有关社会突发事件的报道、评论"，[2] 同时在网络空间治理中通过落实互联网平台主体责任的治理原则，规范个人、组织乃至新闻信息服务单位的新闻活动。这在一定程度上形成了中国传媒市场的特殊国情：虽然在影响力方面，民营媒体和自媒体已经能与党媒在网络舆论场中形成三足鼎立之势，[3] 但商业媒体仍然需要主动向传统媒体靠拢，以各种形式弥补自己作为非正规军的合法性和合规性。2017年1月，中共中央办公厅、国务院办公厅印发了《关于促进移动互联网健康有序发展的意见》，正式提出"在互联网新闻信息服务、网络出版服务、信息网络传播视听节目服务等

---

[1] 雷跃捷、王娜：《媒体融合时代新闻定义问题的再思考》，《新闻大学》2020年第8期。

[2] 国家互联网信息办公室：《互联网新闻信息服务管理规定》，2017年5月2日，http://www.cac.gov.cn/2017-09/07/c_1121623889.htm。

[3] 李良荣、郭雅静：《三足鼎立下的网络媒体的态势及其治理之策》，《国际新闻界》2019年第10期。

领域开展特殊管理股试点"①；同年 5 月，国家网信办审议通过《互联网新闻信息服务管理规定》，该规定提及"申请互联网新闻信息采编发布服务许可的，应当是新闻单位（含其控股的单位）或新闻宣传部门主管的单位。符合条件的互联网新闻信息服务提供者实行特殊管理股制度，具体实施办法由国家互联网信息办公室另行制定"。②该规定明确提示，通过特殊管理股试点可以为原本不具备资质的民营媒体提供资质，获取执照。

特殊管理股试点的政策一经推出，加快了主流媒体向商业媒体的融合，甚至改变了媒体融合初期曾经出现的"反向融合"被动局面，凭借国有资本的优势，以市场行为吸纳具有舆论属性或社会动员能力的互联网平台。2017 年10 月 31 日，一点资讯（北京文投集团持有特殊管理股）成为新规出台后首个获得互联网新闻信息二类牌照（即具有新闻转载和传播资质）的民营互联网企业。截至 2021 年 11月，深圳报业集团、人民网和澎湃新闻分别作为特殊管理股引入 ZAKER、北京铁血科技和趣头条，三家单位的特别董事对于互联网公司的总编辑具有"一票否决权"，以保证正确的舆论导向。不过试点特殊管理股并不意味着直接能

---

① 新华社：《中共中央办公厅 国务院办公厅印发 〈关于促进移动互联网健康有序发展的意见〉》， 中华人民共和国中央人民政府网 2017 年 1 月 15 日，http://www.gov.cn/zhengce/2017-01/15/content_ 5160060. htm。

② 国家互联网信息办公室：《互联网新闻信息服务管理规定》， 2017 年 5月 2 日， http://www.cac.gov.cn/2017-09/07/c_ 1121623889. htm。

# 第六章
制度性力量：中国数字新闻创新环境的再审视

获取互联网信息服务牌照，还需要一定时间审核，如ZAKER和趣头条均在2019年才获得相关资质。

表6-1　特殊管理股的试点历程（2017—2018年）

| 时间 | 国有资本 | 民营媒体 | 试点内容/成效 |
| --- | --- | --- | --- |
| 2017.1 | 北京文投集团 | 一点资讯 | 2017年10月获得互联网信息服务二类牌照（转载、传播） |
| 2017.1 | 深圳报业集团 | ZAKER | 2019年8月获得互联网信息服务二类牌照（转载、传播） |
| 2017.8 | 人民网 | 北京铁血科技 | 人民网负责铁血科技的内容审核工作 |
| 2018.9 | 澎湃新闻 | 趣头条 | 2019年11月获得互联网信息服务二类牌照（转载、传播） |

注：根据公开资料笔者自制。

由于媒体融合下新型主流媒体建设的原始动力源自政策供给，短期内也出现了新闻创新实践的同质化、低效化问题，因为技术引发的各类创新仅仅被当作组织机构内部的一个点缀。

技术最大的影响是把传统的结构打破了，但机构是不可能变的。组织内部框架以及更大的权力运行框架在新的环境里面不仅没有发生实质的改变，反而更加被强调。更重要的是，虽然技术挑战了传统组织机构的控制力，但是经过了这么多年，事实证明现在的技术依然在控制范围内，因此在建制化体系层面所做的诸多所谓创新实践，跟事实上正在发生的社会现实变化是两个概念。①

## 第二节 资本变量：新闻创新实践背后的产业环境

谈及技术，不能回避的就是资本问题。前文中提到，"媒体融合"这一国家战略不是一个短期的政策，而是顺应技术变革的大背景与中华人民共和国成立以来的媒体改革发展历程相连的长期过程，而寻找经济支持是纵贯中华人民共和国成立以来媒体改革发展历程的重要线索。2G阶段，主流媒体在国务院文化体制改革的宏观背景下逐渐落实转企改革。2002年5月，新闻出版总署印发了《关于贯彻落实〈关于深化新闻出版广播影视业改革的若干意见〉的实施细则》，在不得介入编辑业务的前提下允许试点报业集团可以项目合作的方式吸纳国有企事业单位资本。2003年12月31日，国务院印发了《文化体制改革试点中支持文化产业发展的规定试行》和《文化体制改革试点中经营性文化事业单位转制为企业的规定试行》，进一步明确党报、党刊、电台、电视台等重要新闻媒体在确保国家绝对控股的前提下，允许吸收社会资本。就此，传媒业打破过

---

① 见本书附录一访谈对象素描 D3。

## 第六章
制度性力量：中国数字新闻创新环境的再审视

去的国有资本垄断，形成了混合所有制的格局。

混合所有制意味着主流媒体深层地介入了市场竞争，然而长期存在的"产事分隔"造成了主流媒体与商业媒体竞争过程中存在明显的制度基础与创新环境不对等、资本要素流通不畅以及市场反应滞后等问题。① 本书在访谈中发现，虽然近年来部分主流媒体纷纷试水资本运作，通过转企改制、传媒业产业链垂直延伸、基金化发展等多种形式放大主流媒体的产业属性，但从更广泛意义上来看，资本变量对于主流媒体新闻创新的影响依然较强，虽然整体的传媒市场是混合所有制特性，但在主流媒体内部依然是国有资本主导，这对于他们探索多元经营和自身造血产生了掣肘力量。

## 一　传媒市场的混合所有制格局

《中国传媒业投资发展报告（2015）》指出，影响媒体产业变局与发展态势的核心逻辑之一，即互联网的崛起对传媒业的渠道格局发生了深刻变化，互联网对于传媒产业越发具备决定性影响，二者融合成为大势所趋。② 非国有资金以及新媒体巨头的投入正在改变过去完全国有的中国传媒图景，一个混合的新图景正在形成。在这个新图景中包

---

① 朱春阳等：《当前我国传统媒体融合发展的问题、目标与路径》，《新闻爱好者》2014年第10期。
② 长江证券等：《中国传媒业投资发展报告（2015）》，《资本市场》2015年第4期。

含了各种国有的和商业的媒体机构,他们探索新老媒体平台上的创新、投资和增长战略。①

在所有互联网巨头中,阿里巴巴对传媒业的投资布局颇受瞩目。虽然阿里巴巴在传媒领域的影响力不如百度、腾讯和字节跳动三家超级互联网平台公司,但是其媒介化的发展路径颇受各界关注。从媒体属性上看,已经覆盖传统媒体、社交媒体、科技媒体、影视行业等各个传媒领域;从地域上看,实现了华东、华中、华南全面发展,并借助 Tango 和 Snapchat 征战海外的战略图景②。如表 6-2 所示,阿里巴巴集团在 2009—2020 年仅公开披露交易的金额就达到 721.5 亿元人民币,投资形式包括战略投资、战略入股、收购等,尤其是入股第一财经、财新传媒和收购南华早报集团,成为当时业界备受瞩目的大事件。

表 6-2　阿里巴巴在传媒业的投资情况(2009—2020 年)

| 时间(年) | 投资金额(亿元) | 投资形式 | 投资对象 |
| --- | --- | --- | --- |
| 2020 | 62* | 战略投资<br>收购 | 芒果超媒<br>衢州新闻网 |
| 2019 | 9* | 战略入股<br>战略投资 | B 站<br>趣头条 |

---

① Maguire、徐佳:《中国传媒产业发展方向与投资走向》,载崔保国主编《中国传媒产业发展报告(2015)》,社会科学文献出版社 2015 年版,第 316—329 页。

② 辛艳艳:《消费至死? 阿里的传媒话语建构——天猫"双 11"晚会后阿里与传媒的互动关系研究》,复旦大学硕士学位论文,2017 年。

续表

| 时间（年） | 投资金额（亿元） | 投资形式 | 投资对象 |
|---|---|---|---|
| 2018 | 63 | 天使轮 | New TV |
| 2016 | （未披露） | C轮 | 财新传媒 |
| 2015 | 352.5* | 收购<br>战略投资<br>战略入股 | 南华早报、优酷土豆<br>36氪、北青社区报、无界新闻<br>博雅天下、第一财经、光线传媒、Snapchat |
| 2014 | 196.2* | 战略入股 | 21世纪传媒、虎嗅网、优酷土豆、<br>华数传媒、文化中国、新浪微博、Tango |
| 2013 | 36.3* | 战略投资<br>战略入股<br>C轮 | 商业评论<br>新浪微博、钛媒体<br>陌陌 |
| 2012 | 1.8 | B轮 | 陌陌 |
| 2009 | 0.7* | 战略投资 | 湖南卫视、浙报集团（共建） |

注：美元交易按当年平均汇率换算为人民币；
1. 2020年收购衢州新闻网（即浙江信安数智科技有限公司）未披露相关金额；
2. 2019年购入B站2400万股；
3. 2015年博雅天下、北青社区报、无界新闻未披露相关金额；
4. 2014年新浪微博未披露相关金额；
5. 2013年商业评论、陌陌未披露相关金额；
6. 2009年浙报集团项目未披露相关金额；
7. 数据源自崔保国主编《中国传媒产业发展报告》(2015—2020年)。

不仅如此，自媒体的蓬勃发展也离不开民营资本的大力投入。自媒体由于缺少机构保障，对于资本的渴求更深，这也导致原本凸显个人关系连接与交往的众媒时代陷入了

**| 从2G到5G |**
技术驱动下的中国传媒业变革

权力、资本、技术、社会的嵌套与勾连。[①] TalkingData 移动数据研究中心发布的《2016自媒体行业洞察报告》数据显示，2014年8月至2016年3月，已有31个自媒体获得融资，其中20个融资额在千万元以上，10个估值亿元以上。在获得融资的自媒体项目中，媒体类账号高居榜首，其次分别是文化类、汽车类、餐饮类和娱乐类。[②] 2015年，吴晓波等人联合成立狮享家新媒体基金，当年就投资"餐饮老板内参""酒业家""十点读书""12缸汽车""车早茶""车找茬""B座12楼"等。[③] 这波内容创业的融资高潮一直持续到2016年，如表6-3所示，多数自媒体仍处于天使轮、Pre-A轮和A轮的早期融资阶段，而以"华尔街见闻""一条视频""橘子娱乐"等已经进入B+轮乃至C轮，"潮生活""青藤文化""We Media自媒体联盟"三家拥有系列新媒体品牌的科技公司经过多轮融资后在新三板挂牌上市。与融资同时进行的还有自媒体的套现，例如"同道大叔"作为"星座类"内容的第一大号（全网粉丝超3000万）被美盛文化以2.17亿元收购其72.5%的股权。

---

[①] 潘一凡：《众媒时代：多元的媒介新生态》，《新闻大学》2017年第3期。
[②] TalkingData 移动数据研究中心：《2016自媒体行业洞察报告》，2016年6月，http://mi.talkingdata.com/report-detail.html?id=312。
[③] 郭全中、胡洁：《2015年中国传媒资本市场发展报告》，载崔保国主编《中国传媒产业发展报告（2016）》，社会科学文献出版社2016年版，第238—252页。

# | 第六章 |
制度性力量：中国数字新闻创新环境的再审视

表 6-3　　　　　　2016 年自媒体内容创业融资情况

| 融资轮次 | 项目数量 | 融资金额（亿元）* | 典型代表 |
| --- | --- | --- | --- |
| 种子轮 | 1 | 0.22 | "好有财" |
| 天使轮 | 51 | 1.49 | "清博大数据"　"即刻视频"等 |
| Pre-A 轮 | 21 | 1.52 | "罐头视频"　"新经济100人"等 |
| A 轮 | 22 | 1.02 | "二更网络"　"餐饮老板内参"等 |
| A+轮 | 3 | 0.71 | "玩车教授"　"日日煮"等 |
| B 轮 | 2 | 1.5 | "Kaistart 开始众筹"　"火星文化" |
| B+轮 | 2 | 1.66 | "一条视频"　"橘子娱乐" |
| C 轮 | 1 | 1 | "华尔街见闻" |
| 新三板 | 3 | 0.35 | "潮生活"　"青藤文化"　"We Media 自媒体联盟" |
| 并购 | 1 | 2.18 | "同道大叔" |
| 总计 | 107 | 11.65 | |

注：1. 含未透露金额的项目，涉及美元的项目已按当年美元平均汇率折算；

　　2. 数据来源于"新榜"发布的《2016 内容创业融资案例》(2016.1.1—12.15)。①

　　根据郭雅静的研究，整个新闻传媒业的混合所有制的表现除了阿里巴巴以投资、合作和并购三种形式布局的媒体矩阵，还包括国有资本混合的形式（例如上海报业集团

---

① 新榜：《21 亿，108 例，资本寒冬只是伪命题？ | 2016 内容创业融资年终盘点》，2016 年 12 月 10 日，http://edit.newrank.cn/detail.html? uuid=27ECA7D22505CDEE966805 AC9FA1D837。

与人民网合作建设"呃哩")、民营资本与国有资本混合的形式(例如奇虎360与北京新媒体集团合办"北京时间",且前者控股)、民营企业投资的所有制形式(如黎瑞刚所在的华人文化注资建设梨视频)[①]。在笔者访谈过程中,第二种民营资本与国有资本混合的形式目前已经缺乏可操作性。

例如2015年媒体公开报道阿里巴巴将与四川日报报业集团共同打造"封面传媒"(初期合作意向为四川日报社持股51%,阿里巴巴持股49%),最终实际仍是四川日报报业集团一家独资,2018年5月才与四川文产基金共同完成Pre-A轮战略投资,一年后牵手四川国改基金、新华文轩、四川文产基金和四川出版集团签订A轮融资战略。[②] 2016年4月,由北京奇虎科技有限公司(占股60%)和北京新媒体(集团)有限公司(占股40%)联合打造的"北京时间"新闻资讯曾被看作媒体融合的一个新型案例,实现广播电视新媒体业务与一线科技公司技术的有效结合。但是三年后,北京奇虎科技有限公司就将所有股份悉数转让给北京新媒体(集团)有限公司,"北京时间"从民营控股的混合所有制转型为国有独资公司。公开披露的消息显示,奇虎360退股的主要原因在于盈利不理想,同时这种合作背景难

---

[①] 郭雅静:《论中国新闻传媒业的混合所有制》,《新闻大学》2017年第3期。

[②] 白兰:《牵手四路资本 封面传媒开启数亿元A轮融资》,封面新闻,2019年4月28日,http://www.thecover.cn/news/1931542。

| 第六章 |
制度性力量：中国数字新闻创新环境的再审视

以上市。① 目前"北京时间"的官方介绍中已经没有北京奇虎科技有限公司的相关内容。

因此，结合前述所提及的特殊管理股制度，如今传媒业市场的民营资本与国有资本的混合形式，更多体现在国有资本对民营资本的介入，与之前民营资本介入国有传媒的方式存在根本差异。对于主流媒体来说，民营资本的主动介入不仅意味着减轻主流媒体自身进行产业化经营的压力，同时民营资本背后的技术优势和用户数据积累成为主流媒体可以借力的重要资源。而国有资本主动介入民营资本一方面更多体现在资本雄厚的少数主流媒体身上，另一方面，二者不完全是市场化诉求的有机结合，这就隐藏着主流媒体产业化经营的矛盾。

## 二 国有资本主导下主流媒体的竞争限制

在"媒体融合"战略下，以企业进行运营所产生的利润来支持事业，不足部分由财政来提供经济支持，这是新时期媒体经济体制改革的方向与趋势。② 但从目前主流媒体的实际情况来看，大众传媒时代主流媒体"二次售卖"的盈利惯性降低了媒体的企业化运营能力，媒体内部的经

---

① 马程：《360 退出北京时间，周鸿祎的新媒体梦又碎？》，虎嗅网，2019 年 4 月 20 日，https://www.huxiu.com/article/295353.html。
② 陈国权：《谁为媒体提供经济支持？——1949 年以来中国媒体经济体制变迁与趋势》，《新闻与传播研究》2018 年第 10 期。

营管理委员会长期弱势于编辑委员会，事业性质、企业运营本身就存在平衡难题。然而"媒体融合"无论是在坚守事业性质还是保持盈利方面都给传媒业提出了灵魂叩问，为了保证媒体的舆论主导权和公共属性，政府的财政支持成为支撑媒体融合可持续发展的重要来源。根据陈国权的研究，目前财政扶持媒体有三种不同的表现方式，一是媒体成立企业来供养媒体事业，二是彻底弱化企业属性，由政府直接扶持事业；三是对媒体事业企业一起支持。①

根据《中国新闻年鉴》中梳理 2014—2018 年成立的 102 家传媒集团（主营业务为报业、广播电视、新媒体/融媒体，不含出版、期刊、影视和文化综合类），其中有 90 家可以通过"天眼查"明确实际控制人。相关数据显示，共有 79 家为国有独资（占比 87.8%）、9 家国有资本合资（占比 10.0%）、2 家有民营资本进入（占比 2.2%）。国有独资的传媒产业中，55 家的实际控制人为传统媒体（占比 69.6%），21 家实际控制人为各级政府部门或国资委（占比 26.6%），另有 3 家媒体控制权为其他国有公司（占比 3.8%）。

虽然以国有资本为主进行媒体融合能够有效防范资本操控舆论，坚守舆论阵地边界，但是在一定程度上也会束缚住传媒业创新的手脚。因为技术革命往往是发生

---

① 陈国权：《谁为媒体提供经济支持？——1949 年以来中国媒体经济体制变迁与趋势》，《新闻与传播研究》 2018 年第 10 期。

| **第六章** |
制度性力量：中国数字新闻创新环境的再审视

在具有更大活力的民营经济市场，国有资本的投入都需要经过审慎的讨论，这在一定程度上使传媒业无法第一时间投资潜力型的技术产品。事实上，本书在访谈时了解到，部分传媒业并非没有资金投入新媒体项目，而是受限于国有资本的经营限制，使得这些媒体只能另寻渠道扩展资金来源。

> 集团的考量是国有资产必须要保持增值，如果新媒体项目没有成功，那么就要承担国有资产流失的责任。很多媒体都是这样，一方面账面上来看大家都很有钱，资金躺在账面上吃利息，但是实际媒体融合的时候，我们却又很缺钱。每年技术的投入都是数以亿计的资金，我们迫切需要资本来催化我们。[①]

诸多访谈对象表示，在"媒体融合"转型的阶段，资本的投入对转型的效果具有显著作用，当下无论是省级层面的党报还是都市报的媒体融合竞争已经进入短兵相接的白热化阶段，可以说资本的投入力度能在最短时间内改变彼此之间的力量对比。

> 我们虽然在媒体融合方面走出了自己的特色，但是和其他媒体相比，政策支持力度是远远不够的。比

---

① 见本书附录一访谈对象素描 B6。

如我们就很羡慕澎湃，不仅是政策还是财政，都非常支持。但我们这里就不是这样，不仅如此我们还面对一个新的危机。我们单位是省级主管，同时我们市里的新媒体项目是市里主管，据说今年市里有大动作，给我们的竞争对手更大的财政支持，如果属实的话，我们两家的实力会受到根本性的改变。①

同样是集团内部的新媒体项目，我们有大小年之分，大年的技术投入可以达到上千万，小年大概500万。这个投入和集团内部其他的项目相比就少得多，有些还有网信办支持的专款。现在最大的问题是低资源、高投入，我是党报，对我的技术要求比其他社会化新媒体项目要高。换句话来说，同样是党报体系，我这里的投入只能支撑10个技术开发人员，但兄弟媒体可以做到200人的开发（还不包括运营），原本落后于我们的媒体有40多个人，据说马上也要吸纳资本成立公司，扩展到100人的体量。我用10个人的体量永远无法和100、200人的体量相比。不是没有把握，而是肯定会落于下风。②

---

① 见本书附录一访谈对象素描B6。
② 见本书附录一访谈对象素描D2。

| 第六章 |
制度性力量：中国数字新闻创新环境的再审视

不仅如此，国有资本主导媒体融合进程意味着媒体间的竞争在宏观意义上的传媒格局上不会形成突破，中央与地方、区域经济水平等"出身"因素对主流媒体的影响依然较为明显。如表6-4所示，根据中国新闻史学会应用新闻传播学专业委员会自2017—2020年以来评选的"中国应用新闻传播十大创新案例"中，人民日报和新华社作为央媒领跑媒介融合下的新闻创新，形成差异化特色，分别从强化舆论引导、完善媒体基础设施建设角度进行改革创新；在省级媒体和地市级媒体中，北京、上海、浙江杭州、广东广州、四川成都等传统的强省、强市发挥了重要的示范作用，在智能传播技术、融媒体建设、新闻客户端运营、短视频生产、数字内容建设等方面各有创新；县级媒体则以浙江最为突出。其中，作为界面新闻曾经的品牌栏目，"正午故事"编辑部虽然只有10人团队，但依然因经营困局于2020年4月1日宣布解散，引发业界人士的扼腕叹息。与之相比，腾讯"谷雨实验室"、网易"人间工作室"、搜狐"极昼工作室"等非虚构性写作平台依托母体互联网平台的强大资金助力，依然在网络舆论场中占据重要地位，尤其是"谷雨实验室"已成为新的业界标杆。因此，国有资本的主导地位在某种程度上体现了政治逻辑的考量，无论是为了保持不同行政级别主流媒体的地位，还是为了避免民营资本对主流媒体的反向融合，这些做法都可能与产业化发展的方向存在一定的偏差或不完全契合。

表6-4 "中国应用新闻传播十大创新案例"（2017—2020年）

| 媒体类型 | 媒体单位 | 融合创新（获奖年份） |
| --- | --- | --- |
| 中央媒体 | 新华社/网 | 融媒体新闻产品的打造和运营（2017）<br>直播和移动报道平台"直播云"（2018）<br>新华网融媒体未来研究院（2019）<br>武汉前方报道组抗击新冠疫情报道（2020） |
| | 人民日报 | 重大主题报道的融合产品策划（2017）<br>"侠客岛"（2018）<br>人民日报抖音号（2019） |
| | 中央广播电视总台 | 重大事件融合报道（2020） |
| 省级媒体 | 浙江日报报业集团 | 融媒体智能传播技术解决方案——"媒立方"（2017） |
| | 湖北日报 | 融媒体中心（2020） |
| | 上海广播电视台 | 融媒体直播流"看看新闻Knews24"（2018） |
| | 广东广播电视台 | 触电新闻客户端（2019） |
| | 湖北广播电视台 | "长江云"（2020） |
| | 四川广播电视台 | "四川观察"抖音号（2020） |
| 地市级媒体 | 澎湃新闻 | 原创新闻客户端的移动化运营（2017） |
| | 界面新闻 | 非虚构写作"正午故事"（2018） |
| | 封面新闻 | 主流新闻客户端的产品创新（2017） |
| | 新京报"我们视频" | 移动端新闻视频直播整合运营（2017） |
| | 南方都市报 | 南都大数据研究院（2019） |
| | 南方周末 | 内容付费探索（2020） |
| | 三联生活周刊 | 原创数字内容产品（2020） |

# 第六章
制度性力量：中国数字新闻创新环境的再审视

续表

| 媒体类型 | 媒体单位 | 融合创新（获奖年份） |
|---|---|---|
| 县级媒体 | 浙江长兴传媒集团 | 县级融媒体中心"融媒眼"（2018） |
| | 浙江安吉传媒集团 | 县级融媒体"爱安吉"（2019） |

注：
1. 商业/民营媒体、自媒体、政务媒体未统计在内；
2. 资料来自媒体公开报道的"中国应用新闻传播十大创新案例"（2017—2020年）。

## 第三节　新权力场域：新闻创新实践与评价规范的张力

根据前述章节的论述，主流媒体的话语权取决于是否能够最大范围内凝聚技术驱动下不断变化的网络主体人群，并准确反映和代表他们的利益诉求。"媒体融合"强调提升主流媒体的政治沟通能力，从"独白"转向对话，以打通两个舆论场、形成更广泛共识为目的。[①] 在这一政策指引下，对于新闻编辑部而言，"媒体融合"下的新闻创新不再是一线新闻从业者尝试"边缘突破"的"临场发挥",[②] 而是外部政策环境变化后编辑部为适应中国传媒业深层结构和整体生态变化进行的系统性改革。刘海龙、段世昌的研究指出，在中国新闻体制发展历经了诸多内部和外部变化

---

① 朱春阳：《我国需要什么样的新型主流媒体》，《新闻与写作》2016年第4期。
② 潘忠党：《新闻改革与新闻体制的改造——我国新闻改革实践的传播社会学之探讨》，《新闻与传播研究》1997年第3期。

的情况下，虽然主流媒体依然在产业化和维持意识形态绝对主导权之间摇摆，但需要对"边缘"进行重新定义，不仅聚焦于新闻业务，更重要的是将媒体改革过程中其他资源分配不平衡的空间（例如组织化新闻生产机构与受众、中央与地方、传统技术与新技术等）纳入考察范围。[1]

本节将回到新闻编辑部本身，考察编辑部在"媒体融合"的国家战略下新闻创新实践与评价规范之间的张力，分析主流媒体如何进行自我调适和规范，将传统的单向封闭式的官方系统评价与多向开放式的社会系统评价[2]互相结合，形成各具特色的融合新闻质量评价，这种新型评价体制产生了怎样的新问题，以及对新闻创新的实践产生了怎样的消极影响？

## 一 用形式说话：融媒体生产的调适难题

2018年5月，为了贯彻落实中央关于推动"媒体融合"发展的决策部署，中国新闻奖首设"媒体融合奖项"，将"短视频新闻""移动直播""新媒体创意互动""新媒体品牌栏目""新媒体报道界面""融合创新"等项目纳入评选范围，从即时性、交互性、共享性、技术应用效果和传播效果五个维度进行遴选。"媒体融合奖项"的设立被视为技

---

[1] 刘海龙、段世昌：《何处是"边缘"：媒体改革"边缘突破说"再思考》，《新闻与写作》2019年第1期。
[2] 罗昕等：《融合新闻报道质量评价体系构建》，《青年记者》2018年第30期。

## 第六章
制度性力量：中国数字新闻创新环境的再审视

术因素从边缘进入编辑部制作核心位置的重要依据。本小节对第二十八届至第三十一届中国新闻奖（即 2018—2021 年）中的媒体融合奖项（非国际传播奖项且不含"融媒栏目""新媒体品牌栏目"）的 194 项获奖作品题材进行分析，发现获奖作品中 112 项为主题报道题材，占比近六成（57.7%）。从获奖趋势来看，如图 6-1 所示，随着技术运用的熟练度逐渐提高，非主题报道获得媒体融合奖项的比例出现了一定程度的提高，但占比仍然维持在三成左右。这个比例也符合当下主流媒体进行融媒体生产的实际情况。根据本书访谈的情况，多数媒体从业者表示，更广泛意义上的融媒体报道依然以宣传性质的主题报道为主，但这种报道题材的偏向本身与融合创新想要争取的用户群存在着天然的矛盾。

> 我们现在做的融媒体产品主要是用形式说话的报道，但是这里面就有一个矛盾，融合报道的形式是突出视觉等感官体验，想要吸引年轻受众，但是这群人可能本身就不关心政治，所以拓展这一部分的读者增量本身就比较困难。我们在跑条线的过程中，很多政策已经先入为主地导向了我们，让我们没有办法主动去看读者想看什么。我们其实做的还是一个喇叭，但是我们有时候要把自己的耳朵竖起来。[1]

---

[1] 见本书附录一访谈对象素描 G2。

| (%) | 2018年 | 2019年 | 2020年 | 2021年 |
|---|---|---|---|---|
| 主题报道 | 73.2% | 66.7% | 66.7% | 66.0% |
| 非主题报道 | 26.8% | 33.3% | 33.3% | 34.0% |

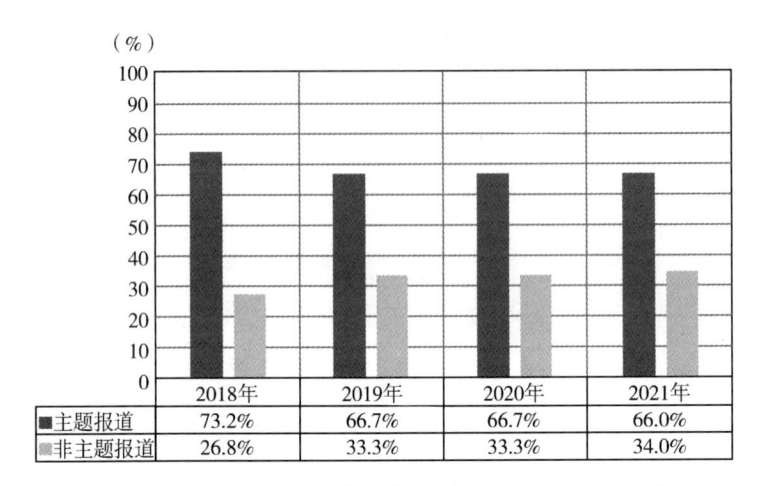

**图 6-1　中国新闻奖媒体融合类奖项题材分布（2018—2021 年）**

资料来源：第二十八届至第三十一届中国新闻奖名单。

与此同时，在主题报道的过程中一线融媒体记者或相关采编人员遇到的另一个大问题就是尺度的把握。不少一线采编人员在访谈中表示，每一次融媒体创新都是一个挑战，在制作的过程中如何平衡政治沟通使命与市场实际需求，这对于任何编辑和记者都是很困难的。从信息消化到内容呈现，每一个环节都要缩短内容生产者和用户之间的距离，能够快速地感觉到这些信息与用户端的生活息息相关。同时，宏大的政治主题本身是大而有力的，但是融媒体制作讲究轻盈，硬主题的软着陆在各级审核程序中都十分审慎，一旦把握不到位可能就会起到负面效果。因此，对于融媒体生产者来说，他们体会到的主流媒体对技术的投入是有限的，技术更多被理解为一种形式。

## 第六章
### 制度性力量：中国数字新闻创新环境的再审视

我们理解的融合创新产品，更多的是突出视觉等感官上的体验。融媒体既可以很简单，也可以很复杂，关键在于技术投入。这是一个无穷无尽的追求，可以把创新产品当作一种艺术品去理解，有的画家会认为画是没有画完的那一刻的，只是取决于画者把它停在了哪个阶段而已。我们现在的融媒体报道主要是策划能力大于技术技能，归根结底在于我们和传统记者共用一套考核标准。和其他媒体相比，我们报社整体的技术研发实力很强，但是我们对此的利用率很低。[1]

新媒体产品按道理应该要有一个它的逻辑，为什么我做这个选题需要这样一个产品，它不应该是随机的。但是我们现在很多产品是没有逻辑的，领导最近喜欢短视频，那就都做短视频，领导喜欢什么我再做什么[2]。

## 二 与流量握手言和：新评价标准

长期以来，主流媒体作为传媒产业高度垄断的受益者，对于新闻生产的评价标准一直以主观性、囿于宣传体系内部的官方评价为准，随着"媒体融合"的不断深入，访问量、点击量、转发量、评论量等流量指标不仅作为一种商

---

[1] 见本书附录一访谈对象素描 G2。
[2] 见本书附录一访谈对象素描 D3。

业取向，同时也在一定程度上代表了主流媒体政治沟通有效性的客观数据。根据访谈，自"媒体融合"以来，在融媒体生产的技术系统支持下，传播数据逐渐纳入新闻编辑部的考核规范，成为专业评价以外的重要考评依据。与此同时，作为内容运营的新媒体部门承担着维护自有平台和商业平台的内容分发，逐步成为新闻编辑部内的新权力部门。在这种发展势头下，虽然一方面，主流媒体与流量握手言和，将用户行为数据引入编辑部的评价机制，但另一方面，也改变了编辑部内部新媒体部门与传统采编部门的权力关系。

（一）专业评价与流量考核的平衡

根据深度访谈，目前各媒体都明确了一定的导向和考核机制，将用户行为数据作为一种客观性评价，与原有的考核机制进行一定的融合，目前来看主要有三种模式。

其一，将流量纳入绩效考核标准，形成内部的差异化竞争。

> 去年报社绩效考核方式大改革，完全按照系统反映的用户数据来发放绩效工资。在这种模式下，不同频道和不同栏目之间的差距非常大，有些很容易冲流量，有些深度或冷僻的栏目数据就很不理想。[1]

---

[1] 见本书附录一访谈对象素描 D6。

| **第六章** |
制度性力量：中国数字新闻创新环境的再审视

其二，将流量作为传播影响力的数据纳入"好稿"的专业评价指标中，有时会设置入门门槛。

> 每周会评好稿，好稿会有加分。稿子在客户端或者全网的点击量会是一个指标，是一个比较基本的权重。应该说还挺重要的，比如说不到 100 万基本上就不会考虑了，因为其他都超过 100 万，这会是一条线。①
>
> 我们的好稿标准主要是侧重选题意义、独家性、采访难度、文本协作和视觉元素，而影响力一栏中可以囊括流量这一传播影响力数据。②
>
> 我们还是有稿分的，大体还是基本底薪+稿费。稿费是按照一篇稿子多少分。这里的分数就是一个新闻进了 App 的首页排行榜第几，上了热搜第几，在考核的时候写备注，编辑就会给你倾斜。比如这个稿子本身的价值和采访难度突破就那么点分，但是有了流量的考核之后，可以多打一点。③

其三，流量并不成为一种硬性的绩效考核标准，但会在编辑层面共享，具有一定的压力。

---

① 见本书附录一访谈对象素描 G1。
② 见本书附录一访谈对象素描 E1。
③ 见本书附录一访谈对象素描 E3。

**|从2G到5G|**
技术驱动下的中国传媒业变革

> 虽然我们有榜单，但是我们对榜单没有考核。我们内部分享是周一公布网页、手机 App 的榜单，每个部门、每个栏目这样排，榜单也很细，比如原创榜、总榜，包括你抓取的一些榜单，视频榜还有文字榜。不过在考核机制上对榜单数据没有特别的要求，记者不背负榜单的 KPI 考核，主要还是付出的劳动强度和稿件质量。①

> 客户端会公示高阅读量客户端作品，一般阅读量要超过 30 万，但仅公示，不会转化成工资和绩效。②

### （二）谁在决定流量？采编与运营的复杂权力关系

当流量作为一种开放性的客观指标被引入新闻编辑部之后，意味着内容运营作为主宰分发渠道的部门，成为一种新的行政化力量。目前，各主流媒体的新媒体部门承担的主要职责是负责新闻客户端的自有平台维护和商业渠道分发，他们决定了一线采编的稿子是否能上客户端首页、是否能上"两微一抖"，成为影响新闻产品传播效果的重要因素。从理想状态而言，内容运营作为新闻编辑部内离用户最近的团队，应该能通过用户数据行为分析并反映用户需求，但在实际访谈中笔者发现，大部分主流媒体的内容运营所承担的工作职责仅仅是"维护"，缺少主动策划的能力和与采编人员的沟

---

① 见本书附录一访谈对象素描 E2。
② 见本书附录一访谈对象素描 F1。

| 第六章 |
制度性力量：中国数字新闻创新环境的再审视

通，尤其是一线记者既不掌握用户需求，同时内容分发的标准也处于一种模糊状态。

> 稿件的分发有一些是我们能看得见，比如我们和腾讯新闻合作微信群，编辑就会把他觉得好的稿子发到群里面，腾讯编辑就会发我们编辑推荐的稿子。但是我们自己内部的微信公众号，反而相对比较模糊，因为这是由另一个中心负责，平时和我们时事新闻中心不太沟通，只有在微信发文前觉得稿件有问题才会主动联系我们，如果只是简单要改一个标题，是不会跟我们提前打招呼的。我们看到的时候才知道标题改了。[1]

不仅如此，在部分媒体机构，内容运营团队不仅可以通过推荐影响一线记者的流量排名，部分媒体甚至将内容运营的摘编整合与一线记者纳入同样的考评体系，这种情况下就会产生明显的利益分配冲突。

> 我们现在的运营团队拥有的权力已经超出了他们的职责范围，运营本身是不带有某种原创性的，但是他们的推荐直接影响我们的流量排名，同时他们自己整合的稿件却可以拿高流量。因为通过运营他们知道

---

[1] 见本书附录一访谈对象素描 E1。

## |从2G到5G|
技术驱动下的中国传媒业变革

什么样的信息流量高，什么内容流量高他们编辑什么，只要在办公室里当"键盘侠"依然能够10万+流量，而我们记者要出去跑新闻。他们优先把自己生产的摘编稿件放到首页，既当运动员又当裁判员。①

新媒体设置的很多奖项只能新媒体部门的人拿得到，我们通常只能从客户端的数据看到我们自己稿件的影响力。②

更为特殊的是，在部分主流媒体的评价体系内，内容运营作为最接近流量的部门却没有设置KPI考核压力，流量的压力直接传导到编辑和记者身上。在这种模式下，流量本身的用户需求意义变为异化的考评指标，不仅无法激发新闻生产，反而催生出诸多异化的游戏规则。

报社内部去年重新划分了生产机制，从过去垂直的栏目统分为调查组和热点组，重要的原因就是部分垂直栏目本身无法推出具有流量效应的重磅稿件。在这种情况下，我们热点组就变成一种稿量+流量的综合方式，其中流量的倾斜是很大的。我们报社内部的流量考评是要在全网范围内比较，比如我们跟进了第一落点的突发新闻，因为几分钟的推送时差被其他媒体

---

① 见本书附录一访谈对象素描D3。
② 见本书附录一访谈对象素描F1。

| 第六章 |
制度性力量：中国数字新闻创新环境的再审视

首发，那么数据就会失之毫厘、差之千里，在这个时候如果领导沟通并同意了，可以通过覆盖的形式，将热点数据替换成我们自己的数据。①

## 三 人才观念：专业人才还是通用人才？

在"媒体融合"的实践过程中，人才是新闻创新实践的主体力量，自数字化转型以来，"全媒人才"的培养和激励被视作"媒体融合"转型的重要方向。时任中宣部长刘奇葆也在《人民日报》撰文呼吁，要强化全媒人才培养重要支撑，着力推动现有人员融合转型、抓好后备人才储备培养、着力完善人才激励机制。②但从主流媒体的实际情况来看，"全媒人才"更多是一种编辑部的整体样态，无法落实到每个记者和编辑本身。

我们招的人才里面可能就只有专业人才和通用人才，专业的比如说是技术人才，复合型人才可能和全媒人才略微沾点边，比如像数据新闻中心，既要懂一些新闻采编，同时要学会运用一些统计分析工具、制图等技术。对于大部分的采编部门来讲，更多的要求还是写作和拍摄，报社内部可以建立学习氛围，鼓励

---

① 见本书附录一访谈对象素描 E3。
② 刘奇葆：《推进媒体深度融合 打造新型主流媒体》，《人民日报》 2017年1月11日第6版。

| 从2G到5G |
技术驱动下的中国传媒业变革

大家学习新的技能,但是只有拥有专长才可能在编辑部内部得到进一步成长。除非他所有技能素质都过硬,但是这种近乎于一种苛求①。

从主流媒体的实际情况来看,最大的突破是通过社会化方式为具有技术手段的高层次专业人才提供高薪福利。例如2017年8月,人民日报新媒体中心公开宣布招聘首席技术官1人(4.5万—5.5万元/月)、高级技术架构师1人(3.5万—4万元/月)、高级产品经理2人(3.5万—4万元/月)、高级设计及交互工程师1人(3万—3.2万元/月)、高级数据分析师1人(3万—3.2万元/月)、运营总监1人(3万—3.2万元/月)、视频总监1人(3万—3.2万元/月)共计8个职位。虽然人民日报并未公布当年直属企业负责人薪酬情况表,但检索新华社直属企业负责人薪酬情况表,发现同为中央媒体的新华网、新媒体董事长应付年薪分别为52万元、47.19万元,与首席技术官年薪几乎持平。目前通过社会化方式招募技术人员的方式是传媒业的主流做法,因为只有这样才能自建技术部门,摆脱传统数字化转型时期技术外包的问题。一般来说,这些技术人员主要是负责对新媒体项目的维护和支撑,除了高薪聘请,业内更多的是落实同岗同酬。

---

① 见本书附录一访谈对象素描D1。

| 第六章 |

制度性力量：中国数字新闻创新环境的再审视

随着报纸的全员转型，我们需要越来越多的人力能够应对大量内容滚动以及新功能的迭代。别看一个小小的 App，每个大版本、小版本，大功能和小功能的更新，工作量是非常大的。通过社会招聘，我们以同岗同酬的方式吸纳技术人员。①

另外，针对一线采编人员，大部分主流媒体均探索专业职务序列改革的方式，以分级分类管理为原则，释放采编人员的专业活力，淡化行政色彩。例如新华社探索设立"新华首席"作为全社最好层次的专业技术人才岗位，设立"业务部门、单位、分社首席"岗位，建立阶梯式岗位等级制度，建立与业务阶梯制相配套的奖励分配制度，对"首席"岗位和各级阶梯岗位均设置相应的奖励分配标准；② 封面新闻探索"M+P"双通道序列，M 是管理通道，P 是专业通道，而负责技术和产品业务的部门增加 T 通道（技术通道，该通道与 P 通道一样均为专业序列），新人进来先定级，每半年可晋升一次。上海报业集团作为国内最早试行采编专业职务序列改革方案的传媒集团，建立"特聘首席"（编辑、评论员）、"专业首席"（编辑、评论员）和"四档十级"的采编专业职务序列模式，并在遴选评审时不设资历门槛和条件限制，凭业绩说话。截至 2018 年，经过两轮

---

① 见本书附录一访谈对象素描 D2。
② 中国记协：《中国新闻事业发展报告（2015）》，载钱莲生主编《中国新闻年鉴（2016）》，中国新闻年鉴社 2016 年版，第 87 页。

**| 从2G到5G |**
技术驱动下的中国传媒业变革

序列改革，上报集团三大报业共聘任首席人员82人次，平均年龄40.8岁，最小的28岁，并且两轮下来首席人员的更新率保持在较高水平，以此保证首席岗位的尖端性和引领性，也带动了整体采编队伍的活力和创造力。首席人员生产的好稿、好版面数量，占到全报社好稿、好版面总量的25%—30%，并成为获得各类新闻获奖的主要人群。与此同时，部分原属于干部序列的业务骨干也通过竞聘的方式重回一线队伍。目前上报集团内部的采编专业职务改革进一步拓展到澎湃新闻这一新媒体项目，将采编人员分为"首席记者"（编辑、评论员）、"高级记者"（编辑、评论员）、"资深记者"（编辑、评论员）、"记者"（编辑、评论员）、"见习记者"（编辑、评论员）五级，建立能上能下、能出能进的岗位评聘原则。澎湃新闻启动专业职务序列模式后，内部最年轻的首席记者中有多位90后。

虽然主流媒体不断在"媒体融合"过程中进行体制机制的改革，但是总体人才培养和流失的情况依然持续，在本书的访谈过程中，多位青年一线记者对编辑部内部的生产氛围表示忧虑。

我们比较像是时事新闻中心下面的螺丝钉，我们的编辑专业经验也不多，因为他以前是做环境新闻的，来人物组也是从无到有。（编辑部里）最开始的一批人就像创业团队，那个时候编辑和记者的热情比较高，

| 第六章 |
制度性力量：中国数字新闻创新环境的再审视

到现在慢慢有点疲软的感觉。从我个人经验来说，我进来之后编辑就随便挑你去出差，剩下的只能靠自学或者自己去找人求教，没有被很好地带教过。①

我有一千个理由想离开这里，但是2020年却又是新闻媒体重新拥有光芒的时候。每次我在武汉的采访和写作都很满足，这个时候我就想，认了，有这个原创采编的资质，我还能做很多事。但我也很遗憾，我的很多同道离开了。……我不知道我会不会一直留在这里。②

当新闻从业者是为了理想和主流媒体特殊的地位而选择留下，这对于行业来说既是可贵的，也是遗憾的。从这一角度出发，中国主流媒体的新闻创新实践仍然有漫长的前路要走。

---

① 见本书附录一访谈对象素描 E1。
② 见本书附录一访谈对象素描 E1。

FROM 2G TO 5G:
TECHNOLOGY-DRIVEN
TRANSFORMATION OF
CHINA'S
MEDIA INDUSTRY

## 余论

# 数字新闻创新实践如何锻造新型主流媒体

中国主流媒体新闻创新实践的根本是要返璞归真,深刻理解技术驱动下新闻传播的"实践"本意。无论是制度供给者还是媒体自身,只有把握住网络主体人群的结构变迁与诉求变化,才能锻造真正的新型主流媒体。

| 余论 |
### 数字新闻创新实践如何锻造新型主流媒体

　　自 2014 年"媒体融合"上升为国家战略以来，打造"新型主流媒体"成为媒体融合发展的终极目标。"新型主流媒体"的提法是新兴技术与主流媒体特质融合的产物。[①]就中国国情而言，新型主流媒体意味着新闻创新实践并不是一个简单的业态创新，更重要的是社会形态乃至政治层面的创新。就如同"新型主流媒体"这个概念在"媒体融合"国家战略下已经不再局限为简单的新闻学概念，而是指向现代传播、现代产业和现代国家治理的三位一体。[②]事实上，三个维度的核心指向是重新审视作为"中介"的主流媒体与作为"信息传播主体"的个人之间的关系，不再是前者主导后者，而是后者影响前者的关系。

　　从此出发，重新回顾中国主流媒体的新闻创新实践所走过的弯路，可以得出一个基本的结论：主流媒体新闻创新实践的根本是要返璞归真，重新认识技术驱动下新闻传

---

[①] 杨晓强：《论媒体融合时代新型主流媒体的内涵、价值与构建》，《江淮论坛》2015年第6期。

[②] 朱江丽、蒋旭峰：《从"主流媒体"到"新型主流媒体"：中国特色社会主义新闻观的嬗变与突破》，《新闻界》2017年第8期。

播的"实践"本意。"实践"意味着人的主体性的激活,也意味着权力结构的重新洗牌,无论是制度供给者还是主流媒体自身,只有把握住了网络主体人群的主体性诉求,才有可能锻造真正的新型主流媒体。对此,本书在结尾处提出锻造新型主流媒体的三大取向:其一:观念创新,面向用户;其二,体制机制创新,增量转向存量;其三,评价标准,以社会地位巩固政治地位。

## 第一节 观念创新:面向用户

自第二章至第五章,本书都试图说明数字技术的演进过程是对传统主流媒体垄断性权力的消解,并表现为网络主体人群的转场。例如3G时代"三低群体"转向微博及职业意见领袖,4G时代"中等收入群体"转向垂直商业自媒体。这充分反映了数字技术不仅能够改变传统的关系,也能创造关系,新关系是围绕人作为传播主体的"实践"所生成的。

正如库尔德利(Nick Couldry)一直以来强调的,理解媒介不是媒介文本与生产结构,而是人们的媒介实践。[①] 因此,从"实践"的维度来考察,数字技术所创造的是一个"媒介化"(medialization)的社会,在这个历史的、持续

---

① Nick Couldry, "Theorising Media as Practice", *Social Semiotics*, Vol. 14, No. 2, August 2004, p. 1–29.

| 余论 |
数字新闻创新实践如何锻造新型主流媒体

的、长期的过程中,越来越多的媒介出现并制度化,这其中包括作为人类基本实践的沟通、中介传播、社会与文化生活的媒介化形式,① 媒介网络成为控制信息的权力,② 而决定网络广度的正是人的维度。借用麦克卢汉在 20 世纪 60 年代的精准预言:媒介(亦名为人的延伸)是一种"使事情所以然"的动因,而不是"使人知其然"的动因,③ 数字技术借由人们的使用转化成传播的实践,让原本被遮蔽在大众传播之后的人的主体性不断走向前台。

视野回到中国现实情境中,长期以来,中国主流媒体是党的喉舌和人民利益的代表,既有党和国家赋予的权力,也有人民让渡的权力。数字技术则利用其开放的特性,让每一个用户重新调解与主流媒体之间的权力让渡关系,让渡程度的标尺在于主流媒体是否代表人民利益以及在多大程度上代表人民利益。如前面章节中所述,2G 时代,主流媒体之所以能奉行"内容为王",根本性原因是新媒体平台上的信息一方面无法直接形成舆论,在"报网互动"的模式下被吸纳为新闻线索,二者本身互相成就。从这个角度来看,2G 时代主流媒体的新闻创新本身缺少现实土壤,因

---

① Friedrich KROTZ, "Mediatization: A Concept with Which to Grasp Media and Societal Change", in Knut Lundby, ed., *Mediatization*: Concept, Changes, Consequences, New York: Peter Lang, 2009, p. 21–40.
② [加] 菲利普·N. 霍华德:《卡斯特论媒介》,殷晓蓉译,中国传媒大学出版社 2019 年版,第 21 页。
③ [加] 马歇尔·麦克卢汉著,理查德·卡维尔编:《理解媒介: 论人的延伸》,何道宽译,商务印书馆 2000 年版,第 82 页。

| 从2G到5G |
技术驱动下的中国传媒业变革

为人的主体性无法突破互联网的经济门槛和知识门槛。3G时代，主流媒体话语权翻转则充分体现了在中国社会转型背景下，用户传播权利意识的复苏与技术赋权的威力，尤其是"三低群体"能够借助微博的转发、@和评论迅速突破阶层壁垒，和职业意见领袖建立关系，改变了传媒市场长期以来由主流媒体一家独大的局面。虽然政府层面并未认可社交媒体在新闻系统中的地位，但主流媒体最终不得不正视用户流失，在新浪平台建立微博"国家队"，这种进驻"客场"的新闻创新实践在一定意义上代表了主流媒体适应性"妥协"。4G时代，"媒体融合"国家战略的提出也是帮助主流媒体在面对无法自发挽回用户、重夺舆论场的挑战下，积极应对客观现实，主动寻求创新与发展的重要举措。

与主流媒体相比，商业平台和自媒体的崛起则是不断激活人的主体性，不断进行边缘突破，逐渐成为影响网络舆论场的关键力量。无论是微博、微信还是今日头条、抖音，每一个新崛起的新媒体平台都以激发个体的需求为基础，为个人的媒介使用提供技术便利，深层次地将个人的技术实践与社会结构的再组织紧密结合起来，使自己成长为信息资源强势的一方，将个人主体弱化为信息弱势方，从而成为网络权力结构的中心。

两相比较，中国主流媒体的新闻创新实践过程具有滞后性，虽然自2G时代以来就尝试转型，但过于聚焦新闻生

| 余论 |
数字新闻创新实践如何锻造新型主流媒体

产层面的内容形态创新,忽视了用户作为信息接收者的巨大潜能和人媒关系的嬗变。5G 时代随着技术不断具身化,人日益成为一种终极媒介形式,人的主体性将得到进一步扩大。对于主流媒体来说,只有重新把握人的信息需求、感知需求、生活需求,才能不断延伸社会触角。正如媒体融合的新闻创新实践改变了传统主流媒体"内容为王"的思路,以平台建设为根本,聚合 PUGC 多元信息主体,未来的新闻创新实践也必然要从窄化的信息生产转向更广泛意义的日常生活,才能在最大范围内动员用户、凝聚用户。

从这个意义上来说,新闻创新实践最终将转向"用户新闻"(user journalism),① 正视巨大的用户传播欲望与能力,在多种沟通模式的互动网络中重新理解主流媒体作为具有独特政治意涵的关键节点所应发挥的作用,并将新闻创新实践的基础从专业性的新闻生产转向专业性的用户研究,才能克服网络社会的圈层效应。

## 第二节 体制创新:增量转向存量

为了适应数字技术的挑战,中国主流媒体的新闻创新实践将新技术引入新闻编辑部,并由 2G、3G 时代的增量改革慢慢转向 4G 时代的整体转型,以平台化建设为抓手,以

---

① 刘鹏:《用户新闻学:新传播格局下新闻学开启的另一扇门》,《新闻与传播研究》2019 年第 2 期。

| 从2G到5G |
技术驱动下的中国传媒业变革

一支队伍、两个平台为核心，促进传统新闻编辑部的生产模式调整，将过去长期边缘化的技术人员推向中心，探索移动优先与视频优先的生产和分发方式。仍需指出的是，主流媒体虽然在"媒体融合"战略下进行了较大幅度的改革，但这种改革往往是做增量，导致旧思想、旧眼光依然在新闻创新实践中发挥作用。

在前述章节中提到，新闻创新实践受到制度性力量和资本因素制约，在此背景下，主流媒体的新闻创新实践无论是在组织层面还是产品层面，其技术都被简单视为一种工具。虽然与技术相关的诸多元素（如技术人员、技术平台等）在编辑部内日益凸显重要性，但从整个传媒市场来说，缺少自主创新的技术加成不利于主流媒体的竞争实力，因为主流媒体所要面对的竞争对手是以互联网平台为代表的各类新媒体形式，无论是技术实力还是经营优势，后者都远超主流媒体。

因此，存量改革的首先是改变产业配置低效的弊病，促进主流媒体间竞争的产生，以及顺畅地向合作转化，其次才是放大基于垄断的积极性效应，把能够带来社会传播资源效率的提升作为考察媒体融合行为价值是否优化的首要标准。[①] 这也符合新版《意见》所强调的主流媒体集约化发展。

---

[①] 朱春阳等：《如何塑造媒体融合时代的新型主流媒体与现代传播体系？》，《新闻大学》2014年第6期。

| 余论 |
数字新闻创新实践如何锻造新型主流媒体

集约化发展的本质是重新调整资源配置方式，以适应移动互联网"再中心化"之后的寡头垄断。在此背景下，主流媒体间的联合重组已经如火如荼展开。除了前述章节所提到的上海报业集团与东方网合并外，四川日报全媒体也由《四川日报》、川观新闻、四川在线的三家独立媒体融合为一支团队、三个终端，减少媒体融合的"沉默成本"，保障资源的投入建立在已经获得社会广泛认可的优质品牌上。与之类似，为了进一步解决媒体融合改革中的"腰部塌陷"[①]问题，借行业云建设在各省级单位实现一体化管理和生产，也能改变增量改革难以避免的重复投入和资源浪费，让主流媒体的新闻实践创新能够更平衡、更充分。

## 第三节 评价标准：社会地位巩固政治地位

最后也是最重要的是，主流媒体的新闻创新实践虽然从新闻编辑部产生，但最终要跳出新闻编辑部这一业务场域，服务于国家治理这一终极目标。对于党和国家来说，主流媒体的新闻创新实践最终是要转化为壮大主流思想舆论的综合优势，让党的声音传得更开、传得更广、传得更

---

[①] 郑雯、张涛甫：《媒体融合改革中的"腰部塌陷"问题》，《青年记者》2019年第25期。

| 从2G到5G |
技术驱动下的中国传媒业变革

深入，①但是在实际过程中，主流媒体的新闻创新实践空间远小于不具备互联网新闻信息服务资质的互联网商业平台媒体，这本身与技术的开放有着天然的矛盾性。

从 2G 到 5G，新闻创新实践所走过的历程已经充分证明了主流媒体兼负的舆论引导与舆论监督的双重职能，很大程度受制于一级政府一级媒体的管理体制，除了中央级媒体以外，在理论意义上应是国家治理重要协作者的主流媒体，事实上却处于"统治阶级中的无权者"地位，②影响了主流媒体的政治沟通能力。直接表现就是在技术驱动下，主流媒体的新闻创新实践虽然依然在继续，但代表舆论监督的调查性报道不断衰落。在中国依然进行深化改革的今天，调查性报道的式微意味着主流媒体存在将公共话语空间让渡给行业自媒体，作为不具有互联网新闻一类资质的自媒体已经深谙"擦边球"的操作方式，在新闻与文学、公共性与消费性之间循环往复，既收获社会赞誉，又收割网络流量，一举两得。不仅如此，商业平台也在不断吸纳主流媒体人才，极大影响了主流媒体行业发展的动力。

相比之下，本应大有作为的主流媒体却戴着镣铐跳舞，在政府与公众之间左右为难，这本身与中国新闻体制将

---

① 习近平：《加快推动媒体融合发展 构建全媒体传播格局》，《前线》2019年第4期。
② 方师师：《中国社会网络中的动态媒介过程：关系、结构与意义》，博士学位论文，复旦大学，2013年。

| 余论 |
数字新闻创新实践如何锻造新型主流媒体

"新闻"定义为主流媒体独享的生产资源不匹配。从这个角度出发，新型主流媒体与其他类型的传播主体的竞争，归根结底是话语权的竞争，新闻创新实践不仅是形式创新和活动创新，更重要的是通过新闻创新实践逐步改变用户对于主流媒体在践行公共性方面可能存在的误解。作为党委直接领导的主流媒体，应处理好行政管理与市场竞争、正面宣传和舆论监督两组重要关系，① 让主流媒体能够将政治地位优势在最大范围内转化成为社会影响力优势，给予主流媒体更大的新闻创新空间。

---

① 李良荣、袁鸣徽:《锻造中国新型主流媒体》,《新闻大学》2018 年第 5 期。

# 附录一　访谈对象素描

| 序号 | 编码 | 访谈时间 | 访谈形式 | 性别 | 职位分类 | 是否为管理人员 | 媒体从业时间 |
|---|---|---|---|---|---|---|---|
| 1 | B1 | 2020.08.18 | 当面访谈 | 男 | 技术人员 |  | 0—5 年 |
| 2 | B2 | 2020.08.18 | 当面访谈 | 男 | 技术人员 |  | 0—5 年 |
| 3 | B3 | 2020.08.18 | 当面访谈 | 女 | 内容运营 |  | 0—5 年 |
| 4 | B4 | 2020.08.18 | 当面访谈 | 女 | 内容运营 |  | 0—5 年 |
| 5 | B5 | 2020.08.18 | 当面访谈 | 男 | 行政支撑 | 中层管理者 | 15 年及以上 |
| 6 | B6 | 2020.08.18 | 当面访谈 | 男 | 采编一线 | 高层管理者 | 15 年及以上 |
| 7 | B7 | 2020.08.18 | 当面访谈 | 男 | 采编一线 | 中层管理者 | 15 年及以上 |
| 8 | B8 | 2020.08.19 | 当面访谈 | 男 | 行政支撑 | 中层管理者 | 15 年及以上 |
| 9 | C1 | 2020.07.30 | 当面访谈 | 男 | 技术人员 | 中层管理者 | 5—10 年 |
| 10 | C2 | 2020.07.30 | 当面访谈 | 男 | 技术人员 | 高层管理者 | 5—10 年 |
| 11 | C3 | 2020.07.30 | 当面访谈 | 女 | 内容运营 |  | 0—5 年 |
| 12 | D1 | 2020.08.05 | 当面访谈 | 男 | 采编一线 | 中层管理者 | 15 年及以上 |
| 13 | D2 | 2020.08.07 | 当面访谈 | 男 | 技术人员 | 中层管理者 | 15 年及以上 |
| 14 | D3 | 2020.09.10 | 当面访谈 | 男 | 采编一线 | 中层管理者 | 10—15 年 |
| 15 | D4 | 2020.09.10 | 当面访谈 | 女 | 采编一线 |  | 10—15 年 |
| 16 | D5 | 2020.09.10 | 当面访谈 | 女 | 采编一线 | 中层管理者 | 10—15 年 |
| 17 | D6 | 2020.09.14 | 当面访谈 | 女 | 采编一线 |  | 0—5 年 |

| 附录一 |
访谈对象素描

续表

| 序号 | 编码 | 访谈时间 | 访谈形式 | 性别 | 职位分类 | 是否为管理人员 | 媒体从业时间 |
|---|---|---|---|---|---|---|---|
| 18 | E1 | 2020.08.26 | 当面访谈 | 女 | 采编一线 | | 0—5 年 |
| 19 | E2 | 2020.08.29 | 当面访谈 | 女 | 采编一线 | | 5—10 年 |
| 20 | E3 | 2020.09.16 | 当面访谈 | 女 | 采编一线 | | 0—5 年 |
| 21 | F1 | 2020.08.25 | 电话访谈 | 男 | 采编一线 | | 0—5 年 |
| 22 | F2 | 2020.08.26 | 电话访谈 | 男 | 内容运营 | | 0—5 年 |
| 23 | F3 | 2020.11.20 | 电话访谈 | 男 | 内容运营 | 中层管理者 | 15 年及以上 |
| 24 | G1 | 2020.08.28 | 当面访谈 | 女 | 采编一线 | | 0—5 年 |
| 25 | G2 | 2020.09.10 | 电话访谈 | 女 | 采编一线 | | 0—5 年 |

# 附录二　访谈提纲

## 一　采编团队

### （一）传统记者岗位

1. 您所在媒体新闻生产的机制和流程？自数字技术诞生以来，新闻生产的流程经历了怎样的变化？

2. 哪些技术会介入新闻生产过程中？是通过怎样的形式介入的？

3. 在新闻生产过程中，您与编辑部的哪些同事会产生联系？联系的形式和联系的效果如何？

4. 您怎么理解新媒体中心的职责？如何评价新媒体中心的作用？

5. 您怎么理解技术部门的职责？他们对于所在媒体发挥了怎样的作用？

6. 作为一线采编人员，您如何理解"媒体融合"？所在媒体的实践与自己的理解是否一致？

| 附录二 |
访谈提纲

7. "媒体融合"对您产生了怎么样的影响？您如何理解自己在全媒体生产中的角色？

8. "媒体融合"下，新闻报道和一线采编的评价标准发生了怎样的变化？您如何评价这些变化？

9. 与其他同类型媒体相比，您如何评价所在媒体的融合创新？

10. 与商业媒体相比，您认为"媒体融合"是否能提升主流媒体的竞争力？

11. 您认为主流媒体的新闻创新实践应该向何处去？还需要突破什么？

（二）融媒体记者岗位

12. 融媒体记者岗位设立的时间和背景？您所在的媒体对融媒体记者的要求是什么？

13. 您所在的媒体是如何做融合报道的？您与其他传统记者之间的区别是什么？工作时是否有联系机制？

14. 能否介绍您所做的几个具有代表性的融媒体报道及背后的生产故事？

15. 融媒体生产的质量如何评估？您认为融媒体生产的优势和不足分别是什么？

16. 融媒体记者的培养路径与传统记者岗位是否存在差异？

17. 如何理解"媒体融合"？您认为"融媒体生产"是否体现了"媒体融合"的需求？

18. 您怎么看待主流媒体的融媒体产品和商业平台的融媒体产品？二者有什么不同？

19. 融媒体记者如何与所在媒体的融合创新平台产生联系？

20. 您认为主流媒体的新闻创新实践应该向何处去？还需要突破什么？

## 二 内容运营团队（即新媒体中心团队）

1. 新媒体中心成立的背景？

2. 新媒体中心在整个媒体内部处于什么样的地位？相关架构、分工和目标为何？

3. 作为新媒体运营人员，您与编辑部内外的哪些主体产生联系？如何评价和不同主体之间的关系？（这里的主体包括编辑部内的一线采编人员、技术人员等和编辑部以外的商业平台、用户等）

4. 您觉得新媒体部门是否对所在媒体的渠道建设、管理方式、新闻生产、品牌运营产生正向影响？

5. 您所在的媒体对新媒体中心的工作成绩如何认定？对具体个人有怎样的培养和考评机制？

6. 与国内其他媒体相比，您如何评价所在媒体应对技术挑战时所作的融合创新？

7. 您如何理解"媒体融合"？您认为主流媒体还未克服的困难有哪些？

## 三 技术团队

1. 您所在部门相关工作的基本介绍，主要为媒体提供怎样的技术支持？

2. 从技术角度来看，您如何理解时下的媒体融合探索？您所在媒体的技术投入对媒体融合产生了怎样的效果？

3. 目前您所在媒体最主要的技术投入在哪些方面？是否有一定程度的资源倾斜？（资金投入、人员投入等）

4. 在日常工作中，技术部门与编辑部其他部门之间如何产生联系？不同联系机制方面的主导方分别是谁？

5. 技术是否有助于您所在的媒体实现留存、转化新用户？

6. 对于技术人才，有怎样的考评、绩效或培养机制？

7. 在增强技术应用的同时，媒体是否能够有效防范风险？

8. 您是否参与到媒体的技术规划或整个媒体集团的报业规划中？

9. 与其他同类型媒体相比，您如何评价所在媒体的技术创新？

10. 若要应对技术的挑战，主流媒体还要解决哪些问题？主流媒体的媒体融合是否真的能够实现"出圈破阵"？

## 四 行政支撑团队

1. 在应对技术挑战过程中，编辑部的组织形态发生了怎样的调整？采编人员、内容运营、技术人员在编辑部内的工作边界和互动机制是否发生变化？

2. 媒体融合过程中，编辑部是否进行了体制机制的突破？具体表现在哪些方面？

3. 您觉得"媒体融合"还需要突破哪些问题？

## 五　中层/高层管理者

1. 您所在的媒体是如何应对数字技术诞生以来的主动挑战？什么时候形成具体的战略思路？

2. "媒体融合"国家战略下，您所在的媒体具体是如何进行新闻创新的？这种创新的适应性和挑战分别在哪里？

3. 为了执行该战略，在渠道建设、管理方式、新闻生产、品牌运营等方面做了哪些调整？调整过程中如何克服各种惯性？

4. 在同类媒体中，您觉得本媒体应对技术变革的创新和效果处于什么水平？是否有进一步发展的空间？

5. 从您个人角度来看，主流媒体在"媒体融合"纵深发展转型的过程中，主要依靠自身驱动力、市场驱动力还是政府驱动力？

6. 主流媒体能否真正实现"出圈破阵"？其优势和劣势分别是什么？

## 六　主流媒体衍生的新媒体公司

1. 技术探索如何服务新闻媒体？和其他同类型的公司

相比，有何特色？

2. 技术对新闻生产的有效赋能体现在哪些方面？

3. 如何评价行业内不同主流媒体的技术创新？您所开发的产品在业界的推广程度如何？

4. 您认为当下各媒体在制定媒体融合战略过程中，是否能够回应技术带来的挑战？

# 参考文献

## 一　中文文献

**中文专著**

[丹麦] 克劳斯·布鲁恩·延森《媒介融合：网络传播、大众传播和人际传播的三重维度》，刘君译，复旦大学出版社 2019 年版。

[加] 戴维·克劳利等：《传播的历史：技术、文化和社会（第六版）》，董路等译，北京大学出版社 2018 年版。

[加] 哈罗德·伊尼斯《传播的偏向》，何道宽译，中国人民大学出版社 2003 年版。

陈向明：《质的研究方法与社会科学研究》，教育科学出版社 2000 年版。

储钟圻主编：《现代通信新技术》，机械工业出版社 1998 年版。

崔保国主编：《中国传媒产业发展报告（2015）》，社会科学文献出版社 2015 年版。

崔保国主编：《中国传媒产业发展报告（2016）》，社会科学文献出版社 2016 年版。

费孝通：《乡土中国 生育制度》，北京大学出版社 1998 年版。

郭良：《网络创世纪——从阿帕网到互联网》，中国人民大学出版社 1998 年版。

何威：《网众传播：一种关于数字媒体、网络化用户和中国社会的新范式》，清华大学出版社 2011 年版。

胡泳：《众声喧哗：网络时代的个人表达与公共讨论》，广西师范大学出版社 2008 年版。

李良荣：《新闻学概论（第六版）》，复旦大学出版社 2018 年版。

李培林等主编：《2014 年中国社会形势分析与预测》，社会科学文献出版社 2013 年版。

李培林等主编：《2016 年中国社会形势分析与预测》，社会科学文献出版社 2015 年版。

李培林等主编：《2019 年中国社会形势分析与预测》，社会科学文献出版社 2019 年版。

李永刚：《我们的防火墙：网络时代的表达与监管》，广西师范大学出版社 2013 年版。

彭兰：《中国网络媒体的第一个十年》，清华大学出版社 2005 年版。

钱莲生主编：《中国新闻年鉴（2012）》，中国新闻年鉴社2012年版。

钱莲生主编：《中国新闻年鉴（2016）》，中国新闻年鉴社2016年版。

汝信等主编：《2010年中国社会形势分析与预测》，社会科学文献出版社2009年版。

吴廷俊：《科技发展与传播革命》，华中科技大学出版社2001年版。

谢耘耕：《中国社会舆情与危机管理报告（2013）》，社会科学文献出版社2013年版。

张咏华：《媒介分析：传播技术神话的解读（第二版）》，北京大学出版社2017年版。

中共中央文献研究室编：《习近平关于全面深化改革论述摘编》，中央文献出版社2014年版。

**中文译著**

[加]菲利普·N.霍华德：《卡斯特论媒介》，殷晓蓉译，中国传媒大学出版社2019年版。

[加]马歇尔·麦克卢汉：《指向未来的麦克卢汉：媒介论集》，何道宽译，机械工业出版社2016年版。

[加]马歇尔·麦克卢汉著，理查德·卡维尔编：《理解媒介：论人的延伸》，何道宽译，商务印书馆2000年版。

[美]保罗·F.拉扎斯菲尔德等：《人民的选择：选民如何

在总统选战中做决定（第三版）》，唐茜译，中国人民大学出版社2012年版。

［美］保罗·莱文森：《新新媒介》，何道宽译，复旦大学出版社2011年版。

［美］克莱·舍基：《人人时代：无组织的组织力量》，胡泳等译，中国人民大学出版社2015年版。

［美］罗伯特·斯考伯等：《即将到来的场景时代》，赵乾坤等译，北京联合出版公司2014年版。

［美］迈克尔·海姆：《从界面到网络空间——虚拟实在的形而上学》，金吾伦等译，上海科技教育出版社2000年版。

［美］曼纽尔·卡斯特：《认同的力量》，夏铸九译，社会科学文献出版社2001年版。

［美］曼纽尔·卡斯特：《网络社会的崛起》，夏铸九等译，社会科学文献出版社2001年版。

［美］唐·伊德：《技术与生活世界——从伊甸园到尘世》，韩连庆译，北京大学出版社2012年版。

［美］文森特·普赖斯：《传播概念·Public Opinion》，邵志择译，复旦大学出版社2009年版。

［美］伊莱·帕里泽：《过滤泡：互联网对我们的隐秘操纵》，方师师等译，中国人民出版社2020年版。

［美］伊莱休·卡茨等：《人际影响：个人在大众传播中的作用》，张宁译，中国人民大学出版社2016年版。

[英]赫·斯宾塞：《斯宾塞教育论著选》，胡毅等译，人民教育出版社 1997 年版。

**期刊论文**

胡翼青：《再论后真相：基于时间和速度的视角》，《新闻记者》2018 年第 8 期。

胡正荣：《传统媒体与新兴媒体融合的关键与路径》，《新闻与写作》2015 年第 5 期。

黄楚新、王芳：《"移动直播+短视频"创新新闻报道新模式》，《新闻论坛》2018 年第 6 期。

黄旦：《重造新闻学——网络化关系的视角》，《国际新闻界》2015 年第 1 期。

黄旦、李暄：《从业态转向社会形态：媒介融合再理解》，《现代传播（中国传媒大学学报）》2016 年第 1 期。

黄月琴：《"弱者"与新媒介赋权研究——基于关系维度的述评》，《新闻记者》2015 年第 7 期。

孔祥军：《试论社会转型时期的新闻转型——兼作对李良荣教授〈中国的新闻改革〉的回应》，《甘肃社会科学》2003 年第 5 期。

匡文波：《5G 时代中国网民新闻阅读习惯的量化研究》，《新闻与写作》2019 年第 12 期。

郎劲松、杨海：《数据新闻：大数据时代新闻可视化传播的创新路径》，《现代传播（中国传媒大学学报）》2014

年第 3 期。

雷跃捷、王娜：《媒体融合时代新闻定义问题的再思考》，《新闻大学》2020 年第 8 期。

冷梅：《做专业媒体，走可持续发展之路——访第一财经有限公司董事长、总经理高韵斐》，《新闻战线》2008 年第 2 期。

李良荣：《从单元走向多元——中国传媒业的结构调整和结构转型》，《新闻大学》2006 年第 2 期。

李良荣：《短视频将成为未来新闻发布的主要方式》，《青年记者》2018 年第 30 期。

李良荣、方师师：《主体性：国家治理体系中的传媒新角色》，《现代传播（中国传媒大学学报）》2014 年第 9 期。

李良荣、郭雅静：《三足鼎立下的网络媒体的态势及其治理之策》，《国际新闻界》2019 年第 10 期。

李良荣、沈莉：《试论当前我国新闻事业的双重性》，《新闻大学》1995 年第 2 期。

李良荣、孙玮：《企业转型改制的新闻学意义》，《新闻大学》1999 年第 1 期。

李良荣、辛艳艳：《从 2G 到 5G：技术驱动下的中国传媒业变革》，《新闻大学》2020 年第 7 期。

李良荣、袁鸣徽：《锻造中国新型主流媒体》，《新闻大学》2018 年第 5 期。

李良荣、张华：《参与社会治理：传媒公共性的实践逻辑》，《现代传播（中国传媒大学学报）》2014年第4期。

李良荣、张盛：《互联网与大众政治的勃兴——"新传播革命"研究之一》，《现代传播（中国传媒大学学报）》2012年第3期。

李良荣、郑雯：《论新传播革命——"新传播革命"研究之二》，《现代传播（中国传媒大学学报）》2012年第4期。

李良荣、周宽玮：《媒体融合：老套路和新探索》，《新闻记者》2014年第8期。

李良荣等：《网络群体性事件爆发机理："传播属性"与"事件属性"双重建模研究——基于195个案例的定性比较分析（QCA）》，《现代传播（中国传媒大学学报）》2013年第2期。

李沁：《沉浸媒介：重新定义媒介概念的内涵和外延》，《国际新闻界》2017年第8期。

李艳红：《在开放与保守策略间游移："不确定性"逻辑下的新闻创新——对三家新闻组织采纳数据新闻的研究》，《新闻与传播研究》2017年第9期。

李志琴：《革新与涅槃——i-news的成长之路》，《传媒》2007年第5期。

刘海龙、段世昌：《何处是"边缘"：媒体改革"边缘突破说"再思考》，《新闻与写作》2019年第1期。

刘鹏：《用户新闻学：新传播格局下新闻学开启的另一扇门》，《新闻与传播研究》2019年第2期。

刘骞：《手机报：传统报业的数字化介入辩析与猜想——以〈华西手机报〉为例》，《新闻界》2007年第2期。

刘珊、黄升民：《解读中国式媒体融合》，《现代传播（中国传媒大学学报）》2015年第7期。

刘颂杰、张晨露：《从"技术跟随者"到"媒体创新者"的尝试——传统媒体"新闻客户端2.0"热潮分析》，《新闻记者》2016年第2期。

刘艳娥：《中国传媒体制改革新论——一种新制度经济学视角下的民主分权理论范式》，《中州学刊》2014年第5期。

刘自雄等：《论美国报业面对数字化转型危机的拯救策略——解读〈重构美国新闻业〉报告》，《国际新闻界》2010年第5期。

刘左元、李林英：《新媒体打破了以往社会分层的对话机制和模式》，《新闻记者》2012年第4期。

柳斌杰：《解放和发展文化生产力——兼谈深化新闻出版改革的几个问题》，《中国出版》2006年第3期。

柳旭波：《传媒体制改革的制度经济学分析》，《新闻界》2006年第2期。

卢卫、陆希玉：《4G时代移动互联网的发展趋势》，《电信科学》2014年第5期。

陆晔、潘忠党：《成名的想象：中国社会转型过程中新闻从业者的专业主义话语建构》，《新闻学研究》2002 年第 4 期。

陆晔、周睿鸣：《"液态"的新闻业：新传播形态与新闻专业主义再思考——以澎湃新闻"东方之星"长江沉船事故报道为个案》，《新闻与传播研究》2016 年第 7 期。

陆晔、周睿鸣：《新闻创新中的"协作式新闻布展"——媒介融合的视角》，《新闻记者》2018 年第 9 期。

吕尚彬：《媒体融合的进化：从在线化到智能化》，《人民论坛·学术前沿》2018 年第 24 期。

罗建华：《中国报业发展态势"三家论剑"——石峰"波动论"、吴海民"拐点论"、喻国明"节点论"比较综述》，《中国报业》2006 年第 4 期。

罗昕等：《融合新闻报道质量评价体系构建》，《青年记者》2018 年第 30 期。

罗新星：《公民新闻：人人都是记者——基于新闻从"报道"到"共享"的思考》，《社会科学评论》2009 年第 4 期。

马笑虹：《融合，脚步匆匆 转型，还在路上——解放日报深度融合整体转型的实践》，《中国报业》2017 年第 19 期。

孟威：《"饭圈"文化的成长与省思》，《人民论坛·学术前沿》2020 年第 19 期。

潘一凡:《众媒时代：多元的媒介新生态》,《新闻大学》2017 年第 3 期。

潘忠党:《新闻改革与新闻体制的改造——我国新闻改革实践的传播社会学之探讨》,《新闻与传播研究》1997 年第 3 期。

彭红丹:《报网互动：如何互利双赢》,《新闻战线》2006 年第 4 期。

彭兰:《5G 时代"物"对传播的再塑造》,《探索与争鸣》2019 年第 9 期。

彭兰:《网络的圈子化：关系、文化、技术维度下的类聚与群分》,《编辑之友》2019 年第 11 期。

彭兰:《未来传媒生态：消失的边界与重构的版图》,《现代传播（中国传媒大学学报）》2017 年第 1 期。

彭兰:《新媒体传播：新图景与新机理》,《新闻与写作》2018 年第 7 期。

彭逸林、霍凤:《互联网的产业逻辑与新媒体的赋权——从阿里巴巴入股第一财经谈起》,《中国广播》2016 年第 8 期。

钱进、周俊:《论数据新闻对新闻职业文化的改造——以 M 媒体的数据新闻生产作为考察对象》,《新闻记者》2016 年第 5 期。

邵培仁、王昀:《基层：再现与终结的底层映像——"走转改"新闻实践中的基层报道》,《新闻大学》2015 年第 4 期。

隋岩、曹飞:《论群体传播时代的莅临》,《北京大学学报(哲学社会科学版)》2012 年第 5 期。

孙茜:《Web2.0 的含义、特征与应用研究》,《现代情报》2006 年第 2 期。

孙玮:《融媒体生产:感官重组与知觉再造》,《新闻记者》2019 年第 3 期。

唐巧盈:《2003—2014 年网络舆论事件梳理及传播态势分析》,《新媒体与社会》2015 年第 3 期。

田勇:《全媒体运营:报业转型的选择——宁波日报报业集团的全媒体实践》,《新闻与写作》2009 年第 7 期。

王斌:《大数据与新闻理念创新——以全球首届"数据新闻奖"为例》,《编辑之友》2013 年第 6 期。

王辰瑶:《新闻创新研究:概念、路径、使命》,《新闻与传播研究》2020 年第 3 期。

王辰瑶:《新闻融合的创新困境——对中外 77 个新闻业融合案例研究的再考察》,《南京社会科学》2018 年第 11 期。

王辰瑶、喻贤璐:《编辑部创新机制研究——以三份日报的"微新闻生产"为考察对象》,《新闻记者》2016 年第 3 期。

王高翔、李林蔚:《从"牛油"、"签约牛仔"等——解读解放牛网的 web2.0》,《新闻与写作》2010 年第 5 期。

王棋:《新闻客户端发展现状分析》,《青年记者》2014 年第 9 期。

王茜:《打开算法分发的"黑箱"——基于今日头条新闻推送的量化研究》,《新闻记者》2017 年第 9 期。

王通杰:《移动互联网创新研究》,《互联网天地》2014 年第 1 期。

王晓冰等:《新浪:向左走,向右走》,《财经》2006 年第 10 期。

文远竹:《手机报盈利模式分析——以广州日报手机报为例》,《新闻战线》2009 年第 2 期。

吴国华、徐佳丽:《滚动新闻意识的传播机——广州日报建立滚动新闻部尝试新旧媒体联姻》,《新闻实践》2007 年第 9 期。

吴海民:《"报业寒冬论"的提出及〈京华时报〉的命运》,《中国报业》2018 年第 15 期。

吴海民:《媒体变局:报纸的蛋糕缩小了——谈报业的未来走势及发展》,《广告大观(媒介版)》2006 年第 1 期。

吴吉义等:《移动互联网研究综述》,《中国科学:信息科学》2015 年第 1 期。

习近平:《加快推动媒体融合发展 构建全媒体传播格局》,《前线》2019 年第 4 期。

向安玲等:《媒体两微一端融合策略研究——基于国内 110

家主流媒体的调查分析》,《现代传播（中国传媒大学学报）》2016年第4期。

肖鳕桐、方洁:《内容与技术如何协作？——行动者网络理论视角下的新闻生产创新研究》,《国际新闻界》2020年第11期。

谢金林:《网络舆论社会管理新课题——培育良好的网络社会心态》,《中国青年研究》2012年第3期。

谢静:《经由传播而组织——一种动态的组织传播观》,《新闻大学》2011年第4期。

谢静:《民粹主义——中国新闻场域的一种话语策略》,《国际新闻界》2008年第3期。

谢静:《新闻时空的转型与"转译"——基于"上观新闻"的移动新闻客户端研究》,《新闻大学》2019年第8期。

新华社"舆论引导有效性和影响力研究"课题组:《主流媒体如何增强舆论引导有效性和影响力之一：主流媒体判断标准和基本评价》,《中国记者》2004年第1期。

新华社新闻研究所课题组、刘光牛:《中国传媒全媒体发展研究报告》,《科技传播》2010年第4期。

徐晓敏:《融合新闻:中国新闻传播业的新转型》,《新闻窗》2007年第3期。

徐桢虎等:《智媒体时代的价值观构建——深入主流媒体算法的研究与实践》,《中国传媒科技》2020年第12期。

## 参考文献

严三九:《融合生态、价值共创与深度赋能——未来媒体发展的核心逻辑》,《新闻与传播研究》2019年第6期。

杨国斌:《悲情与戏谑:网络事件中的情感动员》,《传播与社会学刊》2009年第9期。

杨晓强:《论媒体融合时代新型主流媒体的内涵、价值与构建》,《江淮论坛》2015年第6期。

殷俊、刘瑶:《我国新闻短视频的创新模式及对策研究》,《新闻界》2017年第12期。

殷晓蓉:《杜威进步主义传播思想初探》,《杭州师范大学学报（社会科学版）》2009年第5期。

尹连根、刘晓燕:《"姿态性融合":中国报业转型的实证研究》,《新闻与传播研究》2013年第2期。

於红梅:《从"We Media"到"自媒体"——对一个概念的知识考古》,《新闻记者》2017年第12期。

喻国明:《2012—2013年媒体官方微博发展报告》,《新闻与写作》2013年第12期。

喻国明:《今天的媒介融合应当怎么做——从互联网时代的常识到新传播格局的大势》,《教育传媒研究》2019年第4期。

喻国明、杜楠楠:《智能型算法分发的价值迭代:"边界调适"与合法性的提升——以"今日头条"的四次升级迭代为例》,《新闻记者》2019年第11期。

喻国明、李彪:《渠道整合力和内容呈现力:未来媒体竞争的聚焦点》,《新闻界》2007年第1期。

喻国明、马慧:《互联网时代的新权力范式:"关系赋权"——"连接一切"场景下的社会关系的重组与权力格局的变迁》,《国际新闻界》2016年第10期。

喻国明等:《"平台型媒体"的缘起、理论与操作关键》,《中国人民大学学报》2015年第6期。

张波:《新媒介赋权及其关联效应》,《重庆社会科学》2014年第11期。

张华:《网络社群的崛起及其社会治理意义》,《编辑之友》2017年第5期。

张铭:《报网互动:纸媒向数字时代的平滑过渡》,《新闻窗》2007年第4期。

张文波:《报业数字化转型中的融合新闻理念》,《中国报业》2008年第5期。

张一弛:《以"创新扩散"理论分析报纸类APP发展》,《传媒观察》2014年第4期。

张志安:《数字新闻业研究:生态、路径和范式》,《新闻与传播研究》2018年第S1期。

张志安:《新闻生产的变革:从组织化向社会化——以微博如何影响调查性报道为视角的研究》,《新闻记者》2011年第3期。

张志安、曹艳辉:《新媒体环境下中国调查记者行业生态变化报告》,《现代传播(中国传媒大学学报)》2017年第 11 期。

张志安、汤敏：《新新闻生态系统：中国新闻业的新行动者与结构重塑》，《新闻与写作》2018 年第 3 期。

张志安、吴涛：《互联网与中国新闻业的重构——以结构、生产、公共性为维度的研究》，《现代传播（中国传媒大学学报）》2016 年第 1 期。

赵俊峰、张羽：《公民新闻的发展与传媒生态的再建构》，《国际新闻界》2012 年第 6 期。

赵云泽等：《"社会化媒体"还是"社交媒体"？——一组至关重要的概念的翻译和辨析》，《新闻记者》2015 年第 6 期。

郑强：《从传统报业到全媒体的探索之路》，《传媒》2008 年第 10 期。

郑青华：《澎湃新闻，能否成为新闻客户端的标杆？——对澎湃新闻的几点思考》，《编辑之友》2015 年第 1 期。

郑雯、李良荣：《中等收入群体在中国网络社会的角色与地位研究》，《现代传播（中国传媒大学学报）》2018 年第 1 期。

郑雯、张涛甫：《媒体融合改革中的"腰部塌陷"问题》，《青年记者》2019 年第 25 期。

周睿鸣：《"转型"：观念的形成、元话语重构与新闻业变迁——对"澎湃新闻"的案例研究》，《国际新闻界》2019 年第 3 期。

周翼虎：《媒体的转型动力学：新时期新闻媒介的社会责任》，《青年记者》2008年第16期。

周裕琼：《互联网使用对中国记者媒介角色认知的影响》，《新闻大学》2008年第1期。

朱春阳：《我国需要什么样的新型主流媒体》，《新闻与写作》2016年第4期。

朱春阳：《政治沟通视野下的媒体融合——核心议题、价值取向与传播特征》，《新闻记者》2014年第11期。

朱春阳等：《当前我国传统媒体融合发展的问题、目标与路径》，《新闻爱好者》2014年第10期。

朱春阳等：《如何塑造媒体融合时代的新型主流媒体与现代传播体系？》，《新闻大学》2014年第6期。

朱剑飞、胡玮：《唯改革创新者胜——再论媒体融合的发展瓶颈与路径依赖》，《现代传播（中国传媒大学学报）》2016年第9期。

朱剑飞、胡玮：《主流风范：融合发展 浴火重生——加快我国新型媒体集团建设的若干思考》，《现代传播（中国传媒大学学报）》2014年第11期。

朱江丽、蒋旭峰：《从"主流媒体"到"新型主流媒体"：中国特色社会主义新闻观的嬗变与突破》，《新闻界》2017年第8期。

朱清河：《论传媒公共性及其实现途径》，《现代传播（中国传媒大学学报）》2008年第4期。

朱天、张诚：《概念、形态、影响：当下中国互联网媒介平台上的圈子传播现象解析》，《四川大学学报（哲学社会科学版）》2014年第6期。

**报纸文章**

刘奇葆：《推进媒体深度融合 打造新型主流媒体》，《人民日报》2017年1月11日第6版。

刘晓鹏等：《来自人民 植根人民 服务人民（走基层·转作风·改文风）——人民日报社采编人员谈"走基层、转作风、改文风"》，《人民日报》2011年8月23日第5版。

施晨露：《上海报业集团东方网联合重组》，《解放日报》2020年5月30日第3版。

王君超：《"全媒体"时代，报网融合大发展》，《人民日报》2010年11月29日第22版。

**学位论文**

邓建国：《Web2.0时代的互联网使用行为与网民社会资本之关系考察》，复旦大学博士学位论文，2007年。

方师师：《中国社会网络中的动态媒介过程：关系、结构与意义》，复旦大学博士学位论文，2013年。

郜书锴：《全媒体时代我国报业的数字化转型》，浙江大学博士学位论文，2010年。

辛艳艳：《消费至死？阿里的传媒话语建构——天猫"双11"晚会后阿里与传媒的互动关系研究》，复旦大学硕士学位论文，2017年。

曾培伦：《技术、制度与效率：中国传媒改革背景下的"媒介融合"》，复旦大学硕士学位论文，2011年。

周睿鸣：《"转型"：新闻创新与新闻专业主义再思考——对〈澎湃新闻〉的案例研究》，复旦大学博士学位论文，2017年

**会议论文**

陆晔：《新闻生产过程中的权力实践形态研究》，信息化进程中的传媒教育与研究——第二届中国传播学论坛文集，上海，2002年6月。

吴超、苏丽娜：《WAP协议概述》，中国通信学会无线及移动通信委员会、IP应用与增强电信技术委员会2007年度联合学术年会，乌鲁木齐，2007年9月。

**互联网资料**

TalkingData移动数据研究中心：《2016自媒体行业洞察报告》，2016年6月，http：//mi.talkingdata.com/report-detail.html？id=312。

《宁波日报报业集团数字报业技术平台项目发布会（文字实录）》，中国宁波网，2009年6月12日，http：//

zt.cnnb.com.cn/system/2009/06/12/006133586.shtml。

《王国庆解读 2005〈中国报业年度发展报告〉》，人民网，2005 年 8 月 5 日，http：//media.people.com.cn/GB/40710/40715/3595542.html。

《中共中央办公厅　国务院办公厅印发〈关于深化政务公开加强政务服务的意见〉的通知》，中华人民共和国中央人民政府网，2011 年 6 月 8 日，http：//www.gov.cn/govweb/gongbao/content/2011/content_ 1927031.htm。

艾媒大文娱产业研究中心：《艾媒报告丨2019Q1 中国手机新闻客户端市场监测报告》，2019 年 5 月，https：//www.iimedia.cn/c400/64308.html。

白兰：《牵手四路资本 封面传媒开启数亿元 A 轮融资》，封面新闻，2019 年 4 月 28 日，http：//www.thecover.cn/news/1931542。

曹宗国：《"公知"与"士节"》，凤凰网，2012 年 6 月 19 日，http：//culture.ifeng.com/jieri/special/2012duanwu/detail_ 2012_ 06/19/15419853_ 0.shtml。

东方网-文汇报：《"News365-上海手机传媒"将发刊》，搜狐网，2006 年 3 月 18 日，http：//news.sohu.com/20060318/n242351304.shtml。

工业和信息化部电信研究院：《中国移动互联网白皮书（2011）》，2012 年 12 月，http：//www.caict.ac.cn/kxyj/qwfb/bps/201804

/P020151211378871645978.pdf。

广宣：《2004年中国广告业统计数据分析》，新浪网，2005年7月12日，http：//finance.sina.com.cn/g/20050712/12151787793.shtml。

国家互联网信息办公室：《互联网新闻信息服务管理规定》，2017年5月2日，http：//www.cac.gov.cn/2017-09/07/c_1121623889.htm。

国务院新闻办公室：《习近平：受众在哪里 宣传报道触角就要伸向哪里》，2015年12月28日，http：//www.scio.gov.cn/37231/37251/Document/1603597/1603597.htm。

杭州日报：《杭州日报六十年大事记选登》，2015年11月6日，https：//hzdaily.hangzhou.com.cn/hzrb/html/2015-11/06/content_2113445.htm。

姜萍萍、杨丽娜：《刘奇葆：推进媒体深度融合 打造新型主流媒体》，中国共产党新闻网，2017年1月11日，http：//cpc.people.com.cn/n1/2017/0111/c64094-29013700.html。

金羊网-羊城晚报：《山西娄烦垮塌事件真相调查》，凤凰网，2008年11月1日，https：//news.ifeng.com/c/7fYUkt1XzMD。

李媛莉：《提前探秘"云上科博会"解锁五大硬核实力》，封面新闻，2020年9月16日，https：//xw.qq.com/cmsid/20200916A0H3W100。

柳剑能、明四新：《"触电"手机南方周末首开短信评报系统》，2006年4月13日，https://www.topys.cn/article/1619。

罗丹阳、邹春霞：《习近平：抓紧制定互联网立法规划》，央视网，2014年2月28日，http://news.cntv.cn/2014/02/28/ARTI1393530385838600.shtml。

马程：《360退出北京时间，周鸿祎的新媒体梦又碎？》，虎嗅网，2019年4月20日，https://www.huxiu.com/article/295353.html。

南方周末编辑部：《致敬之年度新闻边界突破：〈致山西省代省长王君的一封举报信〉》，南方周末网，2008年12月31日，http://www.infzm.com/content/22073。

人民在线：《人民网内容风控业务发展三年规划（2020-2022年）》，网易新闻，2020年11月1日，https://www.163.com/dy/article/FQB8O0HF05149OFR.html。

沈王一、谢磊：《2016媒体融合发展论坛发言摘登》，人民网，2016年8月23日，http://theory.people.com.cn/n1/2016/0823/c376186-28656995.html。

王蕾：《封面传媒获得"全国报社媒体融合技术创新优秀企业"大奖》，2020年11月5日，http://www.wccdaily.com.cn/shtml/hxdsb/20201105/142383.shtml。

文摘报：《人民日报官方微博诞生始末》，光明网，2012年8月18日，http://epaper.gmw.cn/wzb/html/2012-08/

18/nw. D110000wzb_ 20120818_ 1-01. htm。

吴冰清:《智媒云4.0总体架构发布 智媒体新物种"破圈"进化》,2020年11月30日,https：//yun. thecover. cn/declaration/news-details? id=53。

吴琼静:《徐麟:从六个方面加快推进媒体深度融合的理念、路径和方法》,中国网,2020年11月19日,http：//news. china. com. cn/txt/2020-11/19/content_76927372. htm。

吴苡婷:《〈中国微博意见领袖研究报告〉发布》,2012年3月14日,http：//www. duob. cn/cont/812/154701. html。

新榜:《21亿,108例,资本寒冬只是伪命题？| 2016内容创业融资年终盘点》,2016年12月10日,http：//edit. newrank. cn/detail. html? uuid = 27ECA7D22505CDEE966805AC9FA1D837。

新华社:《中共中央办公厅 国务院办公厅印发〈关于促进移动互联网健康有序发展的意见〉》,中华人民共和国中央人民政府网,2017年1月15日,http：//www. gov. cn/zhengce/2017-01/15/content_ 5160060. htm。

易观智库:《行业数据:搜狐新闻客户端领跑新闻客户端市场》,搜狐网,2013年4月24日,http：//it. sohu. com/20130424/n373831978. shtml。

中国互联网络信息中心:《2006年中国博客调查报告》,2006年9月25日,http：//www. cnnic. net. cn/hlwfzyj/

hlwxzbg/200906/P020120709345351625610. pdf。

中国互联网络信息中心：《2012 年中国网民社交网站应用研究报告》，2013 年 2 月 19 日，http：//www. cnnic. net. cn/hlwfzyj/hlwxzbg/sqbg/201302/P020130219611651054576. pdf。

中国互联网络信息中心：《2013 年中国网民视频应用研究报告》，2014 年 6 月 9 日，http：//www. cnnic. net. cn/hlwfzyj/hlwxzbg/spbg/201406/P020140609392906022556. pdf。

中国互联网络信息中心：《2016 年中国互联网新闻市场研究报告》，2017 年 1 月 11 日，http：//www. cnnic. net. cn/hlwfzyj/hlwxzbg/mtbg/201701/P020170112309068736023. pdf。

中国互联网络信息中心：《第 21 次中国互联网络发展状况调查统计报告》，2008 年 1 月 24 日，http：//www. cnnic. net. cn/hlwfzyj/hlwxzbg/200906/P020120709345342042236. rar。

中国互联网络信息中心：《第 29 次中国互联网络发展状况统计报告》，2012 年 1 月 16 日，http：//www. cnnic. net. cn/hlwfzyj/hlwxzbg/201201/P020120709345264469680. pdf。

中国互联网络信息中心：《第 37 次中国互联网络发展状况统计报告》，2016 年 1 月 22 日，http：//www. cnnic. cn/hlwfzyj/hlwxzbg/201601/P020160122469130059846. pdf。

中国互联网络信息中心：《第 46 次中国互联网络发展状况

统计报告》，2020年9月29日，http：//www. cnnic. net. cn/hlwfzyj/hlwxzbg/hlwtjbg/202009/P020200929546215182514. pdf。

中国互联网络信息中心：《中国移动互联网发展状况调查报告》，2012年3月29日，http：//www. cnnic. net. cn/hlwfzyj/hlwxzbg/201203/P020120709345263447718. pdf。

## 二　外文文献

### 专著

Bruno Latour and Steve Woolgar, *Laboratory Life：The Construction of Scientific Facts*, Princeton：Princeton University Press, 1979.

Clay Shirky, *Here Comes Everybody：The Power of Organizing Without Organizations*, New York：Penguin Press, 2008.

Harry Collins and Robert Evans, *Rethinking Expertise*, Chicago：University of Chicago Press, 2007.

Henry Jenkins, *Convergence Culture：Where Old and New Media Collide*, New York：New York University Press, 2006.

Joseph A. Schumpeter, *The Theory of Economic Development*, New Jersey：Transaction Publishers, 1934

Nikki Usher, *Making News at the New York Times*, Ann Arbor：The University of Michigan Press, 2014.

Robin Murray, Julia Caulier-Grice and Geoff Mulgan, *The Open*

*Book of Social Innovation*, London: NESTA, The Young Foundation, 2010.

Zygmunt Bauman, *Liquid Modernity*, Cambridge: Polity Press, 2000.

## 期刊论文

Amy Schmitz Weiss and David Domingo, "Innovation Processes in Online Newsrooms As Actor-networks and Communities of Practice" *New Media & Society*, Vol. 12, No. 7, 2010.

Andreas M. Kaplan and Michael Haenlein, "Users of the World, Unite! The Challenges and Opportunities of Social Media", *Business Horizons*, Vol. 53, No. 1, 2010.

Barbara Brandstetter and Jessica Schmalhofer, "Paid Content: A Successful Model for Publishing Houses in Germany?", *Journalism Practice*, Vol. 8, No. 5, 2014.

Bob Frankling, "The Future of Journalism: In an Age of Digital Media and Economic Uncertainty", *Journalism Studies*, Vol, 15, No. 5, September 2014.

C. W. Anderson and Juliette De Maeyer, "Objects of Journalism and the News", *Journalism*, Vol. 16, No. 1, 2015.

Danah M. Boyd and Nicole B. Ellison, "Social Network Sites: Definition, History, and Scholarship", *Journal of Computer-Mediated Communication*, Vol. 13, No. 1, December 2007.

John Pavlik, "The Impact of Technology on Journalism", *Journalism Studies*, Vol. 1, No. 2, 2000.

Lia-Paschalia Spyridou, et al., "Journalism in a State of Flux Journalists As Agents of Technology Innovation and Emerging News Practices", *International Communication Gazette*, Vol. 75, No. 1, 2013.

Mark Deuze, "Participation, Remediation, Bricolage: Considering Principal Components of a Digital Culture", *The Information Society*, Vol. 22, No. 2, August 2006.

Mark Deuze, "The Changing Context of News Work: Liquid Journalism and Monitorial Citizenship", *International Journal of Communication*, Vol. 2, No. 5, 2008.

Merja Myllylahti, "Newspaper Paywalls—the hype and the reality: A Study of How Paid News Content Impacts on Media Corporation Revenues", *Digital Journalism*, Vol. 2, No. 2, 2014.

Michael D. Mumford and Peter Moertl, "Cases of Social Innovation: Lessons from Two Innovations in the 20$^{th}$ Century", *Creativity Research Journal*, Vol. 15, No. 2-3, 2003.

Michel Callon, "Some Elements of a Sociology of Translation: Domestication of the Scallops and the Fishermen of St. Brieuc Bay", *Sociological Review*, Vol. 32, No. 1

suppl, 1984.

Nick Couldry, "Theorising Media As Practice", *Social Semiotics*, Vol. 14, No. 2, August 2004.

Pablo J. Boczkowski, "Books to Think with", *New Media & Society*, Vol. 6, No. 1, 2004.

Piet Bakker, "Aggregation, Content Farms and Huffinization", *Journalism Practice*, Vol. 6, No. 5-6, 2012.

Seth C. Lewis and Nikki Usher, "Code, Collaboration, and the Future of Journalism", *Digital Journalism*, Vol. 2, No. 3, 2014.

Seth C. Lewis and Oscar Westlund, "Big Data and Journalism: Epistemology, Expertise, Economics, and Ethics", *Digital Journalism*, Vol. 3, No. 3, 2015.

Seth C. Lewis, "The Tension Between Professional Control and Open Participation: Journalism and Its Boundaries", *Information Communication & Society*, Vol. 15, No. 6, April 2012.

Simon Cottle and Mark Ashton, "From BBC Newsroom to BBC Newscentre: On Changing Technology and Journalist Practices", *Convergence*, Vol. 5, No. 3, 1999.

Stephen Quinn, "Convergence'Fundamental Question", *Journalism Studies*, Vol. 6, No. 1, 2005.

Ursula Plesner, "An Actor-Network Perspective on Changing

Work Practices: Communication Technologies As Actants in Newswork", *Journalism*, Vol. 10, No. 5, 2009.

Victor Wiard, "Actor-Network Theory and Journalism", *Oxford Research Encyclopedia of Communication*, No. 5, 2019.

Wiebke Loosen, "The Notion of the 'Blurring Boundaries' Journalism As a Differentiated Phenomenon", *Digital Journalism*, Vol. 3, No. 1, 2015.

## 文集中的文章

Chris Paterson, "Why Ethnography?", in Chris Paterson and David Domingo, eds., *Making Online News: The Ethnography of New Media Production*, New York: Peter Lang, 2008.

Friedrich KROTZ, "Mediatization: A Concept with Which to Grasp Media and Societal Change", in Knut Lundby, ed, *Mediatization: Concept, Changes, Consequences*, New York: Peter Lang, 2009.

Leyla Dogruel, "Opening The Black Box: the Conceptualising of Media Innovation", in Tanja Storsul and Arne H. Krumsvik, eds., *Media Innovations: A Multidisciplinary Study of Change*, Nordicom: University of Gothenburg, 2013.

Lucy KÜNG, "Innovation, Technology and Organisational Change: Legacy Media'Big Challenges: An Introduction", in Tanja Storsul and Arne H. Krumsvik, eds., *Media Innovations: A Multidisciplinary Study of Change*, Nordicom: University of Gothenburg, 2013.

Marcel Broersma and Chris Peters, "Introduction: Rethinking Journalism: The Structural Transformation of a Public Good", in Chris Peters and Marcel Broersma, eds., *Rethinking Journalism: Trust and Participation In a Transformed News Landscape*, New York: Routledge, 2013.

Matt Carlson and Seth C. Lewis, "Boundary Work", in Karin Wahl-Jorgensen and Thomas Hanitzsch, eds., *The Handbook of Journalism Studies*, New York: Routledge, 2019.

Matt Carlson, "Boundary Work", in Tim P. Vos and Folker Hanusch, eds., *The International Encyclopedia of Journalism Studies*, New York: Wiley, 2019.

Nick Couldry, "Actor Network Theory and Media: Do They Connect and on What Terms?", in Andreas Hepp, Friedrich Krotz, et al., eds., *Connectivity, Networks and Flows: Conceptualizing Contemporary Communications*, Cresskill: Hampton Press, 2008.

Tanja Storsul and Arne H. Krumsvik, "What Is Media Innovation?", in Tanja Storsul and Arne H. Krumsvik, eds., *Media Innovations: A Multidisciplinary Study of Change*, Nordicom: University of Gothenburg, 2013.

## 报告

Leonard Downie, Jr and Michael Schudson, "The Reconstruction Of American Journalism", Columbia Journalism Review, October 20, 2009.

## 互联网资料

GNU, "What is Free Software", Free Software Foundation (GUN 2023), https://www.gnu.org/philosophy/free-sw.html.

# 后　　记

　　本书稿即将付梓，是对过去博士研究经历的圆满总结。至今仍然记得 2019 年 6 月 11 日，回想起来也是师门最后一次读书会，导师李良荣教授面嘱我可以开始思考学位论文的题目，并在当年暑假准备起来。当时觉得非常突然，晚上辗转反侧，思考了一个不成熟的题目准备与导师交流。第二天，在新闻学院办公室，导师认为我原来思索的题目虽然很有意义，但考虑学位论文最终写作完成至少是两年后，要综合考虑该话题在学界业界的前沿性，在此基础上确定了一个基本的题目"从 2G 到 5G：技术驱动下的中国传媒业变革"（该文后发表于《新闻大学》2020 年第 7 期），以数字技术变迁为切入点，立足中国国情，分析不同时期技术区分特征及带来的传播生态和社会变化，以此审视具有"双重属性"的中国传媒业在不同阶段如何认识数字技术及其自我革新。

　　这个题目非常宏大，当即我就胆怯了，但导师相信我

**| 从2G到5G |**
技术驱动下的中国传媒业变革

能承担得起这个被他视为"压箱底"的论文题目,可以说如果没有导师的支持与鼓励,我是没有勇气下笔的。于是从2019年的暑假开始,我从数字技术的发展入手,重新理解互联网和移动互联网对中国社会的意义。幸运的是,从硕士期间开始,在导师的指导下,网络空间与新媒体发展一直是我们关注的话题,所以起初的进展比较顺利。但是当我沉下心来寻找传媒业界整体变革的轨迹和各主流媒体在新闻创新方面的实践时,仿佛陷入了一团乱麻,以何种视角能够恰到好处地勾连起技术、业界与主流媒体之间的关系,抓住主要矛盾成为写作这篇论文的关键。在这个过程中,我与导师多次讨论,明确了应对数字技术的更迭,中国传媒业的转型不仅是将其作为一个普通的行业予以应对,更重要的是作为参与社会治理和国家治理的多元主体之一,其变革和创新与中国整体的社会转型和传媒体制改革的密切联系。

在此要特别感谢朱春阳教授在小论文写作时的诸多指导和中肯的建议,尤其是叮嘱我做研究最重要的是"一剑封喉"不是"乱拳打死老师傅"的良言,不断提醒我2G到5G究竟是时间概念还是技术概念的问题,让我能够不断提醒自己,不要走偏;感谢张志安教授对于本研究业界调研访谈的支持;感谢陆晔教授、张殿元教授、周笑教授、窦锋昌教授、张健教授、赵士林教授在开题、答辩过程中对本研究提出的细致修改意见,为论文的进一步完善指明

| 后　　记 |

了方向；特别感谢诸位在业界一线的各位老师、同窗和学弟学妹们对本论文的支持，是这些鲜活的材料和你们对新闻理想的坚持才让新闻创新一直在路上，尽管当下还有诸多挑战和困境，但对公共性的坚持却一如既往。

本书得以顺利出版特别感谢中国社会科学出版社编辑白天舒老师的辛勤工作，感谢我的单位复旦大学发展研究院一直以来的支持和2022年复旦大学咨政研究支持计划的资助。这本书不仅是对自己，也是对家庭的馈赠，感谢我的先生潘一凡博士、我的父亲、母亲、公公、婆婆对我的爱护和鼓励，也把我的第一本著作献给我的两个女儿。

勤思谨行，以此自勉；心存敬畏，行有所止。

辛艳艳

2023年9月12日

于复旦大学智库楼